Constantin von Stechow

Datenschutz durch Technik

DuD-Fachbeiträge

Herausgegeben von Andreas Pfitzmann, Helmut Reimer, Karl Rihaczek und Alexander Roßnagel

Die Buchreihe ergänzt die Zeitschrift *DuD – Datenschutz und Datensicherheit* in einem aktuellen und zukunftsträchtigen Gebiet, das für Wirtschaft, öffentliche Verwaltung und Hochschulen gleichermaßen wichtig ist. Die Thematik verbindet Informatik, Rechts-, Kommunikations- und Wirtschaftswissenschaften.

Den Lesern werden nicht nur fachlich ausgewiesene Beiträge der eigenen Disziplin geboten, sondern sie erhalten auch immer wieder Gelegenheit, Blicke über den fachlichen Zaun zu werfen. So steht die Buchreihe im Dienst eines interdisziplinären Dialogs, der die Kompetenz hinsichtlich eines sicheren und verantwortungsvollen Umgangs mit der Informationstechnik fördern möge.

Die Reihe wurde 1996 im Vieweg Verlag begründet und wird seit 2003 im Deutschen Universitäts-Verlag fortgeführt. Die im Vieweg Verlag erschienenen Titel finden Sie unter www.vieweg-it.de.

Constantin von Stechow

Datenschutz durch Technik

Rechtliche Förderungsmöglichkeiten von Privacy Enhancing Technologies am Beispiel der Videoüberwachung

Mit einem Geleitwort von Prof. Dr. Alexander Roßnagel

Deutscher Universitäts-Verlag

Bibliografische Information Der Deutschen Bibliothek
Die Deutsche Bibliothek verzeichnet diese Publikation in der Deutschen Nationalbibliografie;
detaillierte bibliografische Daten sind im Internet über <http://dnb.ddb.de> abrufbar.

Dissertation Universität Kassel, 2004

1. Auflage Februar 2005

Alle Rechte vorbehalten
© Deutscher Universitäts-Verlag/GWV Fachverlage GmbH, Wiesbaden 2005

Lektorat: Ute Wrasmann / Britta Göhrisch-Radmacher

Der Deutsche Universitäts-Verlag ist ein Unternehmen von Springer Science+Business Media.
www.duv.de

Das Werk einschließlich aller seiner Teile ist urheberrechtlich geschützt.
Jede Verwertung außerhalb der engen Grenzen des Urheberrechtsgesetzes
ist ohne Zustimmung des Verlags unzulässig und strafbar. Das gilt insbesondere für Vervielfältigungen, Übersetzungen, Mikroverfilmungen und die
Einspeicherung und Verarbeitung in elektronischen Systemen.

Die Wiedergabe von Gebrauchsnamen, Handelsnamen, Warenbezeichnungen usw. in diesem
Werk berechtigt auch ohne besondere Kennzeichnung nicht zu der Annahme, dass solche
Namen im Sinne der Warenzeichen- und Markenschutz-Gesetzgebung als frei zu betrachten
wären und daher von jedermann benutzt werden dürften.

Umschlaggestaltung: Regine Zimmer, Dipl.-Designerin, Frankfurt/Main

Gedruckt auf säurefreiem und chlorfrei gebleichtem Papier

ISBN-13:978-3-8244-2192-3   e-ISBN-13:978-3-322-81249-0
DOI: 10.1007/978-3-322-81249-0

Meinen Großmüttern

Geleitwort

In einer hochtechnisierten Welt, in der vielfältig und in hohem Umfang automatisiert personenbezogene Daten erhoben, verarbeitet und genutzt werden, kann Datenschutz nur noch erfolgreich sein, wenn er ebenfalls durch Technik unterstützt wird. Datenschutz ist auf die technische Realisierung von System- und Selbstdatenschutz durch technische Mittel angewiesen. Fraglich ist jedoch, wie diese „Privacy Enhancing Technologies" Realität werden können und weit verbreitet werden. Hierfür müssen sowohl für Technikhersteller, für datenverarbeitende Stellen als auch für Betroffene ausreichend Informationen verbreitet und vor allem Anreize geschaffen werden, damit sie diese Techniken herstellen, kaufen, einsetzen und verwenden.

Ein wichtiger Aspekt für den Erfolg datenschutzfördernder Technik ist die Frage, ob Herstellung, Kauf, Einsatz und Verwendung dieser Technik durch die Rechtsordnung gefördert wird. Wenn Recht auf die Unterstützung durch Technik angewiesen ist, um seine Ziele zu erreichen, dann liegt es nahe, dass das Recht die Voraussetzungen seiner Durchsetzung in dem Maß unterstützt, in dem dies durch rechtliche Mittel möglich ist. Für diesen Zweck kommen zum Beispiel Anforderungen an die Gestaltung von Datenverarbeitungssystemen, an die Gewährleistung von Sicherungszielen, an das Erreichen technischer Funktionen, Anforderungen an die Transparenz, Rahmensetzungen für wettbewerbliche Instrumente wie Datenschutzaudit oder Produktzertifikate, steuerliche Begünstigungen oder einschlägige Kriterien in Vergabeverfahren der öffentlichen Hand in Frage.

Die Notwendigkeit datenschutzfördernder Technik wurde vor etwas mehr als zehn Jahren erkannt. Nach und nach haben sich immer mehr Informatiker der Entwicklung, Ausgestaltung und dem Einsatz von „Privacy Enhancing Technologies" angenommen. Aus rechtswissenschaftlicher Sicht wurden diese Möglichkeiten bald auch für den rechtspolitischen Diskurs aufgegriffen und es wurde an ihrem Beispiel auf die Notwendigkeit einer Allianz zwischen Datenschutzrecht und Informationstechnik aufmerksam gemacht. Erste gesetzgeberische Erfolge für eine Strategie des Datenschutzes durch Technik konnten 1997 im Teledienstedatenschutzgesetz und im Mediendienstestaatsvertrag erzielt werden, die eine Verpflichtung zum Angebot anonymer oder pseudonymer Inanspruchnahme von Tele- und Mediendiensten und deren Bezahlung im Rahmen des technisch Möglichen und des Zumutbaren vorsahen. Seitdem sind jedoch keine wesentlichen Fortschritte mehr erzielt worden. In der Diskussion um eine Modernisierung des Datenschutzrechts spielt die Nutzung datenschutzfördernder Techniken allerdings wieder eine große Rolle. Obwohl das Datenschutzrecht ohne datenschutzfördernde Techniken seine Ziele nicht erreichen kann, fehlte bisher jedoch eine systematische Untersuchung der Frage, ob das Recht verpflichtet ist, datenschutzfördernde Technik zu fördern, ob es sie fördern darf und welche Mittel dafür in Frage kommen.

Insofern füllt die vorliegende Untersuchung eine wesentliche Lücke im datenschutzrechtlichen Diskurs. Sie verfolgt die vor allem rechtspraktische Zielsetzung aufzuzeigen, wie der Einsatz datenschutzfördernder Technik nach geltendem Recht in der täglichen Umsetzung gefördert werden kann. Darüber hinaus prüft die Arbeit aber auch die Möglichkeiten, Datenschutz durch Technik in der Fortentwicklung bestehender Ansätze verstärkt zu fördern, und greift damit eine für die Modernisierung des Datenschutzrechts wichtige rechtspolitische Frage auf.

Die Untersuchung exemplifiziert ihre theoretischen Ergebnisse in allen Schritten an einem interessanten Beispiel datenschutzfördernder Techniken: der Videoüberwachungstechnik „Privacy Filter" des Unternehmens „ZN Vision Technologies AG" (heute Viisage Technology AG). Diese Software nutzt die auf biometrischen Verfahren basierende Gesichtserkennungstechnologie, um Gesichter in Videoaufnahmen als solche in Echtzeit zu erkennen und diese durch Verschlüsselung für den Betrachter unkenntlich zu machen. Nur im Ausnahmefall – etwa wenn ein konkreter Verdacht auf eine Straftat oder eine Ordnungswidrigkeit vorliegt – soll das Gesicht durch Freigabe der Entschlüsselungsschlüssel decodiert und erkannt werden können.

Die Arbeit enthält eine Vielzahl verfolgenswerter rechtspraktischer wie rechtspolitischer Anregungen. Ihr ist zu wünschen, dass sie von möglichst vielen Verantwortlichen in Datenschutzpraxis und Politik zur Kenntnis genommen wird.

Alexander Roßnagel

Vorwort

Die vorliegende Arbeit ist im Sommersemester 2004 von der Universität Kassel als Dissertation angenommen worden. Sie erscheint hier in leicht überarbeiteter Fassung.

Danken möchte ich an dieser Stelle den vielen, die es mir ermöglicht haben, mein Forschungsprojekt zu vollenden.

Mein erster Dank gilt Herrn Prof. Dr. Alexander Roßnagel, der die Arbeit mit Engagement begleitet und mit vielen Ideen gefördert hat. Für die Übernahme der Zweitkorrektur danke ich Herrn Prof. Dr. Hans-Albert Lennartz.

Die Viisage Technology AG in Bochum (früher ZN Vision Technologies AG) hat die Untersuchung datenschutzfördernder Techniken angeregt und unterstützt. Für die Betreuung und das Stipendium bedanke ich mich bei Herrn Marcel Yon und Herrn Michael v. Foerster.

Fachlichen Rat in Datenschutzfragen habe ich regelmäßig von Herrn Kai v. Lewinski erhalten, zu Fragen der Videoüberwachung waren die Gespräche mit Herrn Nils Leopold sehr hilfreich. Herzlichen Dank dafür. Ich danke auch Herrn Diethelm Gerhold beim Bundesbeauftragten für den Datenschutz, der sich die Zeit genommen hat, mir in interessanten Gesprächen, aus der Praxis der Datenschutzbehörden zu berichten, sowie Herrn Daniel Giese, der mir die Grundlagen des wissenschaftlichen Arbeitens nähergebracht hat.

Für die vielen aufschlußreichen Gespräche, Korrekturen und Anmerkungen danke ich ganz besonders meinen Eltern, meiner Schwester Caroline und meiner Freundin Désirée.

Constantin Freiherr von Stechow

Inhaltsverzeichnis

1 Einleitung	1
1.1 Einführung	1
1.2 Fragestellung der Arbeit	2
1.3 Gang der Untersuchung	3
2 Grundlagen datenschutzfördernder Technik	7
2.1 Rolle der Technik in drei Jahrzehnten deutschen Datenschutzrechts	7
2.1.1 Geschichte des Datenschutzrechts unter Berücksichtigung der technischen Veränderungen	7
2.1.1.1 Beginn des Datenschutzrechts	7
2.1.1.2 Volkszählungsurteil und seine Folgen	10
2.1.1.3 Dritte Generation des Datenschutzrechts	12
2.1.2 Technische Veränderungen seit Beginn der Datenschutzgesetze	14
2.1.2.1 Überblick über die technische Weiterentwicklung	14
2.1.2.2 Entwicklung hin zur Miniaturisierung	15
2.1.2.3 Entwicklung der Videotechnik	17
2.1.2.4 Zwischenergebnis	19
2.2 Recht auf informationelle Selbstbestimmung	19
2.2.1 Definition des Datenschutzes	19
2.2.2 Definition des Rechts auf informationelle Selbstbestimmung	21
2.2.3 Schutzgehalt des Rechts auf informationelle Selbstbestimmung	23
2.2.4 Anwendung des Rechts auf informationelle Selbstbestimmung gegenüber Privaten	25
2.2.5 Soziologische Betrachtung	27
2.2.5.1 Zusammenhang zwischen Technikrevolution und Persönlichkeitsschutz	27
2.2.5.2 Informationelle Privatheit	27
2.2.5.3 Informationen als Lebenssachverhalte in Händen Dritter	29
2.2.5.4 Folgen von Privatheitsverletzung	30
2.3 Drei Ausprägungen datenschutzfördernder Technik	30
2.3.1 Selbstdatenschutz	31
2.3.2 Grunddatenschutz	32
2.3.3 Datentransparenz	34
2.4 Idee datenschutzfördernder Technik	37
2.4.1 Entstehung der Idee unter rechtlichen Aspekten	38

2.4.2 Entstehung der Idee unter technischen Aspekten	41
2.4.3 Unterstützung des Rechts durch Technik	42
2.4.4 Definitionen datenschutzfördernder Technik	44
2.4.4.1 Datenschutzbegriff	44
2.4.4.2 Technikbegriff	45
2.4.4.3 Förderungsbegriff	46
2.4.4.4 Herrschender rechtlicher Definitionsansatz	46
2.4.4.5 Technische Definitionsansätze	47
2.4.4.6 Neue rechtliche Definition	48
2.4.4.7 Abgrenzung zu mehrseitiger Sicherheit	49
2.5 Anwendungen im Bereich datenschutzfördernder Technik	50
2.5.1 Selbst- und Grunddatenschutzanwendungen	50
2.5.2 Transparenzschaffende Anwendungen	51
2.5.3 Privacy Filter	53
2.5.3.1 Beschreibung und Funktionsweise	53
2.5.3.2 Grundrechtsbeeinträchtigung bei Videoüberwachung	53
2.5.3.3 Datenschutzfördernde Technik	55
3 Förderungswürdigkeit von datenschutzfördernder Technik	**57**
3.1 Zunahme von Daten als Folge des technischen Fortschritts	57
3.1.1 Vorteile von Datensammlungen	57
3.1.2 Gefahren von Datensammlungen	58
3.2 Datenschutzfördernde Technik als Lösung	60
3.2.1 Schwäche traditioneller Rechtsinstrumente	60
3.2.2 Marktkraft datenschutzfördernder Technik	60
3.2.3 Vorteile datenschutzfördernder Technik	61
3.3 Förderungswürdigkeit des Privacy Filters	64
3.3.1 Vorteile der Videoüberwachung	64
3.3.2 Gefahren der Videoüberwachung	65
3.3.3 Datenschutzfördernde Videoüberwachung - der Privacy Filter	66
4 Rechtliche Förderung datenschutzfördernder Technik „de lege lata"	**69**
4.1 Internationales Recht	69
4.1.1 Organisation für wirtschaftliche Zusammenarbeit und Entwicklung	69
4.1.2 Vereinte Nationen	70
4.1.3 Europarat	70

4.2	Europäische Union	72
4.3	Technische Maßnahmen nach § 9 BDSG und der Anlage zu § 9 BDSG	73
	4.3.1 § 9 BDSG	73
	4.3.2 Die Regelungen der Anlage zu § 9 BDSG im einzelnen	75
4.4	§ 3a BDSG	78
	4.4.1 Datenvermeidung/ Datensparsamkeit	78
	4.4.1.1 Historische und verfassungsgerichtliche Grundlagen	78
	4.4.1.2 Möglicher Kontextverlust	79
	4.4.1.3 Datenvermeidung	80
	4.4.1.4 Datensparsamkeit	81
	4.4.1.5 Systemdatenschutz	83
	4.4.2 Normadressat von § 3a BDSG	84
	4.4.3 Unterrichtungspflicht	85
	4.4.4 Gestaltung und Auswahl von Datenverarbeitungssystemen	85
	4.4.5 Datenvermeidung und Datensparsamkeit als Ziel	86
	4.4.5.1 Programmsatz	87
	4.4.5.2 Zielausrichtung	87
	4.4.5.3 Prüfungszwang	87
	4.4.5.4 Zielvorgabe	87
	4.4.5.5 Zwischenergebnis	88
	4.4.6 § 3a Satz 2 BDSG	90
	4.4.6.1 Anonymität	90
	4.4.6.2 Pseudonymität	93
	4.4.6.3 Vorbehalt des Möglichen und des angemessenen Aufwands	97
4.5	Datenschutzaudit nach § 9a BDSG	99
4.6	§ 38a BDSG als Selbstregulierung	99
4.7	Transparenz als datenschutzfördernde Technik im BDSG	100
4.8	Weitere Bundesgesetze mit Bestimmungen zur Förderung datenschutzfördernder Technik	101
	4.8.1 Einwilligungsproblematik	101
	4.8.2 Konkretisierung des Datensparsamkeitsgrundsatzes	102
	4.8.3 Weitere Ansätze zur Förderung datenschutzfördernder Technik	102
4.9	Implementierung datenschutzfördernder Technik in Landesrecht	102
	4.9.1 Landesdatenschutzgesetze	103
	4.9.1.1 Datenvermeidung/ Datensparsamkeit	103

4.9.1.2 Grunddatenschutz	103
4.9.1.3 Gesetzliche Einsatzverpflichtung der öffentlichen Verwaltung	104
4.9.1.4 Auditverfahren	104
4.9.2 Polizeidatenschutz	105
4.10 Rechtliche Förderung am Beispiel des Privacy Filters	106
4.10.1 Videoüberwachung im Sinne des § 6b BDSG	106
4.10.1.1 Beobachtung	106
4.10.1.2 Optisch-elektronische Einrichtung	108
4.10.1.3 Öffentlich zugänglicher Raum	108
4.10.1.4 Anwendung auf den Privacy Filter	110
4.10.2 § 6b Abs. 1 und Abs. 3 BDSG	110
4.10.2.1 Zweckbestimmungen	110
4.10.2.2 Erforderlichkeit	111
4.10.2.3 Abwägung	112
4.10.2.4 Verarbeitung und Nutzung	112
4.10.2.5 Anwendung auf den Privacy Filter	113
4.10.3 § 6b BDSG und Transparenz	113
4.10.4 Andere Datenschutzvorschriften	113
4.10.4.1 § 3a BDSG	113
4.10.4.2 § 9 BDSG	115
4.10.4.3 Weitere bundesrechtlichen Vorschriften	115
4.10.4.4 Landesrecht	115
5 Rechtliche Förderung „de lege ferenda"	117
5.1 Risiken und Herausforderungen bei der Rechtsetzung	117
5.1.1 Gleichgewicht zwischen Grunddatenschutz und Selbstdatenschutz	117
5.1.2 Akzeptanz	118
5.1.3 Weltpolitische Lage	119
5.1.4 Rechtswissenschaftliche Technikfolgenforschung	119
5.1.5 Technikhersteller als Adressaten	120
5.1.6 Mißbrauch von Technik	120
5.2 Konzepte für die rechtliche Förderung datenschutzfördernder Technik	121
5.2.1 Vorschläge aus der Literatur	121
5.2.1.1 Gutachten zur Modernisierung des Datenschutzrechts	121
5.2.1.2 OECD „Inventory of PETs"	121

5.2.2 Vorbilder anderer Rechtssysteme und Landesrecht	122
5.2.3 Unterschiedliche Arten von Rechtsquellen	123
5.2.3.1 Gesetze	123
5.2.3.2 Zielfestlegungen	124
5.2.3.3 Rechtsverordnungen	125
5.2.3.4 Verwaltungsvorschriften	126
5.3 Möglichkeiten der rechtlichen Förderung durch gesetzliche Forderung bestimmter vor allem technischer Maßnahmen	126
5.3.1 Verschärfung des § 3a BDSG	126
5.3.2 Modernisierung des § 9 BDSG	130
5.3.3 Aufklärungspflichten des Herstellers	132
5.3.4 Prüfpflichten des Herstellers	133
5.3.5 Schadensersatzvorschriften	135
5.3.5.1 Ersatz von Nichtvermögensschäden	136
5.3.5.2 Indizwirkung der Rechtswidrigkeit	137
5.3.5.3 Schadenspauschalen	138
5.4 Möglichkeiten der rechtlichen Förderung durch Schaffung von Anreizsystemen	138
5.4.1 Datenschutz und datenschutzfördernde Technik als Wettbewerbsvorteil	138
5.4.2 Auditverfahren	142
5.4.2.1 Verfahrensaudit	144
5.4.2.2 Produktaudit	146
5.4.2.3 Vorbild- und Marktfunktion der öffentlichen Verwaltung	149
5.5 Möglichkeiten der rechtlichen Förderung durch regulierte Selbstregulierung	150
5.5.1 Vorteile	151
5.5.2 Nachteile und Schwierigkeiten	153
5.5.3 Vorschlag	154
5.6 Vereinbarkeit mit Europäischem Wirtschaftsrecht	156
5.7 Zukünftige rechtliche Förderung am Beispiel des Privacy Filters	158
5.7.1 Rechtliche Förderung durch gesetzliche Forderung bestimmter vor allem technischer Maßnahmen	158
5.7.2 Rechtliche Förderung durch Schaffung von Anreizsystemen	159
5.7.3 Rechtliche Förderung durch regulierte Selbstregulierung	159
6 Vision datenschutzfördernder Technik	161
Literaturverzeichnis	163

1 Einleitung

1.1 Einführung

Im Zuge der schnellen Entwicklung im Bereich der Informations- und Kommunikationstechnologie, die in Zukunft noch mehr als bisher das private und berufliche Leben prägen wird, haben sich auch die Anforderungen an den Datenschutz verändert. Die neuen Technologien, vor allem auf dem Gebiet des Internets, ermöglichen, vereinfachen beziehungsweise unterstützen das nach der Regelungstechnik des deutschen Datenschutzrechts im Grundsatz verbotene Beschaffen[1], Nutzen, Speichern, Verändern, Übermitteln, Sperren und Löschen[2] personenbezogener Daten. Je schneller und vielschichtiger die Entwicklung ist, desto eher besteht die Gefahr, daß der einzelne Bürger den Überblick über die von ihm kommunizierten beziehungsweise über ihn bei datenverarbeitenden Stellen existierenden Daten verliert. Das vom *Bundesverfassungsgericht* im Volkszählungsurteil von 1983 geschaffene Recht auf informationelle Selbstbestimmung, das als „risikoorientierte Ausprägung der Grundrechte in der Informationsgesellschaft"[3] anerkannt ist, gerät damit in Gefahr, ausgehöhlt zu werden. Weitere Risiken für das Recht auf informationelle Selbstbestimmung entstehen auch durch Unternehmen, die sich die freigiebige Art vieler Bürger, mit persönlichen Informationen umzugehen, zunutze machen. Viele neue Technologien helfen diesen Unternehmen, ihre die Persönlichkeitsrechte beeinträchtigenden Ziele zu verwirklichen.[4]

Die Situation des Datenschutzes wird durch die große Zahl der zudem häufig unübersichtlich gestalteten Datenschutzgesetze erschwert. Hinzu kommt die durch die fehlenden Durchsetzungsvorschriften begründete Schwäche der Gesetze;[5] auch hält das Datenschutzrecht mit der technischen Entwicklung, insbesondere auch auf dem Gebiet der Videoüberwachungssysteme, nicht Schritt, weil es neue Formen personenbezogener Daten und deren Verarbeitung nur ungenügend aufnimmt und unzureichend die Gefahren und Chancen neuer Techniken der Datenverarbeitung berücksichtigt.[6]

---

[1] Gemäß § 3 Abs. 3 BDSG ist Beschaffen mit Erheben gleichzusetzen.
[2] Gemäß § 3 Abs. 4 BDSG werden Speichern, Verändern, Übermitteln, Sperren und Löschen im Gesetz mit Verarbeiten umschrieben. Weitere Definitionen der einzelnen Begriffe finden sich ebenfalls in § 3 Abs. 4 BDSG.
[3] *Tauss/ Kollbeck/ Mönickes* 1996, 18, beschreibt die Entstehung des Begriffs der sogenannten Informationsgesellschaft.
[4] Stellvertretend sei hier das Ubiquitous Computing genannt, ein Konzept, nach dem beliebige Alltagsgegenstände intelligent gemacht werden und miteinander kommunizieren sollen. Siehe dazu in Kapitel 2.1.2.2 oder *Mattern* 2003, 1ff.
[5] Roßnagel - *Roßnagel* 2003, 1 Rn 77ff.
[6] *Roßnagel/ Pfitzmann/ Garstka* 2001, 22ff.

Wenn jedoch die Datenschutzgesetze den Datenschutz und damit das Recht auf informationelle Selbstbestimmung nicht gewährleisten können, muß über andere oder zumindest unterstützende Konzepte und Lösungen nachgedacht werden.

Einer der Ansätze ist, den Datenschutz mit technischer Hilfe zu gewährleisten und die neuen technischen Entwicklungen gewissermaßen mit den eigenen Mitteln zu schlagen. Im Rahmen des modernen Datenschutzes wird das Problem durch technische Mittel schon bei seiner Entstehung an den Wurzeln gepackt, so daß von vornherein keine personenbezogenen Daten entstehen können beziehungsweise der Nutzer kontrollieren kann, was mit seinen Daten geschieht.

1.2 Fragestellung der Arbeit

Diese Arbeit befaßt sich mit dieser datenschutzfördernden Technik, in der Fachsprache auch als „Privacy Enhancing Technologies" bezeichnet. Es soll geklärt werden, wie deren Einsatz in Zukunft rechtlich und in der täglichen Umsetzung gefördert werden kann. Dies wird anhand einer Videoüberwachungstechnik beispielhaft verdeutlicht.

Die Beantwortung der Frage nach der rechtlichen Förderung datenschutzfördernder Technik ist wesentlich, um trotz der Veränderungen in der Informations- und Kommunikationstechnologie auch in Zukunft das informationelle Selbstbestimmungsrecht eines jeden Bürgers gewährleisten zu können und gleichzeitig einen bleibenden Ausgleich zwischen den öffentlichen und privaten Interessen auf Informationsbeschaffung und dem Persönlichkeitsrecht des Einzelnen zu schaffen. Unter rechtlicher Förderung werden dabei alle Möglichkeiten verstanden, die mit Hilfe von Rechtsvorschriften die Verbreitung datenschutzfördernder Technik unterstützen. Darunter fallen sowohl Gesetze, die Regeln zur direkten Förderung beinhalten als auch Bestimmungen, die die Selbstregulierung von Unternehmen im Auge haben. Denkbar sind auch Regeln, die Anreize für Unternehmen schaffen, datenschutzfördernde Technik herzustellen und zu verkaufen. Unter Förderung wird jede Maßnahme subsumiert, mit der das Ziel erreicht werden kann, die informationelle Selbstbestimmung zu schützen.

Unter datenschutzfördernder Technik ist sowohl Technik zu verstehen, die keine die Persönlichkeitsrechte betreffende Daten für den Datenverarbeitungsprozeß benötigt, als auch solche, die bei der Erhebung, Verarbeitung und Nutzung nur sehr wenig personenbezogene Daten erfordert. Neben diesen Grundsätzen der Datenvermeidung und Datensparsamkeit geht es auch um die Beibehaltung des Wissens und der Kontrolle über die Daten. Der einzelne Nutzer muß die Möglichkeit haben zu erfahren, was wann und bei welcher Gelegenheit mit seinen Daten geschieht. Er soll darauf Einfluß nehmen können und darüber hinaus durch Stärkung der Transparenz Informationen in ausreichendem Maße erhalten. Dabei spielt es keine Rolle, ob es sich bei der datenschutzfördernden Technik um Soft- oder Hardware oder automatisierte Verfahren handelt.

1.3 Gang der Untersuchung

Ausgehend vom gesetzlichen Bild des Datenschutzes des Bundesdatenschutzgesetzes und der Begrifflichkeiten des *Bundesverfassungsgerichts* soll in der Arbeit geklärt werden, was unter datenschutzfördernder Technik verstanden wird, warum es sich lohnt, diese zu fördern, wie diese „de lege lata" gefördert werden und wie diese „de lege ferenda" in Zukunft gestalten werden könnten. Dies wird anhand des Beispiels des „Privacy Filters" veranschaulicht.

Die Grundlagen datenschutzfördernder Technik wird nach der Einleitung im ersten der vier Hauptteile erklärt. Dabei soll zuerst auf die geschichtliche Entwicklung des Datenschutzes aus technischer Sicht eingegangen werden. Sowohl dem zentralen Begriff des Rechts auf informationelle Selbstbestimmung, der unter anderem auch unter soziologischen Aspekten untersucht wird, als auch den drei Ausprägungen datenschutzfördernder Technik, Selbstdatenschutz, Grunddatenschutz und Datentransparenz, wird dann ein eigener Abschnitt gewidmet. Daran anschließend wird die Idee der datenschutzfördernden Technik erläutert, der Begriff der datenschutzfördernden Technik definiert und Anwendungen datenschutzfördernder Technik zur Verdeutlichung beschrieben.

Die Videoüberwachungssoftware des „Privacy Filters" als Beispiel datenschutzfördernder Technik nutzt die auf biometrischen Verfahren basierende Gesichtserkennungstechnologie,[7] um Gesichter in Videoaufnahmen in Echtzeit zu erkennen und diese durch Verschlüsselung für den Betrachter unkenntlich zu machen. Diese datenschutzfördernde Technik kann dann, wenn eine Straftat oder eine Ordnungswidrigkeit beziehungsweise ein konkreter Verdacht auf eine Straftat oder Ordnungswidrigkeit vorliegt - also in Ausnahmefällen -, das Gesicht einer Person durch Freigabe der entsprechenden Schlüssel decodieren; nur in einem solchen Fall entfällt der Schutz der informationellen Selbstbestimmung für die bestimmte Person. Die Frage, wer in diesen Fällen die Möglichkeit der Entschlüsselung bekommt und wie die Daten zu behandeln sind, muß je nach Anwendung bei der Einrichtung des Systems entschieden werden.

Nachdem im ersten Hauptteil die Grundlagen zum Verständnis der Idee der datenschutzfördernden Technik im allgemeinen und bezogen auf den „Privacy Filter" im besonderen geschaffen wurden, folgt im zweiten Hauptteil die Beantwortung der Frage, warum datenschutzfördernde Technik überhaupt förderungswürdig ist. Dabei wird auf die enorme Zunahme von personenbezogenen Daten als Folge des technischen Fortschritts und auf die gestiegene Komplexität der heutigen Technik eingegangen sowie darauf, daß sich der Gesetzgebungsprozeß im Vergleich zur Technikentwicklung langsam und unflexibel entwickelt und Technik im

---

[7] Das Patent für diese Technologie besitzt die Firma Viisage Technology AG, Bochum.

Gegensatz zu nationalen Gesetzen grenzübergreifend wirksam ist. Abschließend wird auf Schwierigkeiten hingewiesen, die bei einer Förderung auftreten könnten. Eine Abwägung im Rahmen der Förderungswürdigkeit findet auch speziell für den „Privacy Filter" statt.

Der dritte Hauptteil widmet sich der Untersuchung, inwieweit diese förderungswürdige Technik schon heute gesetzlich gestärkt wird. Zuerst soll dabei die internationale Entwicklung betrachtet werden, wobei einerseits auf das EG-Recht und andererseits auf Dokumente anderer Internationalen Organisationen eingegangen wird.

Weiterhin werden einige Vorschriften aus Bundesgesetzen analysiert, die die Grundsätze des Grunddatenschutzes, des Selbstdatenschutzes und der Datentransparenz beinhalten, insbesondere § 3a und § 9 Bundesdatenschutzgesetz (BDSG). In diesem Zusammenhang werden auch zentrale Begriffe wie Datenvermeidung, Datensparsamkeit, Anonymität und Pseudonymität erläutert.

Auch weitere bundesgesetzliche Vorschriften und Landesdatenschutzgesetze werden auf die Berücksichtigung datenschutzfördernder Technik hin untersucht, insbesondere der für die Videoüberwachung relevante § 6b BDSG. Ein besonderes Augenmerk wird dabei auch dem modernen schleswig-holsteinischen Datenschutzrecht gelten, das aufgrund seines § 4 Abs. 2 LDSG seit April 2001 eine Gütesiegelverordnung eingeführt hat.

Abschließend ist die aktuelle Gesetzeslage am Beispiel des „Privacy Filters" zu veranschaulichen. Dabei ist eine Untersuchung über Videoüberwachung und Datenschutz notwendig, die auf die Probleme privater und behördlicher Videoüberwachung und deren Einfluß auf die informationelle Selbstbestimmung hinweist. Der neue § 6b BDSG ist in diesem Zusammenhang zu analysieren.

Im vierten Hauptteil werden nach allgemeinen Hinweisen auf Risiken und Herausforderungen bei der Rechtsetzung von Vorschriften zum Datenschutz schließlich Möglichkeiten aufgezeigt, datenschutzfördernde Technik rechtlich zu fördern. Vorbilder für mögliche Förderungsmodelle kommen sowohl aus der Literatur als auch aus anderen Rechtssystemen. Drei Modelle für die Förderung datenschutzfördernder Technik werden genauer untersucht; Förderung durch gesetzliche Forderung bestimmter - vor allem technischer - Maßnahmen, Förderung durch Schaffung von Anreizsystemen und Förderung durch regulierte Selbstregulierung. In einem novellierten Bundesdatenschutzgesetz müßte daher § 3a BDSG novelliert und verschärft werden. Zusätzlich könnte § 9 BDSG an neue Begrifflichkeiten angepaßt werden. Produkthersteller sollten verpflichtet werden, ihre Produkte nach bestimmten Kriterien zu überprüfen. Außerdem sollten Produkthersteller die Verbraucher über ihre Produkte unter Datenschutzgesichtspunkten aufklären. Schadensersatzansprüche bei Verletzung der informationellen Selbstbestimmung sollten außerdem für die Verbraucher einfacher durchzusetzen sein.

Auch Anreizsysteme, die datenschutzfördernde Technik ihrerseits fördern, müssen verstärkt werden, da diese Technik für die datenverarbeitenden Stellen, von denen sie eingesetzt werden, anders als von vielen Kritikern angenommen, keinen Nachteil, sondern im Gegenteil in vielen Fällen einen Vorteil bedeuten. Durch eine vertrauenswürdige Auditierung von Datenschutzmanagementsystemen in einem Verfahrensaudit beziehungsweise mit Produkten im sogenannten Produktaudit kann mit den positiven Ergebnissen des Audits geworben werden. Außerdem kann die öffentliche Verwaltung auch angehalten werden, die positiv auditierten Produkte zu kaufen beziehungsweise vorzugsweise auditierte Systeme zu nutzen. Ein Auditverfahren würde dann nicht nur eine Marktfunktion, sondern auch eine Vorbildfunktion innehaben.

Der Gedanke des Art. 27 der Europäischen Datenschutzrichtlinie hat in § 38a BDSG eine einfachgesetzliche Ausprägung gefunden; es geht um Selbstregulierung. Selbstregulierung hat den Vorteil, grenzübergreifend Geltung zu erlangen. Außerdem gibt sie der Wirtschaft mehr Freiheit, in dem den Unternehmen die Möglichkeit eröffnet wird, die Regelungen selbst mit nur geringer gesetzgeberischer Beeinflussung auszuhandeln. Um die Nachteile der Unverbindlichkeit der Regelungen und der fehlenden staatlichen Kontrolle in Systemen mit ausschließlicher Selbstregulierung zu vermeiden, wäre auch ein Konzept denkbar, bei dem Elemente der Selbstregulierung der Wirtschaft mit staatlichen Regulierungsansätzen verbunden würde. Dieses Konzept nennt sich regulierte Selbstregulierung und ist aus zweierlei Gründen sinnvoll. Zum einen können Gesetze im Branchenverband aufgrund des dortigen Sachverstands sehr gut konkretisiert werden. Zum anderen kann der Verband helfen, die getroffenen Präzisierungen intern durchzusetzen.

Wie sich die vorgeschlagene Förderung auf das Produkt des „Privacy Filters" auswirken würde, soll im Anschluß daran beschrieben werden.

In einem Schlußteil werden die Ergebnisse zusammengefaßt und der Blick auf den zukünftigen Einsatz datenschutzfördernder Technik gerichtet.

2 Grundlagen datenschutzfördernder Technik

2.1 Rolle der Technik in drei Jahrzehnten deutschen Datenschutzrechts

Selbst wenn Datenschutz in der Entwicklung des deutschen Datenschutzrechts nicht primär technisch verstanden wurde, spielt Technik dennoch seit Beginn der Datenschutzdiskussion eine wichtige Rolle.

2.1.1 Geschichte des Datenschutzrechts unter Berücksichtigung der technischen Veränderungen

Die Entwicklung des Datenschutzrechts der Bundesrepublik Deutschland kann bei einer Betrachtung der technischen Veränderungen in drei Phasen unterteilt werden.[8] Die erste Phase beschreibt die Zeit von den Anfängen der Datenschutzgesetze - in Hessen schon 1970, das Bundesdatenschutzgesetz erst 1977 - bis zum Volkszählungsurteil des *Bundesverfassungsgerichts* im Jahr 1983. In der zweiten Phase, vor allem als Reaktion auf dieses richtungsweisende Urteil, wurden an vielen Gesetzen Änderungen vorgenommen und bereichsspezifische Gesetze verabschiedet. Mit der EG-Datenschutzrichtlinie 95/46/EG vom Oktober 1995 (im folgenden EG DSRL) ist eine europäische Dimension dazugekommen, mit der die dritte Phase beginnt. Mit dem Inkrafttreten des neuen Bundesdatenschutzgesetzes am 23.5.2001 könnte man diese Phase als abgeschlossen betrachten - bedauerlicherweise ohne daß der wiederholt geforderte „moderne Datenschutz"[9] darin in ausreichendem Maße realisiert wurde. Dies muß der nächste Schritt in der Entwicklung des Datenschutzrechts sein.

2.1.1.1 Beginn des Datenschutzrechts

Die aktuelle Forderung nach einer stärkeren Betonung der Rolle der Technik im Datenschutz[10] bedeutet nicht, daß Technik nicht berücksichtigt wurde, als die Idee des Datenschutzes Ende der sechziger Jahre entwickelt wurde. *Lutterbeck*, der Mitautor des 1971 dem Bundesinnenministerium vorgelegten Gutachtens „Grundlagen des Datenschutzes"[11] beschreibt die Datenschützer der ersten Stunde als „begeisterte Förderer der Informationstechnik".[12] Die Parole „Hessen vorn", die auch die Vorreiterrolle Hessens im Datenschutz ausdrücken sollte,

---

[8] Ebenso *Bäumler* 1999a, 1ff.; *Bizer* 1999, 28ff.; *von Lewinski*, DuD 2003, 61f.; *Lutterbeck*, DuD 1998, 12.

[9] Unter anderem *Hoffmann-Riem*, AöR 1998, 537; *Gola/ Schomerus* 2002, Einleitung Rn 12; *Gola*, NJW 1999, 3754, 3761; ders., NJW 2000, 3750 mit weiteren Nachweisen; *Roßnagel/ Pfitzmann/ Garstka* 2001, 21.

[10] So *Podlech*, DÖV 1970, 475; ders, DVR 1972/73, 155; ders., DVR 1976, 25; ders. 1982, 451; *Roßnagel/Wedde/Hammer/Pordesch* 1990, 259ff.; *Roßnagel* 1993, 241ff.; ders., ZRP 1997, 28f.; ders. 2001a, 13ff.; *Roßnagel/Pfitzmann/Garstka*, DuD 2001, 35f. und 253ff.; *Simitis* 1996, 35ff.; ders. 2000, 308; *Hoffmann-Riem*, AöR 1998, 537; *Vogt/Tauss* 1998, Nr. 6; *Bäumler*, DuD 1997, 449f.; ders. 1998, 7; ders. 1999a, 7; ders. 2002a, 4; *Bull*, ZRP 1998, 313; *Bizer* 1999, 28ff.; ders., DuD 2001, 277; *Borking* 1998, 292; *Federrath/ Pfitzmann* 2001, 252ff.; *Trute*, JZ 1998, 827; *Ulrich*, DuD 1996, 667ff.

[11] *Steinmüller/ Lutterbeck/ Mallmann* 1971, 1ff.

[12] *Lutterbeck*, DuD 1998, 128.

stand daher auch für technische Innovationskraft.[13] Datenschutz ging also einher mit technischem Fortschritt in der Datenverarbeitung.

Unter Datenverarbeitung verstand man zu jener Zeit die zentrale Speicherung von Daten in Rechenzentren. Die zugrundeliegende Idee war, das Problem der beschränkten Speicherressourcen zu lösen.[14] Die Daten sollten zentral in Großrechnern gespeichert werden, damit mehrere unterschiedliche Benutzer später darauf zugreifen könnten.[15] Man erhoffte sich dadurch, gleiche Daten für unterschiedliche Zwecke nutzen zu können. Es entstand auf diese Weise jedoch die Gefahr, daß alle über eine Person in Systemen gespeicherten Informationen abgerufen und zu einem weitgehend vollständigen Persönlichkeitsbild zusammengefügt werden konnten.[16] Insbesondere wurde damals eine durch Informationsvorsprung begründete Machtkonzentration auf Seiten des Exekutive befürchtet, die zu einem informationellen Ungleichgewicht im Sinne der Gewaltenteilung zu Ungunsten der Legislative führen könnte.[17] Zusätzlich tauchte die Möglichkeit auf, daß Systeme unterschiedlicher Organisationen zu Großsystemen verknüpft werden konnten. Auch um diesen Gefahren zu begegnen, wurde das Datenschutzrecht entwickelt.[18]

Es war den Beteiligten der Entwicklung des Datenschutzrechts bewußt, daß die rechtsstaatlichen Verfassungsprinzipien aufgrund der technischen Veränderungen unter neuen Gesichtspunkten interpretiert werden mußten[19] und der Staat die Hilfe der Technik benötigen werde, um den an ihn gerichteten Anforderungen genügen zu können.[20]

Vorausgegangen war den ersten deutschen Datenschutzgesetzen die amerikanische Diskussion über das Recht auf „Privatheit"[21] beziehungsweise „Privatsphäre" (privacy), die unter anderem durch Pläne ausgelöst wurde, eine zentrale nationale Datenbank einzurichten, die alle verfügbaren Informationen aller amerikanischer Bürger erfassen sollte.[22] Eine ähnliche Debatte entbrannte in Deutschland etwas später über vergleichbare Pläne der Regierung *Kiesin-*

---

[13] *Lutterbeck*, DuD 1998, 128; so auch *Ernestus*, RDV 2000, 146.
[14] *Bizer* 1999, 31.
[15] *Bizer* 1999, 31; *Ernestus*, RDV 2000, 146.
[16] *Benda* 1974, 27, der von einer Herabwürdigung des Menschen zum Datenobjekt spricht.
[17] *Roßnagel - Dix* 2003, 3.5 Rn 4 und Rn 7; *Simitis - Simitis* 2003, Einleitung Rn 36; Siehe in diesem Zusammenhang auch das Konzept der informationellen Gewaltenteilung, *Podlech* 1982, 474f. und *Steinmüller/ Lutterbeck/ Mallmann* 1971, 41, das auch vom *Bundesverfassungsgericht* im Volkszählungsurteil als organisatorische Voraussetzung zur Sicherung der Zweckbindung übernommen wurde, *BVerfGE* 65, 1, 69. Die informationelle Gewaltenteilung fordert organisatorische und verfahrensrechtliche Vorkehrungen zur Minimierung von Gefahren für das informationelle Selbstbestimmungsrecht.
[18] *Steinmüller/ Lutterbeck/ Mallmann* 1971, 36; *Berg*, JZ 1985, 404f.; *Lennartz*, RDV 1989, 227ff.
[19] *Benda* 1974, 25.
[20] *Benda* 1974, 40.
[21] Schon *Steinmüller/ Lutterbeck/ Mallmann* 1971, 53, haben den Begriff der Privatheit gegenüber dem der Privatsphäre als passender erachtet, da er klarer den Gegensatz zur Öffentlichkeit zum Ausdruck bringe.
[22] *Tinnefeld/ Ehmann* 1998, 36f.

ger.[23] Auch der Mikrozensus-Beschluß des *Bundesverfassungsgerichts* vom 16.7.1969[24] sowie der Ehescheidungsaktenbeschluß des *Bundesverfassungsgerichts* vom 15.1.1970[25] beeinflußte die Datenschutzgesetze der ersten Generation. Damals wurde die elektronische Datenverarbeitung vom Gefährdungspotential her von einigen auf eine Stufe mit anderer Großtechnologie wie der Nutzung der Kernkraft oder der Zunahme des Luftverkehrs gestellt.[26]

Datenverarbeitungstechnik spielte in den ersten Datenschutzgesetzen noch eine sehr untergeordnete Rolle. Es ging vor allem um den Schutz vor unbefugter Einsichtnahme, den Schutz vor unbefugter Veränderung beziehungsweise Manipulation der Daten und den Schutz vor deren Verlust, weniger um die Art und Weise der automatisierten Verarbeitung.[27] Dies geht aus § 6 BDSG 1977 und seiner Anlage hervor, der sich wie sein Nachfolger § 9 BDSG 1990 ausschließlich mit Fragen der Datensicherheit beschäftigte.[28]

1977 verstand man unter Datenschutz, wie auch der Wortsinn ergibt, eher den Schutz der Daten (vor allem vor Sicherheitsrisiken) **beim** Datenverarbeiter, während sich mittlerweile die Schutzrichtung geändert hat. Datenschutz soll nunmehr Schutz **gegen** die Datenverarbeiter bieten, die aufgrund ihrer Machtstellung als Datenverwalter die Persönlichkeitsrechte gefährden könnten.[29]

Die Zuständigkeitsverteilung für den Datenschutz beim Innenministerium, dem damals wie heute gleichzeitig Polizei und Verfassungsschutz zugeordnet sind und das hauptsächlich Juristen und nur in geringer Zahl Informatiker beschäftigt hat, brachte es mit sich, daß das Verständnis für informationstechnischen Neuerungen oft zu kurz kam.[30]

---

[23] *Lutterbeck*, DuD 1998, 130; *Podlech*, DÖV 1970, 473; Ausführlich über das Personenkennzeichen *Weichert*, RDV 2002, 172f.

[24] BVerfGE 27, 1, 6; „Der Staat darf durch keine Maßnahmen, auch nicht durch Gesetz, die Würde des Menschen verletzen oder sonst über die in Art. 2 Abs. 1 GG gezogenen Schranken hinaus die Freiheit der Person in ihrem Wesensgehalt antasten. Mit der Menschenwürde wäre nicht zu vereinbaren, wenn der Staat das Recht für sich in Anspruch nehmen könnte, den Menschen zwangsweise in seiner ganzen Persönlichkeit zu registrieren und zu katalogisieren, sei es auch nur in der Anonymität einer statistischen Erhebung, und ihn damit wie die Sache zu behandeln, die einer Bestandsaufnahme in jeder Beziehung zugänglich ist."

[25] BVerfGE 27, 344, 350f.; Darin wird festgestellt, daß auch in zulässiger Weise erlangte Information nicht beliebig unter Berufung auf Art. 35 GG an einen andere Behörde weitergegeben werden darf, da die mit der Weitergabe eintretende Zweckentfremdung die Privatsphäre verletze. Ähnlich auch die sogenannte „Soraya-Entscheidung" des Bundesverfassungsgerichts, *BVerfGE* 34, 269ff.

[26] *Büllesbach/ Garstka* 1997, 383.

[27] *Bäumler* 1999a, 6.

[28] Unter Datensicherheit sind nach *Geiger* sämtliche organisatorische und technische (nicht rechtliche) Regelungen und Maßnahmen zu verstehen, „mit denen ein unzulässiger Umgang mit personenbezogenen Daten zu verhindern und die Integrität sowie Verfügbarkeit der Daten und die zu deren Verarbeitung eingesetzten technischen Einrichtungen zu erhalten ist"; Simitis u. a. - *Geiger* 1992, § 9 Rn 3. Mehr zu Datensicherheit siehe in Kapitel 2.2.1.

[29] Zum Begriff des Datenschutzes in Kapitel 2.2.5.

[30] *Lutterbeck*, DuD 1998, 130.

2.1.1.2 Volkszählungsurteil und seine Folgen

Rückblickend kann man heute sagen, daß die Folgen des Volkszählungsurteils des *Bundesverfassungsgerichts* vom 15.12.1983[31] für den Datenschutz sehr weitreichend waren, wobei sich jedoch am Regelungskonzept, insbesondere auch hinsichtlich der Behandlung der Technik, nichts Grundsätzliches änderte. Datenschutzrecht war und blieb als klassisches Ordnungsrecht ausgestaltet. Zwar war die Gesetzgebung für viele Jahre mit der Umsetzung des Urteils beschäftigt, jedoch ohne dabei technischspezifische Vorschriften einzuführen.[32] Nach *Simitis* handelt es sich beim novellierten Bundesdatenschutzgesetz, das dem Volkszählungsurteil im Jahre 1990 folgte, nicht wirklich um eine wahre Reform, sondern eher um eine notdürftige Reparatur, zudem mit einer Vielzahl von Widersprüchen belastet, die unter anderem außer acht ließ, daß sich die Informations- und Kommunikationsbedingungen im Laufe der Jahre verändert hatten.[33]

Dennoch erkennt man schon an der Zweckbestimmung des aufgrund des Volkszählungsurteils novellierten Bundesdatenschutzgesetzes eine Weiterentwicklung des Datenschutzrechts. Wenn es noch 1977 in § 1 BDSG hieß, das Gesetz diene „durch den Schutz personenbezogener Daten vor Mißbrauch [...] der Beeinträchtigung schutzwürdiger Belange der Betroffenen entgegenzuwirken", so änderte sich dieses mit der Novellierung 1990[34] dahingehend, „den einzelnen davor zu schützen, daß er durch den Umgang mit seinen personenbezogenen Daten in seinem Persönlichkeitsrecht beeinträchtigt werde". Aus dem Persönlichkeitsrecht, das sich aus Art. 2 Abs. 1 i.V.m. Art. 1 Abs. 1 GG ergibt, hat das Gericht das Recht auf informationelle Selbstbestimmung abgeleitet, nach dem jeder Bürger das Recht hat, „grundsätzlich selbst über die Preisgabe und Verwendung seiner Daten zu bestimmen".[35]

Im Zusammenhang mit der Anerkennung des informationellen Selbstbestimmungsrechts als grundrechtliche Konkretisierung des allgemeinen Persönlichkeitsrechts[36] legte das Gericht auch fest, daß Einschränkungen des Rechts auf informationelle Selbstbestimmung einer ausdrücklichen gesetzlichen Grundlage bedürften, die so konkret wie möglich definiert sein sollten. Nach Vorstellung der Verfassungsrichter sollten Daten nur für einen konkreten Zweck

---

[31] *BVerfGE* 65, 1; die Entwicklung der Bundesverfassungsgerichtsrechtsprechung bis dahin sehr übersichtlich bei *Tinnefeld/ Ehmann* 1998, 80f.; Simitis - *Simitis* 2003, Einleitung Rn 28, weist darauf hin, daß es letztendlich auch um die Frage ging, „ob die Volkszählung nicht doch die Grundlage für eine schrankenlose, durch die automatisierte Verarbeitung begünstigte Verknüpfung der unzähligen, von den verschiedensten staatlichen und privaten Stellen bereits gespeicherten Daten abgeben könnte". Es herrschte ein tiefes Mißtrauen gegenüber dem technischen Wandel und die Sorge, den Behörden ausgeliefert und ohne Möglichkeit zu sein, das Leben nach seinen Vorstellungen zu gestalten.

[32] *Bäumler* 1999a, 6.

[33] *Simitis*, DuD 2000, 715, 717; Simitis - *ders.* 2003, Einleitung Rn 87; *Hamburgischer Datenschutzbeauftragter* 2002, 3ff.

[34] Gesetz zur Fortentwicklung der Datenverarbeitung und des Datenschutzes vom 31.5.1990, BGBl. I S. 2954.

[35] Mehr dazu in Kapitel 2.1.3.

[36] Maunz/ Dürig - *Di Fabio* 2001, Art. 2 Abs. 1 Rn 173; *Limbach*, RDV 2002, 164; *Gola*, NJW 1984, 1155.

erhoben und gespeichert werden; eine Sammlung personenbezogener Daten auf Vorrat sei also unzulässig.[37] Weiterhin stellte es fest, daß es „unter den Bedingungen der automatisierten Datenverarbeitung kein ‚belangloses' Datum mehr"[38] gebe. Jedes Datum könne also abhängig vom jeweiligen Kontext unter dem Schutz des Grundgesetzes stehen, unabhängig davon, ob es eine direkt erkennbare „private" Information enthalte oder nicht. Ferner fordert das *Bundesverfassungsgericht*, daß es Aufklärungs-, Auskunfts- und Löschungspflichten geben müsse. Die Bürger hätten das Recht zu erfahren, „wer was wann und bei welcher Gelegenheit über sie weiß".[39] Einerseits habe die datenverarbeitende Stelle daher weitgehende Aufklärungspflichten, wenn sie Daten erhöben, andererseits solle dem Bürger die Möglichkeit gegeben werden, Selbstauskunft zu geben, bevor Daten über ihn von Dritten in Erfahrung gebracht würden. In diesem Zusammenhang steht neben dem Transparenzgedanken[40] auch der Grundsatz der Datensparsamkeit. Bei der Erhebung von personenbezogenen Einzelangaben sei nämlich zu prüfen, „ob das Ziel der Erhebung nicht auch durch anonymisierte Ermittlung erreicht werden kann".[41]

Als Folge des Urteils wurden nicht nur das Bundesdatenschutzgesetz und die Datenschutzgesetze der Länder novelliert, sondern auch die mit Datenschutz im Zusammenhang stehende bereichsspezifische Gesetzgebung ergänzt. So wurden unter anderem für die Datenverarbeitung des Personal- und Meldewesens, der Sicherheitsbehörden, der Sozial- und Gesundheitsverwaltungen und der Statistik eigene Gesetze geschaffen.[42] In diesen bestimmt seitdem eine konkrete Rechtsgrundlage, unter welchen Voraussetzungen das Recht auf informationelle Selbstbestimmung eingeschränkt werden kann, beziehungsweise in welchen Fällen eine Einwilligung des Betroffenen erforderlich ist.[43] Die neuen bereichsspezifischen Gesetze führten allerdings nicht, wie erhofft, zur Konkretisierung der verschiedenen Datenschutzvorschriften, sondern zur Zersplitterung und Unübersichtlichkeit sowie zu Widersprüchlichkeit der Vorschriften untereinander.[44] Außerdem geriet der Grundsatz der Datensparsamkeit aufgrund der Normenflut zusehends in den Hintergrund.

---

[37] Daraus wird auch der Grundsatz der Zweckbindung abgeleitet; *Erichsen/ Badura* 1998, § 34 Rn 19.
[38] *BVerfGE* 65, 1, 45.
[39] *BVerfGE* 65, 1, 43.
[40] *Podlech* nennt dies „Informationstransparenz", AK GG - *Podlech* 2001, Art. 2 Abs. 1 Rn 81.
[41] *BVerfGE* 65, 1, 48f.; *Bäumler* geht in diesem Zusammenhang von einem Grundsatz der Datenvermeidung durch Technik aus, der ungeachtet der dabei angewandten Verarbeitungstechnik greife, *Bäumler* 1999a, 6.
[42] *Gola*, NJW 1985, 1198; *Kloepfer* 2002, § 8 Rn 9; *Gola/ Schomerus* 2002, Einleitung Rn 8, mit weiteren Beispielen.
[43] Im deutschen Datenschutzrecht ist es grundsätzlich verboten, personenbezogene Daten zu erheben, zu verarbeiten oder zu nutzen, es sei denn, daß erstens eine Einwilligung des Betroffenen vorliegt, zweitens ein Tarifvertrag oder eine Betriebsvereinbarung existiert, die diese Maßnahmen erlaubt oder drittens, daß gesetzliche Vorschriften diese Maßnahmen legalisieren. Letztere Ausnahme hat zu den vielen bereichsspezifischen Regelungen geführt.
[44] *Simitis*, NJW 1997, 281ff. (dort Fußnote 36); *ders.*, DuD 2000, 715. Bereichsspezifische Gesetze fördern zwar im Grundsatz die Präzision (Normenklarheit), gleichzeitig führen sie durch die Masse an Vorschriften

Die Veränderung des § 9 BDSG und seiner Anlage, die im BDSG 1977 die einzigen technischen Regelungen beinhalteten, waren nur unbedeutend. Sowohl § 9 BDSG an sich als auch dessen Anlage änderten sich nur geringfügig. Allein die in § 6 Abs. 2 BDSG 1977 enthaltene Ermächtigung der Bundesregierung, „durch Rechtsverordnung [...] die in der Anlage genannten Anforderungen nach dem jeweiligen Stand der Technik und Organisation fortzuschreiben" entfiel. Ausschlaggebend für diese Änderung war zum einen, daß in den vergangenen dreizehn Jahren von dieser Möglichkeit kein Gebrauch gemacht worden war, zum anderen, daß die Anlage nur die Erfüllung bestimmter Anforderungen verlangte und es gesetzestechnisch daher nicht sinnvoll gewesen wäre, modernere Maßnahmen, Verfahren und Betriebsweisen durch Verordnungen zu formulieren.[45] Es wurde auch argumentiert, daß die bisherigen Anforderungen aufgrund ihrer allgemeinen Formulierung auch unter den weiterentwickelten technischen Gegebenheiten anwendbar bleiben würden und die technische Entwicklung zum Erlaß einer Rechtsverordnung noch nicht konkret genug absehbar gewesen wäre.[46]

1984, weniger als ein Jahr nach dem Urteilsspruch zum Volkszählungsgesetz, stellte *Simitis* fest: „Just in dem Moment, in dem die Anerkennung [des Datenschutzes] ihren Höhepunkt erreicht hat, steuert der Datenschutz auf seine tiefste Krise zu".[47] Grund war neben den oben erwähnten Schwierigkeiten auch die aus seiner Sicht mangelnde Anpassung des Datenschutzrechts an die sich ändernde technische Infrastruktur.

2.1.1.3 Dritte Generation des Datenschutzrechts

Diese Anpassung hätte der Gesetzgeber durch eine im Zuge der Umsetzung der EG-Datenschutzrichtlinie 95/46/EG[48] (EG DSRL) ohnehin notwendig gewordene Novellierung des Bundesdatenschutzgesetzes realisieren können, was auch anfangs geplant war, schließlich aber nicht verwirklicht wurden.[49] Mittlerweile wird nur noch über eine „zweite Stufe" der Novellierung gesprochen.[50]

Um den grenzüberschreitenden europäischen Datenverkehr zu regeln und wirtschaftliche Hemmnisse zu vermeiden, die durch unterschiedliche Datenschutzregelungen in den einzel-

---

[45] in unterschiedlichen Gesetzen aber auch zur Zersplitterung. Außerdem entstehen keineswegs immer interpretierbare Bestimmungen, was wiederum zu widersprüchlichen Gesetzen führt.
Simitis u. a. - *Geiger* 1992, § 9 Rn 2.
[46] *Pütter*, DuD 1988, 551f.
[47] *Simitis* 1984, 27ff.
[48] Richtlinie 95/46/EG des Europäischen Parlaments und des Rates vom 24.10.1995 zum Schutz natürlicher Personen bei der Verarbeitung personenbezogener Daten und zum freien Datenverkehr, ABl. EG L vom 23.11.1995, 31.
[49] BT Anfrage, *BT-Drs* 13/11315, 4.
[50] *Roßnagel/ Pfitzmann/ Garstka*, DuD 2001, 253; *Simitis* 1999, 714; *ders.*, DuD 2000, 715, „Die zweite Stufe der Novellierung räumt der Bundesrepublik die Chance ein, die Rolle wiederzugewinnen, eine europäische Debatte über ein glaubwürdigeres und effizienteres Datenschutzkonzept auszulösen"; *Gola*, NJW 1999, 3753 (dort auch zitiert Entschließung der 57. Konferenz der Datenschutzbeauftragten des Bundes und der Länder am 25./26.3.1999 (Fußnote 220)); *Gola*, NJW 2000, 3749; *Weichert* 2001, http://www.datenschutzzentrum.de/material/themen/video/videpriv.htm; *Tauss/ Özdemir* 2001, 236.

nen Ländern entstanden,[51] verabschiedeten das Europäische Parlament und der Europäische Rat im Oktober 1995 die EG-Datenschutzrichtlinie.[52] Sie enthält Elemente aus verschiedenen nationalen Datenschutzgesetzen, wobei sich eine starke Orientierung am französischen und am deutschen Datenschutzgesetz feststellen läßt.[53] Das deutsche Parlament benötigte allerdings noch einige Jahre, nämlich bis Mai 2001,[54] um die Datenschutzrichtlinie umzusetzen. Trotz des langen Zeitraums nutzte es nicht die Chance, das Bundesdatenschutzgesetz grundlegend zu reformieren und den veränderten Rahmenbedingungen anzupassen.

In Bezug auf die Technik forderte die EG DSRL im Erwägungsgrund 46, daß bei der Verarbeitung personenbezogener Daten „geeignete technische und organisatorische Maßnahmen" getroffen werden sollten, und zwar schon zum Zeitpunkt der Planung des Verarbeitungssystems, die dem Stand der Technik entsprächen. Diese Anforderungen wurden im BDSG 2001 auch erfüllt und in einigen Fällen sogar weit ausgelegt. Umgesetzt wurden die Vorgaben aus Art. 17 Abs. 1 EG DSRL und dem entsprechenden Erwägungsgrund 46, der die Datensicherheit betrifft,[55] in § 9 BDSG und der Anlage zu § 9 BDSG. Der Inhalt von § 3a BDSG, durch Technik Daten zu vermeiden beziehungsweise zu minimieren, ist durch Art. 6 Abs. 1 lit. c) EG DSRL zwar nicht explizit vorgegeben, kann aber aus der Forderung, die Zweckbindung personenbezogener Daten zu beachten, herausgelesen werden. Auch weist noch Erwägungsgrund 53 darauf hin, daß besondere Risiken durch Technologien entstehen können. § 3a BDSG stellt insofern eine technische Gestaltungsregel dar, mit der die besonderen technologischen Risiken der Erhebung und Verarbeitung personenbezogener Daten minimiert werden können.[56] Als Vorbild für das in § 3a BDSG abgeschwächt integrierte Gestaltungsprinzip der Vermeidung des Personenbezugs dienten § 3 Abs. 4 TDDSG und § 12 Abs. 5 MDStV.[57]

---

[51] EG-Datenschutzrichtlinie, Erwägungsgrund 6 bis 8; siehe dazu *Tinnefeld/ Ehmann* 1998, 63, die ausführt, daß im übrigen das Recht auf Achtung des Privatlebens im Sinne von Art. 8 EMRK vom EuGH 1994 als „ein von der Gemeinschaftsordnung geschütztes Grundrecht" bezeichnet wurde (EuGH vom 5.10.1994 Rs C 404/92 Slg. 1994 I S. 4780-P).

[52] Eine weitere Richtlinie ist im Zuge der Liberalisierung des Telekommunikationsmarktes entstanden, Richtlinie 97/66/EG des Europäischen Parlaments und des Rates vom 15.12.1997 über die Verarbeitung personenbezogener Daten und den Schutz der Privatsphäre im Bereich der Telekommunikation, ABl. Nr. L 24/1 vom 30.1.1988, EU-DS, EU Rat/ Parl.

[53] *Bäumler* 1999a, 4; *Gola*, NJW 1996, 3312: "Richtlinie hat Regelungsprinzipien des deutschen Datenschutzrechts weitgehend übernommen".

[54] Die Anpassungsfrist lief schon am 24.10.1998 aus.

[55] Art. 17 Abs. 1 EG DSRL, „Die Mitgliedstaaten sehen vor, daß der für die Verarbeitung Verantwortliche die geeigneten technischen und organisatorischen Maßnahmen durchführen muß, die für den Schutz gegen die zufällige oder unrechtmäßige Zerstörung, den zufälligen Verlust, die unberechtigte Änderung, die unberechtigte Weitergabe oder den unberechtigten Zugang (...) erforderlich sind. Diese Maßnahmen müssen unter Berücksichtigung des Standes der Technik und der bei ihrer Durchführung entstehenden Kosten ein Schutzniveau gewährleisten, das den von der Verarbeitung ausgehenden Risiken und er Art der zu schützenden Daten angemessen ist."

[56] *Bizer* 1999, 52; Roßnagel - *Bizer* 1999, § 3 TDDSG Rn 148. Siehe zu allem noch *Dammann/ Simitis* 1997, Einleitung Rn 10 und Art. 5 Rn 4.

[57] Siehe dazu auch in Kapitel 2.4.1.

2.1.2 Technische Veränderungen seit Beginn der Datenschutzgesetze

Schon im Volkszählungsurteil hatte das *Bundesverfassungsgericht* festgestellt, daß Datenschutz - insbesondere unter den modernen Bedingungen der Datenverarbeitung - die freie Entfaltung der Persönlichkeit ermöglichen soll. Eine Anpassung an die veränderten Rahmenbedingungen sollte also immer mit der aktuellen Technik einhergehen.[58] Daß sich die technische Infrastruktur der Datenverarbeitung seit dem ersten Bundesdatenschutzgesetz stark verändert hat, ist offensichtlich.[59] Die anfangs von vielen als Bedrohung wahrgenommene Veränderung der Technik wird allerdings von den meisten Nutzern mittlerweile wegen der durch sie möglichen Zeitersparnis, Arbeitserleichterung und höheren Mobilität begrüßt.[60]

2.1.2.1 Überblick über die technische Weiterentwicklung

In den letzten dreißig Jahren konnte man eine exponentielle Steigerung der Leistungsentwicklung der Informations- und Kommunikationstechnik beobachten. Nicht nur die Rechnerleistung und die Speicherkapazität konnten um ein Vielfaches gesteigert werden, auch die Kommunikation vernetzte sich weltweit. Für die Zukunft ist die Fortsetzung dieser Entwicklung zu erwarten.[61]

Verglichen mit der Situation in den siebziger Jahren übernehmen Arbeitsplatzcomputer dank verbesserter Chiptechnologie und aufgrund leichterer Austauschmöglichkeit von Datenmengen der Personalcomputer untereinander die Aufgaben, die damals nur in den großen Rechenzentren erledigt werden konnten. Hinzukommt, daß mittlerweile große Datenmengen auf immer kleiner werdenden Datenträgern gespeichert werden können. Dezentralisierung und Vernetzung bestimmen daher heute das Feld.[62]

Diese Vernetzung, insbesondere das Internet und die immer schnelleren Übertragungsgeschwindigkeiten, bringt auch eine Globalisierung des Datenschutzes mit sich, weil sich der Austausch über nationale Grenzen hinweg dank der neuen technischen Möglichkeiten stark vereinfacht hat. Da heute Kostengesichtspunkte mehr als andere Faktoren den Standort von Datenzentren bestimmen und Dienstleistungen im Ausland oft billiger sind, führt die Globalisierung der Technik auch dazu, daß auch die rechtliche Kontrolle über die Datenverarbeitung erschwert wird.[63]

---

[58] *BVerfGE* 65, 1, 42; „Hieraus folgt: Freie Entfaltung der Persönlichkeit setzt unter den modernen Bedingungen der Datenverarbeitung den Schutz des einzelnen gegen unbegrenzte Erhebung, Speicherung, Verwendung und Weitergabe seiner persönlichen Daten voraus. Dieser Schutz ist daher von dem Grundrecht des Art. 2 Abs. 1 i. V. m. Art. 1 Abs. 1 GG umfaßt."

[59] Einen guten Überblick gibt dazu auch Simitis - *Bizer* 2003, § 3a Rn 10-17.

[60] *Scholz* 2003, 23f.

[61] *Roßnagel/ Pfitzmann/ Garstka* 2001, 224f.

[62] *Simitis* 1984, 38; *Pütter*, DuD 1988, 552; *Gola*, NJW 1993, 3110; *Bizer* 1999, 38.

[63] Simitis - *Bizer* 2003, § 3a Rn 15.

Die veränderten Speichermedien, die auf immer kleinerem Raum mehr Daten lagern können, weichen auch die in den siebziger Jahren noch bestehenden Unterschiede zwischen privater und öffentlicher Speicherung auf. Folglich besitzt nicht nur der Staat eine Fülle personenbezogener Daten von Bürgern, auch private Unternehmen haben mittlerweile Zugriff auf zum Teil große Bestände sensibler Daten.[64]

Ausgetauscht werden aufgrund der digitalen Übertragungstechnik auch nicht mehr nur Textinhalte, sondern nunmehr auch Bilder und Töne.[65] Auch der Einkauf über das Internet, der sogenannte Electronic Commerce, nimmt immer weiter zu.[66] Man spricht in diesem Zusammenhang von Virtualisierung, einer Entgrenzung von Wirtschaftsunternehmen und seiner Prozesse in räumlicher, zeitlicher und institutioneller Dimension.[67]

Getrennte Informationstechniken und -medien wie Fernsehen, Rundfunk, Computer, Telefon, Zeitung etc., die bisher wenige Berührungspunkte hatten, wachsen im Zuge der Weiterentwicklung der Informations- und Kommunikationstechnik zusammen. Die rechtlichen Vorschriften hingegen basieren allerdings weiterhin auf einer Abgrenzbarkeit der verschiedenen Bereiche,[68] so greifen für die Telekommunikation beispielsweise immer noch andere Gesetze als für das Internet. Hinzukommt, daß die Technik eine Individualisierung der Leistungen ermöglicht. Digitales Medien Broadcast statt analoges Fernsehen ermöglicht in Zukunft beispielsweise eine individualisierte Belieferung der einzelnen Kunden mit Filmen nach Wahl.

Zusätzlich fallen aber auch mit dem Einzug des Internet[69] und der Mobilkommunikation in allen Lebensbereichen immer mehr personenbezogene Daten an.[70] Bei jeder Interaktion werden Datenspuren bei Kommunikationspartnern erzeugt, gesammelt, ausgewertet und vermarktet, und zwar in einer Menge, daß nicht nur die Nutzer der verschiedenen Medien, sondern sogar die datenverarbeitenden Stellen selbst den Überblick verlieren.[71]

2.1.2.2 Entwicklung hin zur Miniaturisierung

Besonders bemerkenswert und für die Zukunft wegen des Einflusses auf den Alltag von hoher Bedeutung ist die Miniaturisierung der Computertechnik. Man spricht in diesem Zusammenhang auch von allgegenwärtiger Rechnertechnik oder Ubiquitous beziehungsweise Pervasive Computing.[72] Dieser Technikansatz hat nach seiner Definition aus dem Jahre 1988 zum Ziel,

---

[64] Sensible oder auch sensitive Daten sind die in § 3 Abs. 9 BDSG genannten „besonderen Arten personenbezogener Daten", Simitis - *Simitis* 2003, § 3 Rn 257ff.
[65] Zu den Veränderungen sehr übersichtlich *Bizer* 1999, 38.
[66] Ausführlich dazu *Scholz* 2003, 43ff.
[67] http://www.galileobusiness.de/glossar/gp/anzeige-748/FirstLetter-V.
[68] So auch *Büllesbach* 1999, 12; *Bundesbeauftragter für den Datenschutz* 2001, BT-Drs 14/5555, 32.
[69] Zu den Veränderungen durch das Internet ausführlicher in Kapitel 2.1.2.1.
[70] *Federrath/ Pfitzmann* 2001, 253.
[71] *Roßnagel* 2001b, 241; *Federrath/ Pfitzmann* 2001, 252.
[72] Ubiquitous wird mit „allgegenwärtig", pervasive mit „überall vorhanden" beziehungsweise „durchdringend" übersetzt.

„die Benutzung von Computern zu vergrößern, indem viele Computer in der realen Umgebung verfügbar sind, die aber vom Benutzer nicht wahrgenommen werden".[73] Mit Computern sind dabei jegliche intelligente Artefakte gemeint, die so klein sind, daß sie sich nahtlos und für das bloße Auge nicht erkennbar in Alltagsgegenständen integrieren lassen.

Vor allem ein qualitativer Sprung der Rechner- und Sensortechnik ermöglicht deren allgegenwärtige, unmerkliche Kommunikationsfähigkeit mit anderen Gegenständen. Voraussetzung dafür waren die Fortschritte und die Entwicklungen auf dem Gebiet der Miniaturisierung, der Vernetzungstechnik, der Energieversorgung, der Sensortechnik und vor allem die extreme Verbilligung der einzelnen Komponenten.

Technische Schlüsselfragen des Ubiquitous Computings, die in der Zukunft noch geklärt werden müssen, sind die Probleme bei der Energieversorgung der kleinen Chips, ihre drahtlose Interaktionsmöglichkeit und die Programmierung ihrer Benutzeroberfläche. Problematisch ist auch, wie mit der Identität der Alltagsgegenstände, in denen Sensor- und Rechnerchips eingesetzt sind, umgegangen werden soll und ob sie von den Bürgern akzeptiert werden.

Schon jetzt gibt es bei Radio Frequency Identification Devices (RFIDs)[74] keine Energieversorgungsprobleme. Bei RFIDs handelt es sich um Chips, auf denen Daten gespeichert sind. Sie senden selber keine Signale aus, sondern lassen sich von Sendern oder Lesegeräten mit elektromagnetischen Wellen bedienen und geben dann ihre Informationen preis, zum Beispiel ihre Warennummer oder ihren Aufenthaltsort. Energie erhalten sie durch das von ihnen empfangene Radiosignal. Bisher werden RFIDs wegen ihres noch hohen Preises von derzeit zwischen 50 Cent und drei Euro nur vereinzelt im Logistik- und Vertriebsbereich eingesetzt. Wenn der Preis, wie prognostiziert, in ein paar Jahren auf weniger als zwei Cent gefallen und die Software- und Server-Infrastruktur vereinheitlicht ist, kann mit einem Boom der RFIDs gerechnet werden.[75]

Bei den identifizierbaren Gegenständen ist problematisch, daß auf ihrem Chip - oder sogar für Dritte besser zugänglich im Internet - Informationen über sie abgelegt werden. Dies hat zur Folge, daß diese Gegenstände in der virtuellen Welt somit ein Gedächtnis und eine Geschichte erhalten. Wenn die im Internet abgelegten Daten sogar einen Personenbezug aufweisen, bedeutet das eine neue Dimension der Gefahr für die informationelle Selbstbestimmung.

Ähnlich problematisch ist auch die Tatsache, daß diese mit Chips ausgerüsteten Gegenstände ohne Einwilligung des Eigentümers kommunizieren können und das möglicherweise auch noch, ohne diesen überhaupt über die Kommunikation aufzuklären. Techniken, die auf die Mitwirkung der Nutzer komplett verzichten, stellen für die Gewährleistung der Transparenz

---

[73] *Weiser*, Scientific American, 265(3) 1991, 94ff.
[74] RFIDs wird „Artfitz" ausgesprochen.
[75] http://www.spiegel.de/wirtschaft/0,1518,262757,00.html. Einen guten Überblick über RFIDs bieten *Hansen/ Wiese*, DuD 2004, 109.

eine Gefahr dar. Nicht nur kontaktlose Chips, sondern auch Smart Updates oder viele biometrische Verfahren funktionieren ohne die Mitwirkung der Anwender. Das bedeutet für die Nutzer, daß sie die Steuerungsmöglichkeit verlieren; eine Betrachtung allein unter Aspekten der verbesserten Anwenderfreundlichkeit greift zu kurz.

2.1.2.3 Entwicklung der Videotechnik

Nicht zuletzt auch wegen der Miniaturisierung hat die Bedeutung der Videoüberwachung in den letzten Jahren an Bedeutung zugenommen.[76] Da die Videotechnik immer ausgereifter und billiger wird, verwundert es nicht, daß die Zahl der in Deutschland installierten Überwachungskameras trotz des „grundrechtlichen Risikos" für die gefilmten Personen[77] weiter wächst. So schätzte man im Jahr 2000 die Anzahl privater Überwachungssysteme auf über 400.000.[78] Auch immer mehr öffentliche Einrichtungen nutzen Videokameras.[79]

Das Bundesdatenschutzgesetz ist grundsätzlich auch auf Videobilder anwendbar, soweit diese personenbeziehbar sind. Zwar wird nach § 3 Abs. 1 BDSG ein personenbezogenes Datum als eine Einzelangabe über persönliche und sachliche Verhältnisse einer bestimmten oder bestimmbaren natürlichen Person definiert, davon werden aber auch aus Videoüberwachung gewonnene Daten erfaßt,[80] auch wenn sich diese nicht auf den ersten Blick unter dem Begriff der Einzelangabe subsumieren lassen. Es reicht nämlich aus, daß Umstände und Informationen vorliegen, mittels derer man den Bezug zu einer konkreten Person herstellen kann. Dies ist bei Bildern auch gegeben. *Zezschwitz* argumentiert sogar, daß Videoüberwachung aufgrund der hohen Informationsdichte von Bildinformationen zu den intensivsten Formen der Erhebung persönlicher Daten gehört.[81]

Daher ist das Beispiel Großbritanniens zumindest aus der Sicht von Überwachungsgegner abschreckend. Dort werden schon seit mehreren Jahren öffentliche Plätze, Untergrundbahnen und Einkaufsstraßen in Innenstädten ohne rechtliche Schutzvorkehrungen für die informationelle Selbstbestimmung videoüberwacht.[82] Schätzungen zufolge gibt es in Großbritannien 1,5 Millionen Kameras allein im öffentlichen Raum.[83] Mittlerweile wird dort aber nicht nur in Innenstädten, sondern auch an sozialen Brennpunkten außerhalb der Stadtzentren, in Kran-

---

[76] So auch Simitis - *Bizer* 2003, § 6b Rn 2; *Privacy International* 2003, http://www.privacy international/survey/phr2003 unter der Unterüberschrift Video Surveillance.

[77] 59. *Konferenz der Datenschutzbeauftragten des Bundes und der Länder vom 14./ 15. März 2000*, DuD 2000, 304.

[78] Roßnagel - *von Zezschwitz* 2003, 9.3, Rn 2.

[79] *Landesbeauftragter für den Datenschutz Baden-Württemberg* 2003, 10ff.; *Landesbeauftragter für den Datenschutz Niedersachsen* 2003, 30ff.

[80] *Hoeren* 2003, 281.

[81] Roßnagel - *von Zezschwitz*, 9.3 Rn 7.

[82] *Norris/ Armstrong* 1998, 1ff.; *Gras* 2003, 30ff.

[83] *Privacy International* 2003, http://www.privacyinternational/survey/phr2003 unter der Unterüberschrift Video Surveillance.

kenhäusern und Kindergärten gefilmt.[84] Auch in den U.S.A. boomt der Markt mit Videoüberwachungstechnik. 2397 Kameras wurden allein in Manhattan, New York City, gezählt.[85] In Deutschland ist es der Polizei erst seit kurzer Zeit erlaubt, Kriminalitätsschwerpunkte mit Hilfe von Kameratechnik zu überwachen,[86] was im Juli 2003 vom *VGH Mannheim* bestätigt wurde.[87] Danach liegt immer dann, wenn eine detaillierte Information mit Personenbezug erlangt werden kann - unabhängig von der Art der Videoüberwachung - eine Grundrechtsverletzung vor.

Überwachung gibt es allerdings auch immer öfter im alltäglichen Leben. So wurde ein Kaufhaus in Berlin im Jahre 2002 vom zuständigen Datenschutzbeauftragten untersucht, da die dort installierten Überwachungskameras nicht nur den Kaufhauseingang, sondern zusätzlich auch den Bürgersteig, die Straße und die gegenüberliegende Straßenseite aufgenommen hat.[88] Ein Urteil über die Legalität dieses Vorgehens wurde am 18.12.2003 vom *Amtsgericht Mitte* zu Gunsten des Klägers entschieden.[89] Nachdem sich das Kaufhaus anfangs gewehrt hatte, überhaupt auf die Beschwerde zu reagieren, hat es aus Sorge vor negativer Presse mittlerweile Maßnahmen ergriffen, die die Überwachung etwas entschärfen. Das Gericht verurteilte das Kaufhaus zusätzlich unter Androhung von Ordnungsgeld, die Videoüberwachung mit Hilfe von bestimmten Videokameras zu unterlassen und bestimmte Kamerasysteme abzubauen.

Eine zusätzliche Gefahr für die Persönlichkeitsrechte entsteht durch die moderne Mikroelektronik,[90] die immer kleinere Kameras, Mikrofone und Aufzeichnungsgeräte auf den Markt bringt. Mit deren Unterstützung ist es leicht möglich, unentdeckt und oft ohne Einwilligung und Kenntnis der Betroffenen Videoaufnahmen herstellen.[91]

Es sind aber nicht nur die kleinen Kamerasysteme, die auf dem Gebiet der Videotechnik eine Veränderung unseres Lebens hervorrufen können. Auch Satellitenkameras verbessern ihre Qualität stetig. Es erscheint nicht abwegig anzunehmen, daß in Zukunft mit Hilfe von Satellitenkameras Bewegungsprofile von einzelnen Personen erfaßt werden können.

Die Weiterentwicklung auf dem Feld der künstlichen Intelligenz erhöht ebenfalls die Gefährdung der Persönlichkeitsrechte. So gibt es Orte, wie zum Beispiel Parkhäuser, in denen

---

[84] *Veil* 2001, 23; *Norris/ Armstrong* 1998, 1.
[85] *Privacy International* 2003, http://www.privacyinternational/survey/phr2003 unter der Unterüberschrift Video Surveillance.
[86] Gleichlautende oder ähnliche Vorschriften gibt es in zahlreichen Bundesländern, siehe Art. 32 BayPAG, § 31 Abs.3 BbgPolG, § 29 Abs.3 BremPdg, § 8 Abs.2 HambGDatPol, § 14 Abs.3,4 HessSOG, § 32 Abs.3 MVSOG, § 32 Abs.5 NdsGefAG, § 15a PolG NW, § 27 Abs.2 S.1 SaarlPolG, § 38 Abs.2 SachsPolG, § 16 SachsAnhSOG und § 184 Abs.3 SchlHVwG sowie § 27 Abs.1 BGSG für den Bundesgrenzschutz.
[87] *VGH Baden-Württemberg* 1 S 377/02 vom 21.7.2003, dazu *von Stechow* in MMR 2004, 198ff.
[88] *Jahresbericht des Berliner Beauftragten für Datenschutz und Informationsfreiheit* 2002, 4.6.5.
[89] Verfahren des Amtsgerichts Berlin-Mitte 16 C 427/02; dazu siehe Tagesspiegel vom 22.11.02, Seite 12 und http://www.humanistische-union.de/modules.php?op=modload&name=News&file=article&sid=91.
[90] Siehe oben in Kapitel 2.1.2.2.
[91] *Hochrathner*, ZUM 8/9 2001, 670.

speziell programmierte Kameras gerade die Personen beobachten, die sich auffällig verhalten.[92] Das hat zur Folge, daß durch die Programmierung eine Art Kontrolle des Sozialverhaltens entsteht, da nur die Personen, die von einer vorher definierten Norm abweichen, auffallen und sich für das abweichende Verhalten im Zweifel auch noch rechtfertigen müssen.[93] Ähnlich verhält es sich, wenn auf deutschen Straßen Autokennzeichen per Videokamera registriert und mit Daten aus dem Fahndungscomputer abgeglichen werden.[94]

Es ist besorgniserregend, wenn, wie in den U.S.A. schon praktiziert, Kinder statt von Menschen durch Kameras, sogenannten „Nanny Cams", beim Spielen und Schlafen überwacht und kontrolliert werden.[95] Abgesehen von der fehlenden menschlichen Zuneigung nimmt dadurch auch Rechtsempfinden bezüglich der informationellen Selbstbestimmung Schaden.

Das Risiko für das Persönlichkeitsrecht des einzelnen wächst nicht nur mit der Vernetzung, sondern ebenso mit der Entwicklung in der Biometrie, die mit der Unterstützung von Bilddatenbanken und Videoaufnahmen gegen den Willen der gefilmten Personen Persönlichkeitsrechte verletzen können.

2.1.2.4 Zwischenergebnis

Unzweifelhaft hat sich die Technik in den letzten Jahren schnell weiterentwickelt. Wie aus den oben genannten Beispielen aus den Bereichen des Ubiquitous Computings und der Videotechnik ersichtlich wird, sind von der Entwicklung in einem hohen Maße auch die Persönlichkeitsrechte der Bürger betroffen. Der Datenschutz sieht sich daher in den nächsten Jahren großen Wandlungen und Veränderungen ausgesetzt, um trotz der Weiterentwicklung der Technik das Datenschutzniveau für die Bürger halten zu können.[96]

2.2 Recht auf informationelle Selbstbestimmung

Für den juristischen Datenschutzbegriff ist das Recht auf informationelle Selbstbestimmung von großer Bedeutung.[97]

2.2.1 Definition des Datenschutzes

Datenschutz bedeutet nicht nur, wie man auf den ersten Blick auf das Wort vermuten könnte, den Schutz von (personenbezogenen) Daten[98], sondern auch in besonderem Maße den Schutz der Bürger, über die Erhebung, Verarbeitung und Nutzung der Daten selbst bestimmen zu

---

[92] *Bäumler* 1999b, 4.
[93] *Bäumler* 1999b, 4.
[94] Der Spiegel, Heft 1/2004, http://www.spiegel.de/spiegel/0,1518,279744,00.html.
[95] *Bäumler* 1999b, 4. *Privacy International* 2003, http://www.privacyinternational/survey/phr2003 unter der Unterüberschrift Video Surveillance.
[96] Zu Gefahren und Folgen der technischen Veränderung der letzten Jahrzehnte siehe auch in Kapitel 3.1.
[97] So auch *Schomerus*, RDV 1986, 61.
[98] *Federrath/ Pfitzmann* 2001, 253, definiert sogar folgendermaßen: „Datenschutz schützt die Menschen, während Datensicherheit die Daten schützt". Zu Datensicherheit weiter unten in Kapitel 2.2.1.

können.[99] Der Begriff Datenschutz ist daher nicht glücklich gewählt, da er eben suggeriert, daß der Gesetzgeber mit seinem Eingriff „lediglich die zum Schutz der Daten notwendigen Vorkehrungen treffen" wolle, nicht aber verpflichtet werde, den Schutz vor den Folgen der Datenverarbeitung mit personenbezogenen Daten sicherzustellen.[100] Treffender wäre daher der Begriff „Persönlichkeitsschutz bei Datenbenutzung" oder „Datenverwenderschutz".[101] Im englischen Sprachraum wird „Datenschutz" als „privacy" bezeichnet. Darunter wird allerdings etwas anders als in Deutschland, das Recht in Ruhe gelassen zu werden, verstanden.[102] Im Gegensatz zur informationellen Selbstbestimmung im Sinne des Volkszählungsurteils ist dabei mehr die eigentumsähnliche Position des einzelnen gemeint, andere auszuschließen, als eine Umschreibung einer gesellschaftlichen Kommunikationsordnung.[103] In den U.S.A. geht es daher eher um die Frage, **ob** Daten erhoben werden dürfen, weniger um die Frage, auf welche Art und Weise dieses zu geschehen hat und wie sie dann verwendet werden.[104]

In Deutschland verbirgt sich hinter dem Begriff des Datenschutzes beziehungsweise dem der informationellen Selbstbestimmung mehr als eine Aussage zu den Rechten des einzelnen Bürgers.[105] Das *Bundesverfassungsgericht* sieht in der Selbstbestimmung sogar „eine elementare Funktionsbedingung eines [...] freiheitlich demokratischen Gemeinwesens."[106]

Datenschutz ist dabei vom Begriff der Datensicherheit abzugrenzen. Datensicherheit betrifft die Sicherung von Daten, die sich schon bei der datenverarbeitenden Stelle befinden, während der Datenschutz den Schutz der Daten bei der Interaktion einer Person, deren informationelle Selbstbestimmung zu schützen ist, mit der datenverarbeitenden Stelle beschreibt.[107] Anders ausgedrückt umfaßt Datensicherheit alle Maßnahmen, „die den ordnungsgemäßen Ablauf der Datenverarbeitung durch Sicherung von Hard- und Software sowie von Daten vor Verlust, Beschädigung oder Mißbrauch schützen sollen".[108] Datensicherheit berücksichtigt also eher

---

[99] *Rannenberg* 1998, 191; *Gundermann* 1999, 137.
[100] *Bull* 1984, 83ff.; Simitis - *Simitis* 2003, Einleitung Rn 2f.
[101] *Steinmüller u. a.* 1970, 85ff., plädierte für den Begriff „Informationsschutz", der sich aber nicht durchsetzen konnte.
[102] "An individual's right to be left alone", erstmals erwähnt von *Warren/ Brandeis*, Harvard Law Review 6/1890, 193ff. Dazu *Rössler* 2001, 36. *Kaijser* 2000, 56, übersetzt „privacy" im europäischen Sinn mit „protection against collection of the intelligence about an individual, also from open source". In den USA wäre "privacy" eher mit „confidentiality" gleichzusetzen.
[103] *Meister*, DuD 1984, 163f.
[104] Siehe zum Datenschutz in den U.S.A. *Schwartz/ Reidenberg* 1996, 1ff., *Grimm/ Roßnagel*, DuD 2000, 447; *Rössler* 2001, 33ff., die über kulturelle Differenzen der Gewichtung des Privaten in USA und Deutschland Stellung bezieht.
[105] *Simitis*, NJW 1984, 399
[106] *BVerfGE* 65,1, 43.
[107] So auch Roßnagel - *Ernestus* 2003, 3.2 Rn 3; *Trute*, JZ 1998, 827. Ähnlich auch *Privacy International* 2003, http://www.privacyinternational.org/survey/phr2003/threats.htm#Electronic%20Commerce unter der Unterüberschrift „Enhancing Technologies".
[108] *Stähler/ Pohler* 2003, § 10 Rn 1; *Bundesbeauftragter für den Datenschutz* 2001, BT-Drs 14/5555, 32.

die Interessen der Datenbesitzer und Datenverarbeiter, während Datenschutz die Interessen der Betroffenen zu gewährleisten versucht.[109]

Die Bedeutung beider Begriffe überschneidet sich in dem Fall, in dem Datensicherheitsmaßnahmen (Datensicherung)[110] unter der Zielrichtung des Datenschutzes, das heißt der Gewährleistung des Persönlichkeitsrechts des Betroffenen, betrieben wird.[111] Treffend ist das im OECD Dokument „Inventory of Privacy Enhancing Technologies" ausgedrückt worden, wo es heißt: „That the concepts of privacy and security are so closely related is a common source of confusion for many. The two are not separate, and for the purpose of protecting individual privacy cannot be separated, but at the same time they are not interchargeable technological concepts."[112] Daß die Begriffe unterschieden werden müssen, zeigt unter anderem auch die unterschiedliche Zuständigkeit der Behörden in der Bundesrepublik. Das *Bundesamt für Sicherheit (BSI)* beschäftigt sich mit Sicherheitsfragen, während sich der *Bundesdatenschutzbeauftragte* um Datenschutz kümmert. Dabei ist allerdings zu beachten, wie eng die Kooperation zwischen Datenschutz und Datensicherheit praktiziert wird,[113] was eben auch daran liegt, daß sich die Kompetenzen nicht immer klar abgrenzen lassen.[114]

Beim Datenschutz geht es also zum einen darum, daß der Bürger selber darüber entscheidet, wann er welche persönlichen Daten offenbart und zum anderen, daß der Staat dafür Sorge trägt, daß dem Bürger dies ermöglicht wird. Dies soll von Aufklärungs-, Auskunfts- und Löschungsrechten unterstützt werden.[115] Technik verändert den Ansatz des Datenschutzes trotz der gravierenden technischen Veränderungen nicht. Hauptansatzpunkt des Datenschutzes wird daher auch in Zukunft das Recht auf informationelle Selbstbestimmung sein.

2.2.2 Definition des Rechts auf informationelle Selbstbestimmung

Der Begriff des Rechts auf informationelle Selbstbestimmung ist vom *Bundesverfassungsgericht* erstmalig in einem Sondervotum erwähnt worden.[116] In der Literatur wurde er zuerst 1971 von *Steinmüller* gebraucht.[117]

---

[109] *Bundesbeauftragter für den Datenschutz* 2001, BT-Drs 14/5555, 32; Roßnagel - *Federrath/ Pfitzmann* 2003, 2.2 Rn 18. Noch einfacher drücken es *Federrath/ Pfitzmann* 2001, 253, aus: Datensicherheit schützt die Daten, während Datenschutz die Menschen schütze.

[110] Nach DIN 44300 bedeutet Datensicherung: „Maßnahmen und Einrichtungen, die Datensicherheit herbeiführen und erhalten"; Nach *Bergmann/ Möhrle/ Herb* 2003, § 9, Rn 12, ist Datensicherheit das Ziel der Datensicherung.

[111] *Ordemann/ Schomerus* 1992, § 9 1.1.; ebenso *Rannenberg* 1998, 192; *von Schmeling*, DuD 2002, 351.

[112] OECD Dokument DSTI/ICCP/REG(2001)1/FINAL, 17.

[113] *Christians* 2000, 6.

[114] Siehe beispielsweise die Kompetenz des Bundesdatenschutzbeauftragten für Datensicherheit in § 38 Abs. 5 Satz 2 BDSG.

[115] Zu den drei Grundsätzen siehe in Kapitel 2.3.5. *Schomerus*, RDV 1986, 62, definiert „Datenschutz ist nach dem Urteil des Bundesverfassungsgerichts die Verwirklichung des im allgemeinen Persönlichkeitsrechts verankerten informationellen Selbstbestimmungsrechts in den vom Gericht gezogenen Grenzen".

[116] Sondervotum *M. Hirsch* zu BVerfGE 57, 170, 182ff., 201f.; ebenso in der Literatur *Podlech* 1975, 27ff.;

Im Volkszählungsurteil ist das Recht auf informationelle Selbstbestimmung als neuer Aspekt des seinerseits aus Art. 1 Abs. 1 GG und Art. 2 Abs. 1 GG abgeleiteten, inhaltlich nicht abschließend konkretisierten Allgemeinen Persönlichkeitsrechts entwickelt worden. Das neu geschaffene Recht auf informationelle Selbstbestimmung soll dabei nicht nur auf das Persönlichkeitsrecht reduziert werden, sondern stellt als Grundlage einer freien und demokratischen Kommunikationsverfassung ein aus allen Kommunikationsgrundrechten abzuleitendes Freiheitsgrundrecht dar.[118]

Zum Persönlichkeitsrecht allgemein führte schon das *Bundesverfassungsgericht* im Jahr 1980 aus, seine Aufgabe sei es, „im Sinne des obersten Konstitutionsprinzips der „Würde des Menschen" die engere persönliche Lebenssphäre und die Erhaltung ihrer Grundbedingungen zu gewährleisten, die sich durch die traditionellen konkreten Freiheitsgarantien nicht abschließend erfassen lassen; diese Notwendigkeit besteht insbesondere auch im Blick auf moderne Entwicklungen und die mit ihnen verbundenen neuen Gefährdungen für den Schutz der menschlichen Persönlichkeit."[119]

Nach dem Volkszählungsurteil ist kritisiert worden, daß für die Anerkennung eines neuen Rechts nicht die Verfassungsgerichtsbarkeit, sondern der Verfassungsgeber zuständig sei.[120] Diese Kritik übersieht allerdings, daß die „Terminologie lediglich die Entwicklungsoffenheit des allgemeinen Persönlichkeitsrechts in Abgrenzung zum herkömmlichen Schutz der Privatsphäre hervorheben sowie das Gespür für die speziell durch moderne Techniken der Datenspeicherung, Datenvernetzung und -verarbeitung bedrohte Integrität des davon betroffenen Grundrechtsträgers sensibilisieren"[121] soll.[122] Selbst wenn also das *Bundesverfassungsgericht* in einer Entscheidung zur Besteuerung von Einkünften aus Kapitalvermögen[123] mittlerweile von einem „Grundrecht auf Datenschutz" spricht, ist aufgrund der oben erwähnten verfassungsrechtlichen Bedenken davon auszugehen, daß es sich beim Recht auf informationelle Selbstbestimmung nicht um ein neues Grundrecht, sondern lediglich um die Konkretisierung

---

[117] *Mallmann*, 1976, 47ff.; *Meister* 1977, 111ff.; *Schmidt*, JZ 1974, 241ff.; *Podlech* 1979, 55; Inhaltlich hat sich das *Bundesverfassungsgericht* schon in früheren Entscheidungen zu einem zur informationellen Selbstbestimmung hinführenden Verständnis des Allgemeinen Persönlichkeitsrechts bekannt, *BVerfGE* 34, 238, 346; *BVerfGE* 35, 202, 220.
Steinmüller/ Lutterbeck/ Mallmann 1971, 88; zum Begriff der informationellen Selbstbestimmung auch *Bull* 1984, 82.

[118] *Roßnagel*, RDV 2002, 62; *BVerfGE* 67, 100, 142f.; *BVerfGE* 77, 1, 46f.; *BVerfG* NJW 2001, 505. *Lutterbeck*, DuD 1998, 133, sieht daher auch „die historische Leistung der Richter darin, ein überkommenes Hauptfreiheitsrecht in einen Informationstatbestand umzudeuten und dadurch die informationelle Struktur moderner, technikgestützter Interessenskonflikte hervorzuheben".

[119] *BVerfGE* 54, 148, 153 = NJW 1980, 2070. Weitere Hinweise zur Entwicklung der verfassungsgerichtlichen Rechtsprechung bis zum Volkszählungsurteil in AK-GG - *Podlech*, Stand 2001, Art. 2 Abs. 1 Rn 20.

[120] Unter anderem *Krause*, JuS 1984, 268.

[121] *Maunz/ Dürig - Di Fabio* 2001, Art. 2 Abs. 1 Rn 173.

[122] Siehe auch *Kunig*, Jura 1993, 595 und *Vogelgesang*, CR 1995, 554 und *Vogelgesang*, 1987, 25, 77ff. und *Höfelmann* 1997, 48.

[123] *BVerfGE* NJW 1991, 2129, 2132.

des allgemeinen Persönlichkeitsrechts handelt.[124] Ein abweichendes Ergebnis in dieser Frage hat im übrigen mangels unterschiedlicher Folgen bezüglich des grundrechtlichen Schutzumfangs und bei seiner verfassungsprozessualen Durchsetzung keine praktische Relevanz.[125]

2.2.3 Schutzgehalt des Rechts auf informationelle Selbstbestimmung

Ausgehend vom Allgemeinen Persönlichkeitsrecht nach Art. 2 Abs. 1 GG geht es beim Recht auf informationelle Selbstbestimmung um die „Befugnis des einzelnen, grundsätzlich selbst zu entscheiden, wann und innerhalb welcher Grenzen persönliche Lebenssachverhalte offenbart werden",[126] und zwar unter Berücksichtigung der „heutigen und künftigen Bedingungen der automatischen Datenverarbeitung".[127] Prinzipiell soll mit dem Recht die „freie Entfaltung des einzelnen" geschützt werden, was mit dem Grundgesetz begründet wird, das in Art. 1 Abs. 1 GG jedem Bürger „einen unantastbaren Bereich privater Lebensgestaltung" zugesteht. Damit ist nicht gemeint, daß jeder Bürger eine Art Eigentumsrecht an seinen Daten oder eine Verfügungsmacht über sie erhält. Es geht vielmehr in einem informationellen Kontext darum, daß jeder Bürger wissen können muß, wer was über ihn weiß. Um jede Art der freien Entfaltung zu schützen, müssen Schutzvorkehrungen für eine Art Innenraum für intime Daten geschaffen werden, wobei der einzelne zusätzlich über seine informationelles Bild in der Öffentlichkeit bestimmen können muß.[128] Zur Gewährleistung der Selbstdarstellung fordert das *Bundesverfassungsgericht* daher für den einzelnen „Entscheidungsfreiheit über vorzunehmende oder zu unterlassende Handlungen einschließlich der Möglichkeit, sich auch entsprechend dieser Entscheidung tatsächlich zu verhalten".[129]

Die freie Entfaltung des einzelnen ist durch die sich verändernde Technik deshalb gefährdet, weil bei Entscheidungsprozessen nicht mehr wie früher auf manuell zusammengetragene Karteien und Akten zurückgegriffen werden muß, sondern mit Hilfe der automatischen Datenverarbeitung personenbezogene Daten technisch gesehen unbegrenzt speicherbar und jederzeit ohne Rücksicht auf Entfernungen in Sekundenschnelle abrufbar sind. Weiterhin ist es möglich, die Daten zu einem weitgehend vollständigen Persönlichkeitsbild zusammenzufügen,

---

[124] So auch *Benda*, DuD 1984, 86; *Scholz/ Pitschas* 1984, 68; *Pieroth/ Schlink* Rn 429ff; *Höfelmann* 1997, 38. Anders stellvertretend *Lennartz*, RDV 1989, 232. In den Bundesländern, in deren Verfassung explizit ein Grundrecht auf informationelle Selbstbestimmung existiert, ist die Diskussion natürlich hinfällig. Bisher Art. 11 Verfassung des Landes Brandenburg, Art. 33 Verfassung des Freistaats Sachsen, Art. 6 Abs. 1 Verfassung des Landes Mecklenburg-Vorpommern, Art. 33 Verfassung von Berlin, Art. 4 Abs. 2 Verfassung des Landes Nordrhein-Westfalen, Art. 2 Sätze 2 und 3 Verfassung des Saarlandes.

[125] So auch *Höfelmann* 1997, 39.

[126] *BVerfGE* 65, 1, 43.

[127] *BVerfGE* 54, 148, 153 - „Eppler-Entscheidung".

[128] Siehe auch *Simitis*, NJW 1984, 398, der in der informationellen Selbstdarstellung „das um der Achtung vor der Person des einzelnen und damit der Verteidigung seiner Subjektivität willen notwendige Steuerungsmittel des Verarbeitungsprozesses" sieht.

[129] *BVerfGE* 65, 1, 42.

ohne daß der Betroffene dessen Richtigkeit und Verwendung kontrollieren kann.[130] Dies kann zur Folge haben, daß der Bürger aus Sorge vor Kontrolle und Überwachung sein Verhalten ändert,[131] im schlimmsten Fall auf die Ausübung von Grundrechten verzichtet.[132] „Die Befürchtung einer Überwachung mit der Gefahr einer späteren Auswertung, etwaigen Übermittlung und weiterer Verwendung [...] kann bei den Grundrechtsträgern schon im Vorfeld zu Kommunikationsstörungen und zu Verhaltensanpassungen führen."[133] Dabei werden nicht nur die einzelnen Grundrechtsträger beeinträchtigt, vielmehr entsteht durch die Beeinflussung der Freiheiten der Allgemeinheit auch ein Schaden für das Allgemeinwohl,[134] das nämlich auf die freie Meinungsäußerung aller angewiesen ist.

Das Allgemeinwohl spielt auch bei der Frage eine Rolle, ob das Recht auf informationelle Selbstbestimmung eingeschränkt werden kann. Dies kann gemäß dem Volkszählungsurteil nur durch Daten mit Sozialbezug, also nur zugunsten des Rechts- und Sozialstaatsprinzips nach Art. 20 Abs. 1 und Art. 28 Abs. 1 GG geschehen.[135] „Der Einzelne hat nicht ein Recht im Sinne einer absoluten, uneingeschränkten Herrschaft über 'seine' Daten; er ist vielmehr eine sich innerhalb der sozialen Gemeinschaft entfaltende, auf Kommunikation angewiesene Persönlichkeit. Information, auch soweit sie personenbezogen ist, stellt ein Abbild sozialer Realität dar, die nicht ausschließlich dem Betroffenen allein zugeordnet werden kann."[136]

Der Staat kann also in Ausnahmefällen das Recht auf informationelle Selbstbestimmung des einzelnen Bürgers beschränken. Durch Einwilligung kann dies auch durch den Bürger selbst geschehen. Dabei handelt es sich für den Bürger bei der Einwilligung in einen Eingriff in das Recht auf informationelle Selbstbestimmung um die Ausübung eines Grundrechts und nicht um einen Grundrechtsverzicht.[137] Dennoch muß der Gesetzgeber bei der Ausgestaltung des Einwilligungstatbestands dafür Sorge tragen, daß das Recht auf informationelle Selbstbestimmung ausreichend abgesichert ist, so daß die Befürchtung unbegründet ist, eine Einwilli-

---

[130] *Stadler*, http://www.freedomforlinks.de/Pages/ris.html.
[131] *BVerfGE* 65, 1, 42: „Wer nicht mit hinreichender Sicherheit überschauen kann, welche ihn betreffenden Informationen in bestimmten Bereichen seiner sozialen Umwelt bekannt sind, und wer das Wissen möglicher Kommunikationspartner nicht einigermaßen abzuschätzen vermag, kann in seiner Freiheit wesentlich gehemmt werden, aus eigener Selbstbestimmung zu planen und zu entscheiden. Mit dem Recht auf informationelle Selbstbestimmung wären eine Gesellschaftsordnung und eine diese ermöglichende Rechtsordnung nicht vereinbar, in der Bürger nicht mehr wissen können, wer was wann bei welcher Gelegenheit über sie weiß."
[132] *BVerfGE* 65, 1, 42: „Wer unsicher ist, ob abweichende Verhaltensweisen jederzeit notiert und als Information dauerhaft gespeichert, verwendet oder weitergegeben werden, wird versuchen, nicht durch solche Verhaltensweisen aufzufallen. Wer damit rechnet, daß etwa die Teilnahme an einer Versammlung oder einer Bürgerinitiative behördlich registriert wird, und daß ihm dadurch Risiken entstehen können, wird möglicherweise auf eine Ausübung seiner entsprechenden Grundrechte verzichten."
[133] *BVerfGE* 93, 181, 188.
[134] *BVerfGE* 93, 181, 188.
[135] Unter anderem *Benda* 1994, § 6 Rn 35; *Höfelmann* 1997, 53; sowie indirekt *BVerfGE* 65, 1, 24, 47.
[136] *BVerfGE* 65, 1, 43f.
[137] *Höfelmann* 1997, 54.

gung biete nicht genügend Schutz vor den Gefahren der modernen Informationstechnologie.[138] Damit jedenfalls im nicht-öffentlichen Bereich die (konkludente) Einwilligung nicht zur Hauptlegitimationsgrundlage der Datenverarbeitung wird, fordert *Roßnagel* für die Verarbeitung personenbezogener Daten die „Opt-in-Lösung",[139] die im Gesetz festlegen würde, daß die Datenverarbeitung nicht ohne die vorherige Einwilligung der betroffenen Person erfolgen darf.[140]

2.2.4 Anwendung des Rechts auf informationelle Selbstbestimmung gegenüber Privaten

Das Recht auf informationelle Selbstbestimmung gilt wie Grundrechte[141] zunächst als Abwehrrecht des einzelnen gegen den Staat, der für jeden Grundrechtseingriff eine gesetzliche Grundlage benötigt.

Eine natürliche oder juristische Person benötigt beim Sammeln und Verwenden von Informationen über Dritte grundsätzlich keine gesetzliche Ermächtigungsnorm, sie kann sich dabei auf die allgemeine Handlungsfreiheit nach Art. 2 Abs. 1 GG berufen. In Betracht kommen bei Vorliegen eines entsprechenden Sachzusammenhangs auch die Informations-, Meinungs- und Pressefreiheit nach Art. 5 Abs. 1 GG beziehungsweise nach Art. 5 Abs. 3 GG die Kunst- und Wissenschaftsfreiheit.[142]

Bedenkt man die Entwicklung der Informations- und Kommunikationsgesellschaft, in der auch Private, wie ehedem der Staat, über eine Vielzahl personenbezogener Daten verfügen, ist zu klären, ob sich Bürger auch gegenüber Privaten, zum Beispiel Kommunikationsunternehmen, auf ihr informationelles Selbstbestimmungsrecht berufen können. Die Gefährdungslage für den Bürger ist jedenfalls vergleichbar.[143]

Bürger können sich jedenfalls dann indirekt auf ihr Recht auf informationelle Selbstbestimmung berufen, wenn der Gesetzgeber in Erfüllung seiner grundrechtlichen Schutzpflichten bestimmte private Aktivitäten im Hinblick auf die informationelle Selbstbestimmung gesetzlich beschränkt hat, wie beispielsweise in § 1 Abs. 2 Nr. 3 und § 41 BDSG.[144] Anderenfalls,

---

[138] *Höfelmann* 1997, 54.

[139] *Roßnagel/ Pfitzmann/ Garstka* 2001, 73. Da sich im öffentlichen Bereich die Verarbeitung an den gesetzlichen Befugnissen der Verwaltung orientiert, kann sich diese kein Mehr an Eingriffsbefugnissen durch die Einwilligung verschaffen.

[140] Ausnahmen davon gibt es nicht nur bei „berechtigtem Interesse", sondern angelehnt an Art. 7 EG DSRL in drei Ausnahmefällen. Siehe dazu *Roßnagel/ Pfitzmann/ Garstka* 2001, 78.

[141] Nach *Höfelmann* 1997, 57 ist das Recht auf informationelle Selbstbestimmung sowohl subjektives Recht als auch Element einer objektiven Werteordnung.

[142] Maunz/ Dürig - *Di Fabio* 2001, Art. 2 Abs. 1 Rn 189.

[143] *Höfelmann* 1997, 66.

[144] Grundrechte sind nicht nur Abwehrrechte gegen den Staat, sondern verkörpern auch eine objektive Werteordnung, „die als verfassungsrechtliche Grundentscheidung für alle Bereiche des Rechts gilt und Richtlinien und Impulse für Gesetzgebung, Verwaltung und Rechtsprechung gibt", *BVerfGE* 39, 1, 41. *Roßnagel/ Pfitzmann/ Garstka* 2001, 52; begründen, daß trotz der Grundrechte der Datenverarbeiter der Gesetzgeber

also ohne gesetzliche Grundlage ist die Berufung auf das informationelle Selbstbestimmungsrecht nicht möglich, da grundrechtliche Schutzpflichten nicht als unmittelbare Ermächtigungsgrundlagen für die Grundrechtsbeschränkung Dritter herangezogen werden können.[145] Gerichte können im Rahmen der Abwägung bei einem Angriff Privater auf das informationelle Selbstbestimmungsrecht dieses im Rahmen der unmittelbaren Drittwirkung berücksichtigen; zum Beispiel über §§ 823, 1004 BGB.[146] Das allgemeine Persönlichkeitsrecht stellt ein sonstiges Recht im Sinne des § 823 Abs. 1 BGB dar, was mit der informationellen Selbstbestimmung im Ergebnis vergleichbar ist.[147] Auch über §§ 157, 242 BGB kann das Recht auf informationelle Selbstbestimmung Eingang ins Privatrecht bekommen,[148] da die Grundrechte auch objektive Wertentscheidungen beinhalten, die auch auf das Zivilrecht ausstrahlen.[149]

Die Differenzierung zwischen privater und öffentlicher Datenerhebung erscheint auch nicht mehr zeitgemäß.[150] Dies ergibt sich nicht zuletzt auch aus dem Hinweis im Volkszählungsurteil darauf, daß eine Gesellschafts- und Rechtsordnung, in der Bürger nicht mehr wissen können, wer was wann bei welcher Gelegenheit über sie weiß, nicht mit dem Recht auf informationelle Selbstbestimmung vereinbar wäre. Implizit schließt diese Aussage nämlich auch private Organisationen mit ein, die ja ebenfalls Teil der Gesellschaftsordnung sind.[151] Im übrigen kennen weder Telekommunikations-, Mediengesetze noch die EG DSRL eine Unterscheidung zwischen öffentlichen und nicht-öffentlichen Datenerhebungen. Der ehemalige *Bundesdatenschutzbeauftragte Jacob* formuliert bezugnehmend auf die in Datenschutzfragen eine immer größere Rolle spielende Welt der Privaten etwas überspitzt, daß sich Datenschutz im Laufe der letzten Jahre von einer Frage des Rechts zu einer Frage der Wirtschaft entwickelt habe.[152] Auch auf internationaler Ebene weisen Vorschläge, zum Beispiel der OECD, darauf hin, daß nicht nur der Staat, sondern auch Private einen Anteil an der Förderung von datenschutzfördernder Technik tragen können und sollen.[153]

Die Informationsgesellschaft mit ihren Phänomenen der weltweiten Vernetzung und der Vereinfachung des Datenaustauschs könnte dazu beitragen, daß der Staat auch im Datenschutzrecht nach neuen Lösungen suchen muß, auch für Private grundrechtlichen Schutz bezüglich

---

nicht daran gehindert ist, allgemeine auch für sie geltende Datenschutzgrundsätze aufzustellen. Dabei muß bedacht werden, daß von der Gesetzessystematik her nur dann eingegriffen werden, wenn es ein staatlicher Bezug gegeben ist, was im Verhältnis zwischen Bürgern nur selten der Fall ist.

[145] So auch Maunz/ Dürig - *Di Fabio* 2001, Art. 2 Abs. 1 Rn 189.
[146] Maunz/ Dürig - *Di Fabio* 2001, Art. 2 Abs. 1 Rn 191.
[147] *Benda* 1994, § 6 Rn 38.
[148] Maunz/ Dürig - *Di Fabio* 2001, Art. 2 Abs. 1 Rn 191.
[149] BVerfGE 7, 198 - „Lüth".
[150] So auch *Roßnagel/ Pfitzmann/ Garstka* 2001, 189ff.
[151] Ebenso *Höfelmann* 1997, 67.
[152] So jedenfalls *Jacob*, RDV 2002, 1.
[153] OECD Dokument DSTI/ ICCP/ REG(2001)1/FINAL, 6.

des Rechts auf informationelle Selbstbestimmung zu gewährleisten.[154] *Roßnagel, Pfitzmann* und *Garstka* vertreten sogar in ihrem Gutachten die Meinung, daß die Unterscheidung zwischen öffentlichem und nicht-öffentlichem Bereich der heutigen Gesellschaftsordnung nicht mehr entspreche,[155] und schlagen vor, daß Adressat eines zukünftigen BDSG nicht nur der Datenverarbeiter, sondern auch der Technikhersteller und Systemgestalter sein sollte.[156]

2.2.5 Soziologische Betrachtung

Daß jede Person die Befugnis haben sollte, selbst darüber zu entscheiden, wann und innerhalb welcher Grenzen sie welche ihrer persönlichen Lebenssachverhalte offenbaren möchte, ist nicht zuletzt eine soziologische Frage.

2.2.5.1 Zusammenhang zwischen Technikrevolution und Persönlichkeitsschutz

Die technische Revolution, die die Informations- und Kommunikationsgesellschaft begründet hat, hat auch die Aufmerksamkeit für Persönlichkeitsrechte und deren Schutz erhöht.[157] Das ist zum einen damit zu erklären, daß die Technik der letzten Jahrzehnte durch die Vernetzung, die Rechnerleistung und Speichermöglichkeiten die Kulisse für eine größere Bedrohung der informationellen Selbstbestimmung geschaffen hat. Zum anderen hat sich aber auch der Lebensstandard der meisten Menschen derart verändert, daß Fragen wie die nach dem Schutz ihrer Persönlichkeit weiter in den Vordergrund gerückt sind. Denn erst wenn wesentlichere Sorgen und Nöte in den Hintergrund gerückt sind, interessiert sich der glückliche, gesunde und erfolgreiche Mensch gemäß der *Maslowschen Bedürfnispyramide* für Fragen wie der nach dem Schutz seiner informationellen Selbstbestimmung.[158]

Der Technologiefortschritt und Datenschutzfragen beziehungsweise das Bedürfnis nach Schutz der Persönlichkeitsrechte stehen also miteinander in Zusammenhang.[159]

2.2.5.2 Informationelle Privatheit

Verstärkt durch die moderne Informations- und Kommunikationstechnik ist also die Diskussion in Gang gekommen, wie wichtig es ist, daß jede Person selbst bestimmen kann, wer was über sie weiß. Schon seit Beginn der Massengesellschaft, die mit der Industrialisierung begann, spielt die Dialektik zwischen dem Kommunikationsbedürfnis des einzelnen mit anderen und dem Bedürfnis, für sich alleine zu sein, eine wachsende Rolle. *Goethe* spricht in diesem

---

[154] Maunz/ Dürig - *Di Fabio* 2001, Art. 2 Abs. 1 Rn 190.
[155] *Roßnagel/ Pfitzmann/ Garstka* 2001, 46ff.
[156] *Roßnagel/ Pfitzmann/ Garstka* 2001, 36.
[157] In Ansätzen zum Beispiel *Benda* 1994, § 6 Rn 24.
[158] http://www.viehweger.org/ernst/maslow.htm. In einem ähnlichen Kontext steht auch die Aussage der ehemaligen Bundesverfassungsrichterin *Limbach*: „Das Bedürfnis nach Sicherheit verdrängt den Wunsch nach Privatheit", *Limbach*, RDV 2002, 165.
[159] *Cohen*, The Georgetown Law Journal, 2001 Vol 89: 2029, 8f.

Zusammenhang von „Verselbstung" und „Entselbstung".[160] *Schopenhauer* verdeutlicht seine Gedanken dazu in einer Parabel, in der er die Menschen mit Stachelschweinen im Winter vergleicht.[161] Diese suchen wie die Menschen nach Wärme und Nähe. Wenn sie sich allerdings zu nah kommen, stechen sie sich gegenseitig und brauchen wieder mehr Abstand. Stachelschweine und Menschen reagieren also empfindlich auf zu viel Nähe. Dieses Phänomen, das Juristen seit dem Volkszählungsurteil als informationellen Selbstbestimmung bekannt ist, wird in der soziologischen und philosophischen Literatur mit dem Begriff der (informationellen) Privatheit (privacy) umschrieben.[162]

Privatheit sei ein sozialer Wert, der den Zustand frei von Beachtung, Beeinträchtigung oder Eingriff beschreibt.[163] Er wird in liberaldemokratischen Gesellschaften geschätzt, da in diesen auch Autonomie eine wichtige Rolle spielt. Privatheit ist in ihrem Wert funktional bezogen auf Autonomie.[164] Nach *Rösslers* Verständnis bedeutet Privatheit, den Zugang anderer zur eigenen Person kontrollieren zu können,[165] wobei sie drei Arten unterscheidet, die lokale, die dezisionale und die informationelle Privatheit. Die lokale Privatheit beschreibt zum Beispiel die Privatheit der Wohnung, die dezisionale Privatheit geht auf die Frage der Privatheit von Entscheidungen ein. Informationelle Privatheit umfaßt all das, was eine andere Person über einen weiß, was sie wissen sollte und wissen darf.[166] Privatheit sei notwendig, um Personen vor nachteiligen Angriffen, Diskriminierungen und Belästigungen, also vor Freiheitsentzug und Abhängigkeit, kurz vor Entselbstung zu schützen.[167] Durch sie werde ein Raum verteidigt, in dem sich das private und soziale Leben entfaltet, also eine Entselbstung möglich ist.[168]

Nur mit Hilfe des Konzepts der Privatheit könne die Freiheit, die sittliche Persönlichkeit und ein Seelenleben des einzelnen beibehalten werden,[169] denn durch den Verlust der Privatheit wären die Menschen angreifbarer dafür, daß andere ihr Verhalten beeinträchtigen.[170] Das

---

[160] Goethe 1962, 129f., der in „Dichtung und Wahrheit" (1772) 2 . Teil 8. Buch schreibt: „Die Geschichte aller Religionen und Philosophien lehrt uns, daß diese große, den Menschen unentbehrliche Wahrheit ... auf mancherlei Weise ... überliefert worden ist; genug wenn nur erkannt wird, daß wir uns in einem Zustand befinden, der, wenn er uns auch niederzuziehen und zu drücken scheint, dennoch Gelegenheit gibt, ja zur Pflicht macht, uns zu erheben und die Absichten der Gottheit dadurch zu erfüllen, daß wir von einer Seite uns zu verselbstigen genötigt sind, von der andern in regelmäßigen Pulsen uns zu entselbstigen nicht versäumen."

[161] Unter anderem http://www.humanist.de/wissenschaft/philosophie/schopenhauer.htm.

[162] So schon *BT-Drs* VI/ 3826, 53, aber auch *Rössler* 2001, 34 und 144; *dies.* 2003, 31.

[163] „Free from attention, interference or intrusion", *Olsen* 1998, 691.

[164] *Rössler* 2003, 30.

[165] *Rössler* 2001, 201.

[166] *Rössler* 2003, 31.

[167] *Wallace*, Ethics and Information Technology, 1/1999, 33.

[168] *Patton*, Ethics and Information Technology, 2/2000, 182; *Wagner DeCew*, In Pursuit of Privacy: Law, Ethics, and the Rise of Technology. Cornell University Press, Ithaca, NY, 1997, S. 74.

[169] *Reiman*, Computer and High Technology Law Journal, 11/ 1995, 42; *Patton*, Ethics and Information Technology, 2/2000, 182.

[170] *Reiman*, Computer and High Technology Law Journal, 11/ 1995, 35; *Patton*, Ethics and Information Tech-

Konzept soll auch - noch bevor es zu spät ist - vor einer nicht oder schlecht rückgängig zu machenden „Entpersönlichung" schützen.[171] Wie dem Volkszählungsurteil zu entnehmen ist, schadet die Mißachtung der informationellen Selbstbestimmung indirekt auch der Gemeinschaft,[172] da ein Verzicht des einzelnen auf seine Freiheitsrechte auch der Freiheit der Gesellschaft als ganzer schade.[173]

2.2.5.3 Informationen als Lebenssachverhalte in Händen Dritter

Bei der Frage, was eine Person von sich preisgibt, ist jede Art von Information über die handelnde Person, jeder Lebenssachverhalt relevant. Damit ist nicht nur gemeint, daß es unabhängig von der Aussagekraft der persönlichen Daten abhängig vom Kontext keine „belanglosen" Daten mehr gibt, wie es das *Bundesverfassungsgericht* ausdrückt.[174] Vielmehr ist die Art und Weise, wie die Informationen bei Dritten ankommen, unerheblich, jedenfalls solange dies nicht mit dem Willen der Person geschieht. Sowohl Daten, die gegen den Willen und ohne das Wissen des Betroffenen gesammelt werden, als auch Informationen, die mit dem Wissen der Person, aber gegen ihren Willen aus der Hand gegeben werden, betreffen Informationen, die das Recht auf informationelle Selbstbestimmung verletzen.[175] Das ist selbst dann der Fall, wenn die Person die Daten eigentlich nicht preisgeben möchte, dies aber in Kauf nimmt, weil sie sich im Gegenzug einen anderen Vorteil davon erhofft.

Es werden also nicht nur „sensitive"[176] Informationen von der informationellen Privatheit umfaßt, sondern auch öffentlich zugängliche. Auch auf den ersten Blick unverfängliche Informationen dürfen also bei Datenschutzfragen nicht vernachlässigt werden.[177]

Es geht bei der Information beziehungsweise dem Lebenssachverhalt auch darum, wer die Personen sind, die etwas wissen.[178] Der Schutz von Informationen muß nicht nur gegenüber gänzlich unbekannten anderen, sondern auch gegenüber einer prinzipiell bekannten Gruppe gewährleistet sein.[179] Zusätzlich spielt eine Rolle, in welchem Rahmen andere Personen In-

---

nology, 2/2000, 182.
[171] Umbach/ Clemens 2002 - *Hillgruber*, Art 1 Abs. 2 GG Rn 53.
[172] *BVerfGE* 65, 1, 43f.
[173] Dabei darf auf der anderen Seite auch nicht übersehen werden, daß zu viel Privatheit einem demokratischen Gemeinwesen auch schaden kann, indem nämlich die öffentliche Diskussion und die Kritikmöglichkeiten unter Berufung auf die Privatheit unterbunden werden. *Wallace*, Ethics and Information Technology, 1/1999, 33.
[174] Maunz/ Dürig - *Di Fabio* 2001, Art. 2 Abs. 1 Rn 174; *BVerfGE* 65, 1, 45.
[175] *Rössler* 2001, 204.
[176] *Roßnagel/ Pfitzmann/ Garstka* 2001, 26.
[177] *Nissenbaum*, Law and Philosophy 17 (1998), 559ff.
[178] *Rössler* 2001, 204.
[179] *Rössler* 2001, 203.

formationen erhalten. Wenn Informationen im Freundeskreis preisgegeben werden, hat es im Zweifel andere Folgen, als wenn dies vor einer großen Menschenmenge geschieht.[180]

2.2.5.4 Folgen von Privatheitsverletzung

Die Folgen einer Handlung wirken auf den Handelnden zurück. Daraus folgt, daß es für die Person nicht gleichgültig sein kann, was andere über sie wissen. Es kann sie in ihrer Entfaltung beeinflussen.[181] Es existiert also ein Zusammenhang zwischen Individualinformation und Persönlichkeitsentfaltung.

Verletzung der Privatheit ist dann gegeben, wenn die Kontrolle über die persönlichen Daten verloren geht, weil unklar ist, wer was über sie als Person weiß. Wenn man bedenkt, daß das Individuum zur Person und zur (sozialkulturellen) Persönlichkeit wird, wenn andere auf es reagieren,[182] ist der Verlust über die eigenen Informationen um so gravierender. Nicht nur der „Datensatz der Person" wird beschädigt, sondern das Individuum wird in seinem Wissen verletzt, da es nicht weiß, was andere wissen und dadurch nicht agieren kann.[183]

Die einzige rechtliche Folgerung ist die vom *Bundesverfassungsgericht* schon im Volkszählungsurteil festgeschriebene; die Forderung nämlich, daß jeder Handelnde ein Bestimmungsrecht über die Folgen seiner Handlung in der Umwelt behalten muß. Er muß die Möglichkeit haben, sich selbst darzustellen. Selbstdarstellung bedeutet hierbei den empirisch beschreibbaren Interaktionsvorgang in der Sozialpsychologie, durch den Individuen selbstbewußte Individualität entwickeln. Voraussetzung für diesen Vorgang ist die wenigstens teilweise selbstständig getroffene Entscheidung des Individuums darüber, welche Informationen über die eigene Person in die Umwelt, insbesondere in welche Sektoren der Umwelt gelangen.[184]

2.3 Drei Ausprägungen datenschutzfördernder Technik

Aus den Entscheidungen des *Bundesverfassungsgerichts* kann man bezüglich des Rechts auf informationelle Selbstbestimmung drei Ausprägungen datenschutzfördernder Technik herauslesen; Selbstdatenschutz, Grunddatenschutz und Datentransparenz.[185] Diese sind, obwohl schon im Volkszählungsurteil im Jahr 1983 erwähnt, noch hoch aktuell.[186]

---

[180] *Evers* 1960, 39.
[181] Ähnlich *BT-Drs* VI/3826, 87; dazu auch *Luhmann* 1974, 84ff., 103ff.
[182] *BT-Drs* VI/3826, 87. Genauso wie Gesellschaft ohne Individuen nicht existiert, beeinflußt auch die Gesellschaft das Individuum.
[183] *BT-Drs* VI/3826, 87.
[184] *Podlech*, DVR 1972/ 73, 156.
[185] Siehe schon *von Stechow*, Forum Kriminalprävention, 3/2003, 5. Außerdem schon *Grimm* 2003, 83.
[186] Es kann allerdings gesagt werden, daß heute - anders als 1983, als das Verhältnis Bürger - Staat im Vordergrund stand - das informationelle Selbstbestimmungsrecht auch im Verhältnis Kunde - Anbieter eine große Rolle spielt, *Rieß*, http://www.lfd.nrw.de/pressestelle/presse_7_4_1_7.html.

2.3.1 Selbstdatenschutz

Die wichtigste Aussage des für die informationelle Selbstbestimmung maßgeblichen Volkszählungsurteils bezogen auf datenschutzfördernde Technik ist, daß jeder Bürger für sich entscheiden können muß, wann und innerhalb welcher Grenzen er persönliche Lebenssachverhalte offenbart. Anders ausgedrückt, geht es um die Befugnis des Einzelnen, über die Preisgabe und Verwendung seiner persönlichen Daten selbst zu bestimmen, und zwar schon ab dem Stadium der Datenerhebung.[187] Diese Aussage läßt sich gut mit dem Begriff „Selbstdatenschutz" umschreiben. Selbstdatenschutz fordert Regelungsinstrumente, die die Entscheidungsfreiheit des Bürgers und Techniknutzers und damit dessen individuelle Autonomie stärken.[188] Das Konzept des Selbstdatenschutzes erlaubt es jedem Bürger, seine informationelle und kommunikative Selbstbestimmung und seine „Geheimnisse" selbst in die Hand zu nehmen.[189] Informationelle Selbstbestimmung muß insofern informierte Selbstbestimmung sein.[190]

Der Staat ist also aufgefordert, den Bürgern technische Hilfsmittel und Infrastrukturleistungen zur Verfügung zu stellen,[191] damit diese in die Lage versetzt werden, sich selbst zu schützen.[192] *Hoffmann-Riem* formuliert in diesem Sinne, daß den Staat eine Gewährleistungsverantwortung für den Selbstdatenschutz trifft.[193] Er muß die Voraussetzungen schaffen, daß jeder, der möchte, ein Maximum an Selbstbestimmung realisieren kann,[194] wobei offensichtlich ist, daß nicht jeder die ihm gebotenen Möglichkeiten gleichermaßen ausschöpft.[195]

Die Idee des Selbstdatenschutzes, ist nicht nur entstanden, um dem einzelnen Bürger mehr Freiheiten zu geben, sondern um dem Staat die Aufgabe, das Recht seiner Bürger auf informationelle Selbstbestimmung zu sichern, zu erleichtern.[196] Denn zum einen hat sich in der Informations- und Kommunikationsgesellschaft die quantitative Menge an zu verarbeitenden

---

[187] *BVerfGE* 65, 1, 42; *BVerfGE* 96, 56, 61; *BVerfGE* 96, 171, 181; *Roßnagel/ Pfitzmann/ Garstka* 2001, 37, „Das Grundrecht auf informationelle Selbstbestimmung fordert, die Autonomie der betroffenen Person anzuerkennen". Ebenso schon *BVerfGE* 35, 202, 220 - „Lebach": „Jedermann darf grundsätzlich selbst und alleine bestimmen, ob und wieweit andere sein Lebensbild im Ganzen oder bestimmte Vorgänge in seinem Leben öffentlich darstellen dürfen".

[188] *Roßnagel* 1994, 227ff. *Schrader* 1998, 206ff., weist darauf hin, daß die persönliche Autonomie einen hohen Stellenwert in der Wertehierarchie der heutigen Zeit einnimmt.

[189] Unter anderem www.gi-ev.de/fachbereiche/sicherheit/pet.

[190] *von Lewinski* 2002, 7.

[191] *Köhntopp* 2001, 56; *Roßnagel/ Pfitzmann/ Garstka* 2001, 148; *Roßnagel*, DuD 1999, 255; *Roßnagel - Roßnagel* 2003, 3.4 Rn 21.

[192] *Roßnagel/ Pfitzmann/ Garstka* 2001, 40; *Roßnagel - Roßnagel* 2003, 3.4 Rn 20, 79ff.

[193] *Hoffmann-Riem*, AöR 1998, 534.

[194] *BVerfGE* 65, 1, 42f, „Individuelle Selbstbestimmung setzt aber - auch unter den Bedingungen moderner Informationsverarbeitungstechnologien - voraus, daß dem Einzelnen Entscheidungsfreiheit über vorzunehmende oder zu unterlassende Handlungen einschließlich der Möglichkeit gegeben ist, sich auch entsprechend dieser Entscheidung tatsächlich zu verhalten."

[195] *Roßnagel* 2003c, 30ff.

[196] *Roßnagel*, ZRP 1997, 26ff.

personenbezogenen Daten vergrößert und zum anderen überschreitet moderne Kommunikation, beispielsweise das Internet, nationale Grenzen als Einflußsphäre nationaler Gesetzgebung.[197]

Durch die Möglichkeit im Rahmen des Selbstdatenschutzes, sich den gewünschten Grad an Datenschutz selber zu wählen,[198] entsteht zusätzlich mehr Transparenz.[199] Die Betroffenen der Datenverarbeitung werden also nicht nur zu dessen Teilnehmern, sondern es entsteht gleichzeitig die Grundlage für mehr Vertrauen.[200]

Selbstdatenschutz ist vor allem durch technische Maßnahmen vorstellbar. *Roßnagel* fordert daher auch „lernfähige Systeme zu etablieren, die auf sich ständig ändernde Herausforderungen immer wieder neue Antworten zu geben vermögen" und denkt dabei an eine Allianz von Technik und Recht.[201] Die weltweit wirksame und schnell lernende Technik könnte sich deshalb zum Helfer des Rechts entwickeln,[202] weil sie effektiver als rein rechtlicher Datenschutz wäre.[203] Als Beispiele zur Unterstützung des Selbstdatenschutzes nennt er die digitale Signatur, anonymes und pseudonymes Handeln, Verschlüsselungstechnik und Steganographie.[204] In diesem Zusammenhang steht auch die Definition des Begriffs des Selbstdatenschutzes als selbstbestimmte Nutzung technischer und organisatorischer Schutzinstrumente.

2.3.2 Grunddatenschutz

Im Volkszählungsurteil wird nicht nur grundsätzlich festgelegt, daß der Staat jedem Bürger die Möglichkeit des Selbstdatenschutzes bieten muß, sondern auch, daß der Staat jedem Bürger eine Art Grundversorgung an Schutz der informationellen Selbstbestimmung, einen „Grund-Datenschutz", zu gewährleisten hat.

---

[197] *Büllesbach/ Garstka* 1997, 385, weisen zusätzlich darauf hin, daß es die Entwicklung zur Individualisierung der Informationsverarbeitung mit Vernetzung, und Verbreitung des privaten PC erforderlich gemacht hat, daß das Individuum bei der Ausgestaltung des Datenschutzes aktiver eingebunden wird.

[198] *Weichert*, DuD 2001, 265ff., fordert eine verbraucherorientierte Informationsordnung. Ohne den Ansatz des Verbraucherschutzes argumentiert er, ergreife der Verbraucher das einfachste Mittel des Selbstdatenschutzes, nämlich die komplette Verweigerung des E-Commerce; zu Datenschutz und Verbraucherschutz auch *Brönneke/ Bobrowski* 2000, 141ff.; *Schrader*, DuD 1998, 128.

[199] Zu Transparenz siehe in Kapitel 2.3.3.

[200] Roßnagel - *Roßnagel* 2003, 3.4 Rn 44f.

[201] *Roßnagel*, DuD 1999, 254.

[202] *Roßnagel*, DuD 1999, 255.

[203] Roßnagel - *Roßnagel* 2003, 3.4 Rn 44f.

[204] *Roßnagel*, DuD 1999, 255. Steganographie bedeutet "verstecktes Schreiben" und ermöglicht heimlichen Kommunikationsverkehr. Dazu werden Trägermedien (Bilder, Texte und Töne) benötigt, in die die Nachricht eingebettet wird. Durch Überschreiben einzelner Bits auf dem Trägermedium wird die Nachricht unsichtbar fürs Auge eingebettet. Nur der Empfänger, der das Einbettungsverfahren kennt, kann die ursprüngliche Nachricht aus dem Trägermedium wieder herausholen. Mehr unter http://www.datenschutzzentrum.de/selbstdatenschutz/rote-karte/steganograhie.htm

Der Staat sollte also den Einzelnen vor staatlicher und privater Erhebung und Verarbeitung personenbezogener Daten - auch unabhängig von Datenschutzgesetzen[205] - schützen.[206] Anders ausgedrückt muß mit der technischen Entwicklung, die auch sozial unzumutbare Verhaltensweisen hervorbringt, das zur Gewährleistung sozialverträglicher Techniknutzung erforderliche Normsystem beispielsweise durch neue Rechtsregeln angepaßt werden.[207] Mit dem Grunddatenschutz soll nicht ein Synonym für Systemdatenschutz gefunden werden, da Systemdatenschutz mehr umfaßt. Unter Systemdatenschutz fallen nämlich nicht nur alle technisch im System implementierte und organisatorisch verankerte Maßnahmen zum Datenschutz, sondern auch solche zur Verbesserung der Datensicherheit sowie strukturelle und systemanalytische Aspekte.[208] Grunddatenschutz fordert vom Gesetzgeber nur, der Gefahr der Verletzung des Rechts auf informationelle Selbstbestimmung durch organisatorische und verfahrensrechtliche, vor allem technische Maßnahmen entgegenzuwirken, beispielsweise durch Anonymisierungsmöglichkeiten.[209]

Aus dem ersten Grundsatz des Selbstdatenschutzes folgend, ist der Staat beim Grunddatenschutz also gehalten für die Personen, die sich nicht um ihre Datenschutzbelange kümmern, ein Minimum an informationelle Selbstbestimmung zu gewährleisten.[210] Wenn also der einzelne Bürger mangels Interesse gar nicht oder aus Unvermögen oder mangelnder Anwenderfreundlichkeit der Technik nicht ausreichend vor Angriffen auf seine informationelle Selbstbestimmung geschützt ist, sollte der Staat seiner grundrechtlichen Schutzpflicht[211] nachkommen und für Schutzvorkehrungen seiner sozialen Informationsordnung im Sinne einer Infrastrukturverantwortung[212] sorgen.[213] Es handelt sich beim Grunddatenschutz sozusagen um die „objektiv-rechtliche Komponente des Datenschutzes".[214]

---

[205] *BVerfGE* 78, 77, 84.
[206] *BVerfGE* 65, 1, 43; *BVerfGE* 67, 100, 143; *BVerfGE* 76, 363, 388; *BVerfGE* 77, 1, 46; *BVerfGE* 84, 239, 279f.; *BVerfGE* 93, 181, 187.
[207] *Roßnagel* 1994, 245.
[208] Zum Systemdatenschutz siehe in Kapitel 4.4.1.5.
[209] Schon *BVerfGE* 27, 1, 7 und *BVerfGE* 65, 1, 49f.
[210] Dazu *Hoffmann-Riem*, AöR 1998, 534; aber auch *BVerfGE* 65, 1, 43: „Hieraus folgt: Freie Entfaltung der Persönlichkeit setzt unter den modernen Bedingungen der Datenverarbeitung den Schutz des Einzelnen gegen unbegrenzte Erhebung, Speicherung, Verwendung und Weitergabe seiner persönlicher Daten voraus."
[211] Der Staat ist verpflichtet, das ihm Mögliche zum Schutz seiner Bürger zu tun. Siehe dazu *Roßnagel*, ZRP 1997, 30, der auf *BVerfGE* 33, 303, 333 und *BVerfGE* 46, 160, 164f. verweist.
[212] Der Begriff der Infrastrukturverantwortung wird bei *Roßnagel/ Pfitzmann/ Garstka* 2001, 150 näher erläutert und umfaßt unter anderem die rechtliche Absicherung multilateraler Selbstschutzmöglichkeiten, die Aufklärung über Selbstschutzmittel, die Unterstützung in ihrer Nutzung und Förderung sowie die Unterstützung bei der Entwicklung und Gestaltung von Selbstschutzmöglichkeiten.
[213] *Schrader* 1998, 207f. legt dar, daß es zu einem bürgerorientierten Grundrechtsverständnis dazugehört, nicht nur die Möglichkeit für ein freiheitliches Verhalten vorzusehen, sondern zugleich für Schutzvorkehrungen seiner sozialen Informationsordnung zu sorgen.
[214] *Roßnagel - Dix* 2003, 3.5 Rn 8. *Höfelmann* 1997, 57: „Neben dieser individualistisch ausgerichteten Schutzfunktion wirkt die informationelle Selbstbestimmung auch in den Bereich des sozialen und politischen Handelns hinein." (Somit ist das Recht auf informationelle Selbstbestimmung auch für die wichtig,

Auch für den Grunddatenschutz gilt wie für den Selbstdatenschutz, daß er durch rechtliche Gestaltung der Technik erreicht werden kann, das *Bundesverfassungsgericht* fordert insofern vom Gesetzgeber mehr organisatorische und verfahrensrechtliche Vorkehrungen.[215] Ein rein normativer Ansatz kann in einer technikgeprägten Gesellschaft nicht zum Ziel führen. Denn ohne technische Maßnahmen kann davon ausgegangen werden, daß der Grundrechtsschutz nicht effektiv genug ist.[216] Entscheidend ist daher die rechtliche Gestaltung der Technik.[217]

2.3.3 Datentransparenz

Neben Selbstdatenschutz und Grunddatenschutz werden als dritte wichtige Ausprägung datenschutzfördernder Technik im Volkszählungsurteil „verfahrensrechtliche Schutzvorkehrungen" im Sinne von Aufklärungs-, Auskunfts- und Löschungspflichten gefordert.[218]

Unter Aufklärungs- und Auskunftspflichten ist die Verwirklichung der informationellen Selbstbestimmung durch die Herstellung höchstmöglicher Transparenz bei der Datenverarbeitung und die Gewährleistung einer effektiven Datenschutzkontrolle zu verstehen.[219] Die Aussage wird vom *Bundesverfassungsgericht* im Volkszählungsurteil dadurch unterstrichen, daß dort gefordert wird, daß jeder Bürger wissen können muß, was andere wann und bei welcher Gelegenheit über ihn wissen.[220] Konkret bedeutet dies die Einführung einer Auskunftsverpflichtung der datenverarbeitenden Stelle wie in §§ 19, 34 BDSG, die den Betroffenen erst in die Lage versetzt, von sonstigen Mitwirkungs- und Kontrollrechten Gebrauch zu machen und Rechtsschutz zu erwirken.[221] Weitere Kontroll- und Mitwirkungsmöglichkeiten sind die Einwilligung nach § 4a BDSG und der Widerspruch nach §§ 20, 35 BDSG. Zusätzlich verbessert auch die Hinweispflicht in verschiedenen Vorschriften des BDSG[222] die Transparenz.[223] Das bedeutet aber nicht, daß nur die datenverarbeitende Stelle auf Transparenz achten muß. Auch die technischen Systeme müssen hinsichtlich ihrer Zielsetzung und ihrer tatsächlichen Funktionsweise transparent sein[224] und das normative Prinzip der Transparenz technisch unterstüt-

---

die angeblich nichts zu verbergen haben. (Bull 1984, 11ff.)).

[215] *BVerfGE* 65, 1, 44.; Diese Aussage hat das Gericht unter anderem in *BVerfGE* vom 24.9.1987, 1 BvR 186/87 E 20 wiederholt.

[216] So auch *Roßnagel* 1994, 241ff.; *ders.* 2001a, 23f.

[217] Siehe dazu in Kapitel 2.4.3.

[218] *BVerfGE* 65, 1, 46; vorher schon *Steinmüller/ Lutterbeck/ Mallmann* 1971, 123f.

[219] *Schomerus*, RDV 1986, 62.

[220] *BVerfGE* 65, 1, 43.

[221] *Simitis/ Fuckner*, NJW 1990, 2717.

[222] §§ 4 Abs. 3, 4a Abs. 1, 11 Abs. 3, 19 Abs. 5, 34 Abs. 4 und 38 Abs. 3 BDSG.

[223] Die Veröffentlichungspflicht des § 12 BDSG 1977 ist mit der Reform 1990 weggefallen. Ihr Ziel, den Normalbürger zu informieren, konnte mit der Veröffentlichungspflicht im Bundesanzeiger nicht erfüllt werden.

[224] *Roßnagel/ Pfitzmann/ Garstka* 2001, 88.

zen.²²⁵ Datentransparenz²²⁶ muß daher sowohl als Transparenz der Technik als auch als Transparenz durch Technik verstanden werden.

Die vom *Bundesverfassungsgericht* im Zusammenhang mit der Aufklärungs- und Auskunftspflicht erwähnte Löschungspflicht ist allerdings nicht unter Datentransparenz zu subsumieren. Als Verpflichtung verstanden, paßt die Löschungspflicht besser zur zweiten Ausprägung datenschutzfördernder Technik, zum Grunddatenschutz, sozusagen als Aufforderung an den Staat, für die frühzeitige Löschung sensibler Daten zu sorgen. Als Möglichkeit verstanden paßt die Löschungspflicht besser zum Selbstdatenschutz, da die Bürger generell mehr Einfluß auf ihre personenbezogenen Daten und eben auch auf deren Löschung nehmen sollen.

Auch in der Literatur zählt die Datentransparenz des Verarbeitungsvorgangs zu den Kerngedanken des modernen Datenschutzes.²²⁷ Der Transparenz wird dort für die Gewährleistung des Rechts auf informationelle Selbstbestimmung eine große Bedeutung beigemessen.²²⁸ Grundlegende Basis des informationellen Selbstbestimmungsrechts sei die Aussage, durch präzise und bereichsspezifische Reglungen müsse die gebotene Transparenz und Normenklarheit bei der Erhebung und Verarbeitung personenbezogener Daten hergestellt werden.²²⁹ Dies sei neben der Schaffung und Erhaltung eigener Darstellungsmöglichkeiten der entscheidende Bezugspunkt.²³⁰

Transparenz als „Durchschaubarkeit der Datenverarbeitungsvorgänge" ist ein wichtiges Anliegen des Persönlichkeitsschutzes.²³¹ Sinn und Zweck der Aufwertung der Aufklärungs- und Auskunftspflichten ist, daß sich der Staat um die Vertrauensbildung der auskunftspflichtigen Bürger durch Offenlegung des Datenverarbeitungsprozesses bemühen muß, um wegen der sonst entstehenden Mißtrauens eine auf längere Sicht schwindende Kooperationsbereitschaft zu vermeiden.²³² Dies ist insbesondere bei bestimmten Verarbeitungsformen, zum Beispiel Grundrechtseingriffen, erforderlich, von denen eine hohe Gefahr für die informationelle Selbstbestimmung ausgeht.²³³

---

[225] *Roßnagel* 2002c, 132.
[226] Der Begriff der Datentransparenz wurde erstmalig bei *Däubler* 1990, Rn 256 erwähnt.
[227] Unter anderem Roßnagel - *Bäumler* 2003, 8.3 Rn 1; Arbeitsgruppe „*Datenschutzfreundliche Technologien*" *des Arbeitskreis technische und organisatorische Datenschutzfragen der Datenschutzbeauftragten des Bundes und der Länder* 1997, 1, erwähnt „Transparenz als eine Form der datenschutzfördernden Technologien". *Grimm* 2003, 83 erwähnt Transparenz neben Systemdatenschutz und Selbstdatenschutz als dritte „Funktion" von PET, „die den Umgang mit personenbezogenen Daten sichtbar und bewußt macht und die die Entscheidungsfreiheit der Nutzer erhöht".
[228] Siehe auch *Gola*, NJW 1981, 1489; *ders.*, NJW 1985, 1203; *Benda* 1994, § 6 Rn 38; Roßnagel - *Roßnagel* 2003, 3.4 Rn 10.
[229] *Vogelgesang* 1987, 151 mit weiteren Nachweisen.
[230] *Trute*, JZ 1998, 825.
[231] *Vogelgesang* 1987, 152.
[232] *Höfelmann* 1997, 57, der sich auf *BVerfGE* 65, 1, 50 bezieht. Außerdem OECD Dokument DSTI/ICCP/REG(2001)6/FINAL, 5.
[233] So ist gerade bei mobilen Datenverarbeitungsgeräten, audiovisuellen Systemen und biometrischen Verfah-

Gleichzeitig wird durch Datentransparenz auch die Möglichkeit für erfolgreichen Selbstdatenschutz geschaffen, denn ohne über die Gefahren für das Recht auf informationelle Selbstbestimmung informiert zu sein, können Bürger in den meisten Fällen auch nicht auf diese reagieren.[234] Selbst wenn sie die Gefahren erkennen, helfen ihnen erst die Transparenz der Datenverarbeiter und deren Anwendungen, um die geeigneten Abwehrmittel gegen diese zu finden.[235] Aufklärung fällt daher auch in die Infrastrukturverantwortung des Staates.[236]

In diesem Zusammenhang steht auch die Forderung nach mehr Anwenderfreundlichkeit von Datenschutzprodukten, insbesondere von solchen mit integrierter datenschutzfördernder Technik.[237] Nur bei sinnvoll, verständlich und leicht bedienbaren Produkten, Systemen und Verfahren ist zu erwarten, daß diese auch tatsächlich akzeptiert und benutzt werden, was überhaupt eine Grundvoraussetzung zur flächendeckenden Verbesserung des Datenschutzes ist.[238] Außerdem sollten die Benutzer sowie repräsentative und unabhängige Stellen an der Entwicklung der Anwendungen beteiligt sein, auf den Datenschutz des Nutzers ausgerichtete Standardkonfigurationen sollten werkseitig durch den Hersteller voreingestellt werden und Datenschutzmanagementverfahren sollten entwickelt werden, um bei auftretenden Risiken für den Datenschutz unverzüglich auch gegenüber den Nutzern reagieren zu können.[239]

Die immer komplexer werdenden Systeme fordern daher ein Engagement des Staates, Verfahren und Programme verständlich zu machen.[240] Wenn dies nicht geschieht, ist es möglich, daß nur wenige Bürger Datenschutz überhaupt in Anspruch nehmen können. Würde der Staat sich nicht um Datentransparenz bemühen, könnte ein generelles Mißtrauen der Bürger die Folge sein, was auf längere Sicht schwindende Kooperationsbereitschaft bedeuten könnte.[241]

---

ren der Mißbrauch von Daten eher möglich als bei anderen Techniken, *Roßnagel/ Pfitzmann/ Garstka* 2001, 90.

[234] Dies umfaßt die Nachfrage bei den Anbietern von Datenverarbeitungssystemen, welches ihre Datenschutzgarantien seien und die Prüfung, wie mit den Daten umgegangen wird, *Gehrhold/ Heil* DuD 2001, 238. So auch *Roßnagel/ Pfitzmann/ Garstka* 2001, 90, die darauf hinweisen, daß die Mitwirkung im Rahmen des Selbstdatenschutzes ein Mindestmaß an Kenntnis und Interesse voraussetzt.

[235] So auch OECD Dokument DSTI/ICCP/REG(2001)1/FINAL, 15: "Governments, industry, consumer groups and privacy protections authorities and experts all have a role in helping consumers make the right decisions about which PETs are best suited to address their individual concern."

[236] Ebenso *Roßnagel/ Pfitzmann/ Garstka* 2001, 144.

[237] So auch *Carblanc* 2002, 319: "The first step towards respect for privacy online is to provide transparency. To this end, businesses should continue to develop and publicize their privacy practises, and to offer effective and efficient user/ consumer services and complaints handling systems."

[238] *Nedden* 2001, 72.

[239] Roßnagel - Hansen*,* 3.3 Rn 86. Auch schon *Schomerus*, RDV 1986, 63.

[240] Wichtig ist, daß an dieser Stelle beachtet wird, daß es einen Unterschied zwischen Transparenz durch Technik und transparenter Technik gibt. Letztere, zum Beispiel Quellcodes, sind keine datenschutzfördernden Techniken und sind deshalb nicht Teil dieser Arbeit.

[241] Ähnlich *Höfelmann* 1997, 57.

2.4 Idee datenschutzfördernder Technik

Eine der Lösungen für die verfassungsgerichtliche Forderung, die freie Entfaltung der Persönlichkeit „unter modernen Bedingungen der Datenverarbeitung" zu ermöglichen, stellt die sogenannte datenschutzfördernde Technik dar.[242] Bei ihr geht es darum mit Hilfe der Technik, Daten und damit auch das Recht auf informationelle Selbstbestimmung zu schützen. Sie ist Teil eines neuen Regelungskonzepts, des sogenannten „modernen Datenschutzes", das auf „Datenschutz durch Technik"[243] als zentraler Säule aufgebaut.

Ein neuer Regelungsansatz ist nicht nur deswegen notwendig geworden, weil das bisherige datenschutzrechtliche Regelungskonzept in den siebziger Jahren noch unter ganz anderen Informations- und Kommunikationsbedingungen entstanden ist,[244] sondern auch, weil „auf die veränderte Gefahrenlage, die sich unter Nutzung der neuen Kommunikationstechnologien entwickeln", wie zum Beispiel auf den internationalen Terrorismus, angemessen reagiert werden muß.[245] Das klassische Regelungsinstrument des Datenschutzes, das grundsätzliche Verbot der Datenverarbeitung mit seinen Ausnahmevorschriften, hat ausgedient und mit ihm die Masse an bereichsspezifischen Regeln, die zu einer Normüberflutung geführt haben.[246] Es sind auch strukturelle Schwächen des Datenschutzrechts bei dessen Vollzug erkennbar, die teilweise ebenfalls auf die Veränderung des technischen Paradigmas zurückzuführen sind.[247]

Bisher war die Rolle der Technik im deutschen Datenschutzrecht darauf beschränkt, die durch das Datenschutzrecht normierten Vorgänge zu unterstützen, während sie nun die bisher ausschließlich normativen Konzeptionen des Datenschutzrecht, sozusagen als Technikgestaltungsrecht,[248] ergänzen sollte.[249] Der Schutz der Kommunikationsfreiheiten benötigt aufgrund des sehr schnellen Fortschritts von Wissenschaft und Technik kraftvolle Instrumente,[250] wobei datenschutzfördernde Technik dafür in erster Linie in Betracht kommt.

---

[242] *Bäumler* 1999a, 6, zitiert das Bundesverfassungsgerichtsurteil folgendermaßen: „Das Recht auf Selbstbestimmung ist ungeachtet der angewanden Verarbeitungstechnik zu beachten".

[243] Nach *Gola/ Schomerus* 2002, 144 wurde dieser Begriff von *Hassemer*, DuD 1995, 448; *Nitsch*, ZRP 1995, 361 und *Bäumler*, RDV 1999, 5 geprägt.

[244] *Benda* 1974, 28ff.; *Simitis*, DuD 2000, 717; *Benda* 1994, § 6 Rn 29, geht sogar soweit, durch die neuen Technologien die Entstehung eines neuen Menschenbilds zu konstatieren. Zu den Folgen der Technisierung siehe in Kapitel 3.1.

[245] *Hoffmann-Riem*, AöR 1998, 517f.

[246] Ganz einhellig viele Kommentatoren, unter anderem *Roßnagel/ Pfitzmann/ Garstka* 2001, 43; *Erichsen/ Badura* 1998, § 34 Rn 21; *Büllesbach* 1999, 2; *Gola*, NJW 2000, 3749 mit weiteren Nachweisen; *Bizer* 1998a, 1, mit weiteren Details, was an dem alten Konzept ausgedient hat, zum Beispiel die örtliche Fixierung der speichernden Stelle als Adressat oder das Prinzip der Zweckbindung.

[247] *Hoffmann-Riem*, AöR 1998, 517; *Bizer* 1999, 40f; ausführlicher dazu in Kapitel 3.1.

[248] *Bizer* 1998a, 3.

[249] Siehe *Podlech*, DÖV 1970, 475; *ders.*, DVR 1972/73, 155f.; *ders.*, DVR 1976, 25; *Roßnagel/ Wedde/ Hammer/ Pordesch* 1990, 290; *Roßnagel* 1993, 241ff.; *ders.* 2001a, 13ff.; *Simitis* 1996, 35ff.; *Hoffmann-Riem*, AöR; *Bizer* 1999, 35f.

[250] *Limbach*, RDV 2002, 166.

2.4.1 Entstehung der Idee unter rechtlichen Aspekten

Schon 1970 wies *Steinmüller* darauf hin, daß die Datenschutzgesetzgebung nicht nur durch Datensicherheitsmaßnahmen, sondern auch durch datenschutzgemäße Technik unterstützt werden solle.[251] Er wiederholte diese Forderung in seinem Gutachten für das Bundesministerium des Inneren, in dem er schreibt, daß der Datenschutz effektiv und praktikabel sein müsse, was insbesondere bedeute, daß er für den technischen Fortschritt offen sein sollte. Die Technik müsse man sich dabei zunutze machen.[252]

Auch *Podlech* forderte Anfang der siebziger Jahre, daß der Individualdatenschutz durch „strukturelle Aspekte" ergänzt werden sollte.[253] Er prägte dafür den Begriff des Systemdatenschutzes.[254] Die rechtliche Bewertung eines Systems soll demnach konstitutives Gestaltungsmerkmal der eingesetzten Technologie sein.[255] Ohne diese „rechtliche Absicherung datenschutzkonformer Systemgestaltung" laufe das bestgemeinte Datenschutzrecht leer.[256]

Benda hob 1973 hervor, daß der technische Wandel zu einer radikalen Veränderung der Strukturen der öffentlichen Verwaltung führen werde. Das bedeute, daß Verfassungsgrundsätze, wie Gewaltenteilung, Gesetzmäßigkeit der Verwaltung und die effektive Geltung der Grundrechte „im Lichte einer ganz neuartigen Gefährdung" interpretiert werden müßten.[257] Er führte weiter aus, daß „alle amtlichen Stellen, die zur Erfüllung der ihnen zugewiesenen und durch die Rechtsordnung gebilligten Aufgaben personenbezogene Informationen sammelten, sich hierbei auf das zum Erreichen des angestrebten Zieles erforderlichen Minimums beschränken" sollten.[258] Er unterstreicht ebenfalls, daß der Staat, um die an ihn gerichteten Anforderungen genügen zu können, die Hilfe der Technik benötige.[259] Beide Aussagen verknüpft, führen zu der datenschutzfördernden Technik der Datensparsamkeit.

Auch das Volkszählungsurteil des *Bundesverfassungsgerichts* von 1983 hat in geringfügiger Weise zu einer Belebung der Idee datenschutzfördernder Technik beigetragen, in dem es for-

---

[251] *Steinmüller und Arbeitsgruppe Rechtsinformatik an der Universität Regensburg* 1970, 88.
[252] *Steinmüller/ Lutterbeck/ Mallmann* 1971, 72.
[253] *Podlech* 1982, 451. Siehe aber auch schon *Podlech*, DÖV 1970, 475; ders., DVR 1972/73, 155f.; ders., DVR 1976, 25; dazu *Roßnagel/ Wedde/ Hammer/ Pordesch* 1990, 290. In DÖV 1970, 475, schreibt *Podlech*, daß eine kombiniert rechtlich-technische Sicherung Minimalbedingung eines effektiven (Daten)- schutzes für den einzelnen sei und daß es einer organisatorisch-technischen Trennung von Benutzer und Unternehmer geben müsse. In diese Richtung auch *Pfitzmann*, DuD 1986, 353; *Kubicek*, DuD 1987, 24.
[254] Zu dem Begriff des Systemdatenschutz mehr in Kapitel 4.4.1.5.
[255] *Büllesbach/ Garstka* 1997, 384.
[256] *Steinmüller* 1988b, 156; Systemdatenschutz gewinne besondere Bedeutung bei Telekommunikationsnetzen. Die Bedingung für ihre soziale Beherrschbarkeit sei, daß sie technisch transparent und für Betroffene durchsichtig gemacht würden. Eine einfache organisatorische Maßnahme könnte dies bewerkstelligen; den Datenschutzbeauftragten sollten, so *Steinmüller*, Netztechniker als Netzbeauftragte zur Seite gestellt werden.
[257] *Benda* 1974, 25; ähnlich auch *Podlech* 1973, 39.
[258] *Benda* 1974, 37; ebenso vorher *Podlech* 1973, 42.
[259] *Benda* 1974, 40.

derte, daß die informationelle Selbstbestimmung „unter den Bedingungen moderner Informationsverarbeitungstechnologien"[260] beziehungsweise „unter den modernen Bedingungen der Datenverarbeitung"[261] möglich gemacht werden müsse.

Seit 1986 bearbeitet die *Projektgruppe verfassungsverträgliche Technikgestaltung (provet)* Fragen der Technikfolgenforschung. In Forschungs- und Beratungsprojekten werden Chancen und Risiken des Einsatzes von Informations- und Kommunikationstechniken untersucht und Gestaltungsvorschläge gemacht, deren Ziel es ist, absehbare Risiken von Technikanwendungen zu vermeiden und zusätzliche Chancen zu erschließen. Diese Vorschläge werden entweder aus vergleichender Bewertung von Alternativen in der Technik entwickelt oder dadurch geschaffen, daß rechtliche Vorgaben in einem mehrstufigen Prozeß zu Anforderungen an informationstechnische Systeme konkretisiert werden. Die Projektgruppe berücksichtigt in besonderem Maße die Wechselwirkungen zwischen sozialen, technischen und rechtlichen Systemen und sucht gemeinsam mit Entwicklern, Betreibern und Anwendern nach Realisierungsmöglichkeiten für sozialverträgliche Technikgestaltung.[262]

Erst in den neunziger Jahren fand die Idee des Datenschutzes durch Technik eine breitere Unterstützung, als begonnen wurde, für eine Allianz von Datenschutz und Technik zu plädieren.[263] Normative Anforderung müßten als verbindliche Erwartung „an die Adresse der Technologie" formuliert werden.[264] Nur so könnten die Schwächen des deutschen Datenschutzes überwunden und damit der Anschluß an die technischen und gesellschaftlichen Entwicklungen nicht verpaßt werden.[265] Die Ausführungen des § 9 BDSG 1990 und der Anlage zu § 9 BDSG zu „technischen Maßnahmen" reichten aufgrund des Technologiewandels nicht mehr aus und bedürften einer Neuregelung.[266]

Lessig entwarf 1999 die Idee des sogenannten *Codes,* einer Bezeichnung für die technische Gestaltung des Cyberspace.[267] In seinen Augen stellt dieser Code eine neue Ebene dar, die

---

[260] *BVerfGE* 65, 1, 42.
[261] *BVerfGE* 65, 1, 43.
[262] http://www.provet.org.
[263] *Roßnagel/Wedde/Hammer/Pordesch* 1990, 259ff.; *Roßnagel* 1993, 241ff.; ders., ZRP 1997, 28f.; ders. 2001a, 13ff.; *Simitis* 1996, 35ff.; *Hoffmann-Riem*, AöR 1998, 537; *Vogt/Tauss* 1998, Nr. 6; *Bäumler*, DuD 1997, 449f.; ders. 1998, 7; ders. 1999a, 7; *Bizer* 1999, 28ff.; *Trute*, JZ 1998, 827; *Ulrich*, DuD 1996, 667ff.
[264] *Simitis* 1996, 35.
[265] *Lutterbeck*, DuD 1998, 131, 133.
[266] Empfehlungen des Rats für Forschung, Technologie und Innovation, Dezember 1995, E 22: "Eine Novellierung des BDSG sollte aufgrund der technischen Veränderungen, die geprägt sind von Vernetzung und Dezentralisierung möglichst bald erfolgen. Dabei sollten die existierenden Vorschriften zur Datensicherheit, insbesondere § 9 und die Anlagen des BDSG den Anforderungen der modernen Informations- und Kommunikationstechnik angepaßt werden"; *Ernestus*, RDV 2000, 147ff.; siehe zu § 9 BDSG auch *Büllesbach* 2002, 50f. Zu beachten ist in diesem Zusammenhang, daß § 9 BDSG und seine Anlage sich fast ausschließlich auf Datensicherheit beziehen und der Schutz der informationellen Selbstbestimmung durch technische Maßnahmen im BDSG 1990 noch gar keinen Platz hatten.
[267] *Lessig* 1999, 1.

zusätzlich zu den staatlichen Gesetzen, den gesellschaftlichen Normen und den ökonomischen Abläufen eine sich entwickelnde technische Dimension verkörpert. Der Code tritt mit den anderen Ebenen in Wechselwirkung und spielt mit Hilfe des Mittels der Software für die Entfaltungsmöglichkeit der informationellen Selbstbestimmung eine große Rolle. Ähnlich wie die anderen Ebenen kann auch der Code und seine „Architektur" durch die anderen Ebenen beeinflußt werden.[268]

Ein weiterer Meilenstein in der Geschichte der datenschutzfördernder Technik wurde 1997 durch die Verabschiedung des § 3 Abs. 4 TDDSG 1997 und des § 12 Abs. 5 MDStV 1997 gelegt,[269] ein Jahr später erfolgte dann auch für die Rundfunkdienste in § 47 Abs. 5 RdfStV 1998 eine entsprechende Regelung. Unter anderem auf Anraten des Forschungsrats[270] und der 52. Konferenz der Datenschutzbeauftragten des Bundes und der Länder[271] hatte der Gesetzgeber dort den Grundsatz der Datenvermeidung mit aufgenommen.[272] Konkretisiert wurde er durch die in § 4 Abs. 1 TDSG § 13 Abs. 1 MDStV und § 48 Abs. 1 RdfStV enthaltende Verpflichtung der Diensteanbieter, die Inanspruchnahme von Tele-, Medien- und Rundfunkdiensten sowie ihre Bezahlung im Rahmen der technischen Möglichkeit und Zumutbarkeit anonym oder durch Pseudonym zu gewährleisten.[273]

Die Forschungsgruppe *provet* hat im Rahmen eines Gutachtens im Auftrag des Bundesministerium für Bildung, Wissenschaft, Forschung und Technologie 1996 die Idee der Dateneinsparung als erste formuliert.[274] Es ging den Autoren beim Entwurf gesetzlicher Regelungen zum Datenschutz in Online-Multimedia-Anwendungen darum, die Betreiber dieser Anwendungen zu verpflichten, so wenig Daten wie möglich zu erheben. In § 4 Abs. 1 des Entwurfs heißt es: „Die Gestaltung und Auswahl der technischen Einrichtungen und Systeme für die Inanspruchnahme von Multimedia-Angeboten hat sich an dem Ziel, möglichst wenig personenbezogene Daten zu erheben und zu verarbeiten (Dateneinsparung), auszurichten".[275]

---

[268] *Bizer* 2002b, 193.
[269] *Hoeren* 2003, 276ff., beschreibt die Abgrenzung der jeweiligen Anwendungsbereiche. Das Teledienstedatenschutzgesetz erfasse demnach nur Daten, die bei der Durchführung des Teledienstes anfallen, zum Beispiel also die Aufforderung zur Abgabe eines Vertragsangebots im Internet. Der Mediendienstestaatsvertrag wiederum greife dann ein, wenn es um die Meinungsbildung der Allgemeinheit geht. Wenn der Nutzer allerdings ein Angebot abgibt, so ist dies unabhängig von der Meinungsbildung der Allgemeinheit und auch unabhängig vom Teledienst. Dieser Vorgang falle daher unter das Bundesdatenschutzgesetz. Zum TDDSG siehe auch *Schmitz* 2000, 1ff.
[270] *Rat für Forschung, Technologie und Innovation* 1995, 32f.
[271] *52. Konferenz der Datenschutzbeauftragten des Bundes und der Länder vom 22./23. Oktober 1996*, DuD 1996, 758.
[272] *Bizer* 1999, 52f., sieht das Prinzip der datensparsamen Technikgestaltung und -auswahl als „effektives Mittel" i.S.d. Art. 17 Abs. 1 Satz 1 EG-Datenschutzrichtlinie (Erwägungsgrund 46).
[273] *Roßnagel / Scholz*, MMR 2000, 722.
[274] *Simitis - Bizer* 2003, § 3a Rn 3.
[275] *provet* 1996, § 4 des vorgeschlagenen Multimedia-Datenschutz-Gesetzes.

Technische Einrichtungen umfaßt in diesem Zusammenhang nicht nur technische Multimedia-Einrichtungen, sondern auch Endgeräte und Anwendungsprogramme der Teilnehmer.[276] Dieser Ansatz wurde in der Literatur und von Expertengremien als richtungsweisend bewertet, weshalb er auch für geschäftsmäßige Telekommunikations-Dienstleistungen in § 3 Abs. 4 TDSV 2000 und im neuen Bundesdatenschutzgesetz 2001 in § 3a BDSG implementiert wurde.[277] Dort sind auch weitere Regelungen, die den modernen Datenschutz fördern, hinzugekommen.[278]

2.4.2 Entstehung der Idee unter technischen Aspekten

Auf der technischen Ebene gab es auch schon Anfang der achtziger Jahre Projekte, die den Datenschutz förderten. So erfand *Chaum* 1981 ein Verfahren, mit dem E-Mails anonymisiert werden konnten.[279] Auch andere beschäftigten sich mit kryptographischer Technik. So fanden *Koch* und *Favaro* heraus, daß sich der Schutz vor personenbezogenen und sicherheitssensiblen Daten auch ohne Gesetze technisch realisieren lasse.[280]

Viele Informatiker unter den Datenschützern hätten gerne technische Konzepte nicht nur für die Gewährung der Datensicherheit, sondern auch für weitere Projekte genutzt, weil ihnen wohl schon lange klar war, daß durch den Einsatz von Technik Kostenvorteile entstünden sowie viele Nachteile der bisherigen datenschutzrechtlichen Konzepte überwunden werden könnten. Die letztlich doch juristisch geprägten Datenschutzbehörden,[281] vor allem aber auch der Gesetzgeber, öffneten sich allerdings erst langsam den guten Argumenten.

Sehr wichtig war ohne Zweifel auch *Borkings* Engagement für die von ihm so bezeichneten „Privacy Enhancing Technologies".[282] Als Vizepräsident der niederländischen Datenschutzbehörde (Registratiekamer) leistete er in Zusammenarbeit mit seinen Datenschutzkollegen in Kanada mit dem Aufsatz „Privacy Enhancing Technologies: The path to anonymity"[283] ein wichtigen Beitrag zur Bekanntmachung der Problematik datenschutzfördernder Technik. Darin wird auch das Konzept des Identity Protectors beschrieben, ein Werkzeug, mit dessen Hilfe die Identität des Nutzers geschützt und gleichzeitig die Funktionsfähigkeit von Informationssystemen nicht verringert wird. Das wird dadurch erreicht, daß innerhalb des Systems zwei

---

[276] *provet* 1996, § 4 des vorgeschlagenen Multimedia-Datenschutz-Gesetzes.
[277] Enquêtekommission Zukunft der Medien 1998, *BT-Drs* 13/11002, 107; Empfehlung des 62. Deutschen Juristentags 22-25.9.98 in Bremen, Beschluß Nr. 9, DuD 1998, 668; siehe auch *Kloepfer* 1998, D 99, *Garstka*, DVBl 1998, 988.
[278] Siehe dazu in Kapitel 4.
[279] *Chaum* 1981, 84.
[280] *Koch/ Favaro* 1984, 131. Einen guten Überblick bietet zu diesem Thema auch *Hansen* in Roßnagel - Hansen 2003, 3.3 Rn 7ff.
[281] *Lutterbeck*, DuD 1998, 131.
[282] Der Begriff der Privacy Enhancing Technologies wird in dieser Arbeit synym zu dem der datenschutzfördernden Techniken gebraucht, siehe in Kapitel 2.4.4.
[283] *Van Rossum/ Gardeniers/ Borking u.a.* 1995, 1ff.

Ebenen unterschieden werden, eine, in der der Nutzer bekannt ist, und eine weitere, in der nur Pseudonyme des Nutzers auftauchen. Zwischen Nutzer und Dienstleister wird sozusagen der Identity Protector zwischengeschaltet. Der Nutzer kann so vom System identifiziert werden, ohne vom Dienstleister persönlich erkannt zu werden.[284]

Das Virtuelle Datenschutzbüro, eine Einrichtung des Unabhängigen Landeszentrums für Datenschutz Schleswig Holstein, ist sehr engagiert, was datenschutzfördernde Technik betrifft. Es bietet eine Plattform zum Testen und zum Bewerben von datenschutzfördernden Produkten.[285] Erwähnenswert erscheint auch der seit drei Jahren jährlich stattfindende PET-Workshop über technische Fragen datenschutzfördernder Technik.[286]

Ähnlich wie der internationale Dialog dient auch der 1999 eingeführte technische Standard für Datenschutzprodukte einer weltweiten Vereinheitlichung.[287]

2.4.3 Unterstützung des Rechts durch Technik

Bei allen internationalen Bemühungen die Technik auf die moderne Informations- und Kommunikationstechnik einzustellen, darf das Recht als wichtiges Gestaltungsinstrument nicht vergessen werden. Nicht nur Datenschutzrecht, sondern Recht allgemein kommt die Aufgabe zu, die möglicherweise aufgrund der dynamischen Technikentwicklung gefährdeten Interessen und Werte unserer Gesellschaft zu schützen.[288]

Aus rechtlicher Sicht ist es Aufgabe der Technik nur das umzusetzen, was das Recht erlaubt. Dabei ist zu bedenken, daß rechtlich nur das bestimmt werden kann, was technisch auch machbar ist. Insoweit kann Technik die Regelungsversuche begrenzen und Recht im Extremfall auch „beeinflussen", wenn nicht gar zu seiner Veränderung beitragen.[289] Umgekehrt kann Recht allerdings auch die Technik beeinflussen, was dann notwendig erscheint, wenn sich die Technik, anders als das Recht, durch die zugrundeliegende Verfassung nicht nach ethischen Grundsätzen richtet.

Mit der schnell wachsenden Informationstechnik verstärkt sich die Notwendigkeit, daß das Recht den Rahmen für technische Innovationen fördert und steuert.[290] Dabei ist zu bedenken, daß sich trotz der Veränderungen des technischen Umfelds, die verfassungsrechtlichen Vorgaben nicht verändern und der Gesetzgeber bezogen auf das Datenschutzrecht weiterhin die

---

[284] *Borking*, DuD 1996, 654ff.
[285] Siehe http://www.datenschutz.de; Das Portal des Virtuellen Datenschutzbüros enthält zusätzlich eine große Zahl von Beiträgen, Artikeln und Hyperlinks zu bestimmten Datenschutz-Ressourcen im Internet.
[286] http://www.petworkshop.org.
[287] Funktionsklasse „Privacy" innerhalb der 1999 als ISO IS 15408 standardisierten IT-Evaluationskriterien Common Criteria, http://csrc.nist.gov/cc/. Für Datensicherheitsfragen gibt es seit dem Jahr 2000 ebenfalls einen Standard, ISO EN: 15408; www.commoncriteria.org.
[288] *Roßnagel* 1993, 11ff.
[289] *Roßnagel* 2001a, 19ff.
[290] *Roßnagel* 1997a, 361ff.

Aufgabe verfolgen muß, das Recht auf informationelle Selbstbestimmung zu garantieren.[291] Es gilt zu bedenken, daß, wenn die rechtliche Techniksteuerung mißlingt, auch der demokratische Gestaltungsanspruch des Rechts gefährdet wird.[292] Durch die technischen Veränderungen entsteht für den Gesetzgeber einerseits Handlungsbedarf, weil er neue Begebenheiten rechtlich regeln muß. Gleichzeitig nimmt aufgrund der „wesensmäßigen Unvereinbarkeit von Recht und Technik" die Regelungskraft des Rechts ab.[293] Es kommt erschwerend hinzu, daß für den Staat durch die neuen Techniken in vielen Fällen verfassungsrechtlich auferlegte Schutzpflichten entstehen, die Ansprüche der Bürger begründen können.[294] Außerdem kommen im Rahmen der Gesetzgebung durch die sich verändernde Technik Probleme und Entscheidungen auf den Gesetzgeber zu, die er aufgrund der mangelnden Erfahrung mit der modernen Technik ohne ausreichende Erkenntnisse oder Erfahrungen nicht zufriedenstellend bewältigen kann.

Mit der Frage, wie solche Entscheidungen getroffen werden können, beschäftigt sich die rechtswissenschaftliche Technikfolgenforschung. Das Ziel dieser Forschung ist es, nach Abschätzung der Folgen bestimmter Techniken und nach einer zusätzlichen Bewertung durch die Verfassung, die Entwicklung der Technik zu erkennen und im Idealfall zu beeinflussen.[295] Dies kann dadurch geschehen, daß die als negativ erkannten Folgen durch eine entsprechende Gestaltung der Technik möglichst zurückgedrängt werden.[296] Die rechtswissenschaftliche Technikfolgenforschung untersucht also „die Veränderungen der Verwirklichungsbedingungen von Lebensbereichen" durch bestimmte technische Entwicklungen und versucht positiv, im Sinne der Verfassung, auf die Technik und somit auf die Entwicklung einzuwirken.[297] Die Herausforderung liegt darin, zukünftige technische Entwicklungen durch Untersuchungen vorauszuahnen und darauf mit technischen Veränderungen, seien es ganze Technologien oder Entwicklungsbereiche oder aber auch nur bestimmten Verfahren zu reagieren.[298]

Um Technik im rechtsstaatlichen Sinn zu benutzen und sie somit in unser Werte- und Rechtssystem einzupassen, ist rechtliche Regulierung durch Technik notwendig. Anderenfalls droht das Recht in unserer technikgeprägten Welt folgenlos zu bleiben.[299]

---

[291] *Simitis* 1996, 35.
[292] *Roßnagel* 1999, 210; *ders.* 2001a, 23; ähnlich auch *Ossenbühl* 2001, 27.
[293] *Ossenbühl* 2001, 32, der darauf verweist, daß Technik und Naturwissenschaft durch ständige Dynamik und Veränderung geprägt ist, während dem Recht Attribute wie Beharrung, Stabilität, Rechtssicherheit und Dauerhaftigkeit zugeordnet werden.
[294] *Ossenbühl* 2001, 36.
[295] Im Gutachten für das Bundesministerium des Inneren erklären *Steinmüller/ Lutterbeck/ Mallmann* 1971, 34, daß die erwünschte Gestaltung der rechtlichen Normierung das Ziel der rechtlichen Normierung sein müsse.
[296] *Gundermann* 1999, 137f.; *Roßnagel* 1993, 105ff., 189ff., 241ff.
[297] *Roßnagel* 1989, 10f; *Bizer* 1998b, 47.
[298] *Roßnagel* 1993, 99ff.; *Hube*, DuD 1999, 31.
[299] *Roßnagel* 1997a, 370; *ders.* 2001a, 23.

Datenschutzfördernde Technik kann als Ergebnis einer rechtswissenschaftlichen Technikfolgenforschung angesehen werden.[300] Die in Art. 20 EG DSRL, § 4d Abs. 4 und § 5 BDSG und einigen Landesdatenschutzgesetzen[301] erwähnte Vorabkontrolle ist eine solche Technikfolgenabschätzung, auf die dann - als konstruktiver nächster Schritt nach der Bewertung innerhalb der Vorabkontrolle - die technische Gestaltung und Auswahl folgen könnte.[302] Dieser zweite Schritt ist im Datenschutzgesetz von Schleswig-Holstein schon umgesetzt, wo es in § 5 Abs. 3 nicht nur darum geht, ob eine besondere Gefährdung für die Rechte der Betroffenen vorliegt, sondern auch „durch welche technische und organisatorische Maßnahmen" diese wirksam beherrscht werden können. Auch die innovationsfreundliche Risikoverteilung der Verantwortung für fremde Inhalte bei Tele- und Mediendiensten im Sinne der § 5 TDDSG, § 5 MDStV und § 47 Abs. 5 RdfStV kann als Ergebnis rechtswissenschaftlicher Technikfolgenforschung angesehen werden; ebenso die Filtertechnik zum Schutz unerwünschter Inhalte,[303] das digitale Wasserzeichen zum Schutz von Urheberrechten und die elektronische Signatur zur Gewährleistung von Rechtssicherheit.[304]

2.4.4 Definitionen datenschutzfördernder Technik

2.4.4.1 Datenschutzbegriff

Datenschutz wurde oben unter drei Aspekten beleuchtet; der Bürger muß wissen können, welche Informationen andere von ihm haben, um sein Verhalten darauf einstellen zu können, der Staat soll einen Minimalschutz vor Angriffen auf das informationelle Selbstbestimmungsrecht sicherstellen und zusätzlich muß Transparenz über personenbezogene Daten ermöglicht werden.[305] Der Begriff des Datenschutzes ist vom Begriff der Datensicherheit abzugrenzen;[306] bezogen auf datenschutzfördernde Technik folgt daraus, daß es sich nur in den Fällen auch um datenschutzfördernde Technik handelt, in denen die Technik mehr als nur Datensicherheit gewährleistet. Auch *Burkert* grenzt datenschutzfördernde Technik deutlich gegenüber technischen Maßnahmen ab, die alleine die Datensicherheit betreffen.[307] „It is one of the merits of the discussion on Privacy Enhancing Technologies (PETs) that the concept of data security has been reclarified as to its limitations with regard to privacy protection. Data-security is a

---

[300] *Gundermann* 1999, 137.
[301] § 12 LDSG Baden-Württemberg, § 4 LDSG Berlin, § 7 Abs. 2 LDSG Bremen, § 8 Abs. 4 LDSG Hamburg, § 7 Abs. 6 LDSG Hessen, § 19 LDSG Mecklenburg- Vorpommern, § 7 Abs. 3 LDSG Niedersachen, § 10 Abs. 3 LDSG Nordrhein-Westfalen, § 9 Abs. 5 LDSG Rheinland-Pfalz, § 11 LDSG Saarland, § 10 Abs. 5 LDSG Sachsen, § 14 Abs. 2 LDSG Sachsen-Anhalt, § 9 LDSG Schleswig-Holstein. Genauer zu § 7 Abs. 3 LDSG Niedersachen und deren Methodik und Ablauf: *Hube*, DuD 1999, 31ff.
[302] *Bizer* 1999, 53; *Hube*, DuD 1999, 31.
[303] *Fox* 2001, 79ff.
[304] *Roßnagel/ Pfitzmann/ Garstka* 2001, 96 (digitale Signatur) beziehungsweise 269 (Wasserzeichen).
[305] Siehe in Kapitel 2.3.3.
[306] Siehe in Kapitel 2.2.1.
[307] „They have to be set apart from data-security technologies", *Burkert* 1997, 125.

necessary but not a sufficient condition for privacy protection. PETs on the other hand, seek to eliminate the use of personal data altogether or to give direct control over revelation of personal information to the person concerned. PETs are therefore closer to the social goals of privacy protection".[308] Diesem Standpunkt treten *Köhntopp*[309] und *Fischer-Hübner*[310] entgegen, die zu datenschutzfördernder Technik alle technischen Maßnahmen sowohl für den Datenschutz als auch für die Datensicherheit umfaßt wissen wollen. Dem ist nicht zuzustimmen. Datenschutz und Datensicherheit haben unterschiedliche Zielrichtungen und müssen folglich voneinander abgegrenzt werden. Dies gilt jedenfalls solange, wie es sich um Datensicherheitskonzepte handelt, die sich ausschließlich um die Sicherheit innerhalb von Systemen kümmern. Anders verhält es sich bei technischen Maßnahmen, die die Sicherheit der Daten bei ihrer Erhebung, Verarbeitung oder Nutzung betreffen. Diese fördern eben durch die zusätzliche Sicherheit, die sie gewähren, auch den Datenschutz selbst.

2.4.4.2 Technikbegriff

Der Begriff der Technik wiederum umfaßt „alle Arten technischer Maßnahmen, nämlich sowohl Hard- und Software-Produkte als auch Protokolle und Infrastrukturen."[311] Von Technik spricht man, wenn Mittel zur Erreichung eines Ziels beziehungsweise wenn naturwissenschaftliche Erfahrungen zur Verbesserung von Lebensbedingungen benutzt werden.[312] Zu bedenken ist dabei, daß das englische Wort „Technology" im deutschen mit „Technik" übersetzt werden muß, nicht mit „Technologie"[313]. Auch *Steinmüller* unterscheidet Technik, also Hardware, die aus Geräten und den dazugehörigen Betriebssystemen (den zum Betrieb der Geräte notwendigen Programmen) besteht und Technologie, wobei letztere das gesamte System einschließlich der Anwenderprogramme und der Mensch-Maschinen-Organisation umfaßt.[314] Anders ausgedrückt, beschreibt Technologie „die Gesamtheit der anwendbaren und tatsächlich angewendeten Arbeits-, Entwicklungs-, Produktions- und Implementierungsverfahren der Technik. Meist wird unter Technologie sowohl die Technik als auch die Verfahren verstanden. Technologie ist der weitere, Technik der engere Begriff. Technologie umfaßt auch Methoden, Techniken und Werkzeuge der Systemplanung.[315]

---

[308] *Burkert* 1997, 125.
[309] Roßnagel - *Hansen* 2003, 3.3 Rn 39.
[310] *Fischer-Hübner* 2001, 107.
[311] *Büllesbach* 2002, 51; *Tauss/ Kollbeck/ Fazlic* 2001, 195; Roßnagel - *Bizer* 1999, § 3 TDSG, Rn 160 spricht nur von Software, Hardware und Systemen.
[312] Technik (von griech.: τεχνη – Kunst, Handwerk): Kunstfertigkeit oder Verfahren zur Lösung einer Aufgabe. Der Begriff wird heute speziell zur Bezeichnung von Einrichtungen und Verfahren verwendet, die naturwissenschaftliche Erkenntnisse praktisch nutzbar machen (Geräte, Maschinen u. ä.).
[313] Technologie (von griech.: τεχνη und λογος – Wort, Aussage, Rede, Lehre): Sprechen oder Wissen über Technik.
[314] *Steinmüller* 1988a, 18.
[315] *Heinrich* 1996, 151.

2.4.4.3 Förderungsbegriff

Der Begriff der Förderung des Datenschutzes ist immer relativ zu sehen, denn inwieweit eine Technik den Datenschutz fördert, hängt vom Stand der Technik ab, die jedoch in kurzer Zeit überholt sein kann. Ein Produkt könnte also bei widrigen Umständen innerhalb einiger Monate die Qualität der Datenschutzfreundlichkeit wieder verlieren, so daß Technik immer relativ zum technisch Möglichen zu betrachten ist.

2.4.4.4 Herrschender rechtlicher Definitionsansatz

Bei der Definition des Begriffs der „datenschutzfördernden Technik" beziehungsweise von Privacy Enhancing Technology (PET)[316] darf das oberste Ziel des Datenschutzes, die informationelle Selbstbestimmung, nicht vergessen werden. So ähnlich verstehen es auch die Gremien der OECD, die unter PET solche digitalen Systeme verstehen, die von Produkten oder Dienstleistungen benutzt oder in diese integriert sind, die versuchen die Risiken für die Persönlichkeitsrechte (privacy) zu verringern und die Ausübungsmöglichkeiten der Datenschutzansprüche des Datensubjekts zu unterstützen.[317]

Die meisten der in der Literatur vorkommenden Definitionen fokussieren bei ihrer Definition von datenschutzfördernder Technik auf die Grundsätze der Datenvermeidung und Datensparsamkeit. So beschreibt der *Arbeitskreis Technik der Konferenz der Datenschutzbeauftragten des Bundes und der Länder* PET als Philosophie der Datenvermeidung und der Datensparsamkeit, die ein ganzes System technischer Maßnahmen umfasse.[318] Ähnlich auch *Büllesbach*, der bezüglich der technischen Maßnahmen konkretisiert, daß die Prinzipien der Datenvermeidung und Datensparsamkeit durch entsprechende Gestaltung von IT-Applikationen sowie durch technische Datensicherheitsmaßnahmen der Anonymität, Pseudonymität und Verschlüsselung verwirklicht werden sollten.[319] In diese Richtung geht auch die folgende Definition: „The notion with privacy enhancing technologies is that [...] the individual's true identity can be protected when it is not necessary to use it."[320]

Borkings relativ kompakte Definition konzentriert sich ebenfalls auf die Grundsätze der Datenvermeidung und Datensparsamkeit, schränkt aber bezüglich der Funktionalität ein, daß Privacy Enhancing Technologies ein zusammenhängendes Ganzes von Maßnahmen der In-

---

[316] Nicht nur der Begriff „Privacy Enhancing Technologies", sondern auch der Begriff „Datenschutz durch Technik" soll synonym zu dem der datenschutzfördernden Techniken und dem der PETs verwendet werden. So auch *Nedden* 2001, 67; *Gundermann* 1999, 137. *Köhntopp* 2001, 56, scheint Datenschutz durch Technik im Gegensatz zu PET lediglich als Unterstützung und nicht als Verbesserung des Datenschutzes zu sehen, während für *Federrath/ Pfitzmann* 2001, 253, Datenschutz durch Technik bedeutet, „daß sich die Gestaltung von Technik im Hinblick auf die Verarbeitung personenbezogener Daten am Ziel des Datenschutzes orientiert" und Datensparsamkeit und Datenvermeidung miteinschließt.

[317] OECD Dokument DSTI/ICCP/REG(2001)6/FINAL, 40.

[318] *Arbeitskreis Technik der Konferenz der Datenschutzbeauftragten des Bundes und der Länder*, DuD 1997, 714.

[319] *Büllesbach* 2002, 51.

[320] *France* 2000, 215.

formations- und Kommunikationstechnologie seien, die zum Schutz der informationellen Selbstbestimmung „personenbezogene Daten eliminieren oder vermindern oder unnötige beziehungsweise unerwünschte Verarbeitung personenbezogener Daten verhindern". Dies alles müsse ohne Verlust der Funktionsfähigkeit des Informationssystems geschehen.[321] Diesem Zusatz ist zuzustimmen, denn eine Einschränkung der Funktionsfähigkeit von Systemen durch den technischen Datenschutz erscheint sinnwidrig. Die Folge wäre, daß das neue Regelungskonzept der datenschutzfördernden Technik nur bedingt oder gar nicht von potentiellen Nutzern und der Wirtschaft angenommen würde. Gleichzeitig muß allerdings bedacht werden, daß eine Beschränkung der Funktionsfähigkeit in bestimmten Konstellationen zuzulassen ist; dann nämlich, wenn nach einer Abwägung im Rahmen einer Verhältnismäßigkeitsprüfung zwischen dem Schutz der informationellen Selbstbestimmung und einer Reduzierung einer Funktionsfähigkeit des Systems erstere überwiegt.[322]

Um die Akzeptanz zu erhöhen und gleichzeitig den Bürgern zu ermöglichen, ihr Recht auf informationelle Selbstbestimmung „effektiv und komfortabel" auszuüben, schlagen *Probst* und *Köhntopp* vor, „die eingesetzten Verfahren und Wege der Datenübermittlung transparent zu machen".[323] Ähnlich fordert es das *Virtuelle Datenschutzbüro*: „PETs realisieren Datenschutz durch technische Verfahren. Damit wird Datenschutz gleich in der Technik integriert oder sogar durch technische Mittel gefördert. Wichtig für datenschutzfördernde Technik sind beispielsweise Transparenz, Datenvermeidung, Datensparsamkeit sowie Anonymitäts- und Pseudonymitätsverfahren."[324]

2.4.4.5 Technische Definitionsansätze

Ganz anders nähert sich *Clarke* der Definition datenschutzfördernder Technik.[325] Er unterscheidet, ähnlich wie die Gruppe *Technology and Society Science (TASS)* des schwedischen *Forschungsinstituts für Informationstechnik (SITI)*,[326] zwischen Privacy Invasive (angreifend), Privacy Sympathetic (wohlgesinnt) und Privacy Enhancing (steigernd) Technologies

---

[321] *Borking*, DuD 2001, 610.
[322] Das *Institut für Technikfolgenabschätzung* 2002, das sich nahe an Borkings Definition hält, führt weiter zu den Vorteilen von datenschutzfördernden Techniken aus: „Sie sind effizienter als überwiegend organisatorische oder rechtliche Maßnahmen. Sind sie erst einmal implementiert, können ihre Wirkungen weniger leicht außer Kraft gesetzt werden. Sie ermöglichen die Einhaltung gesetzlicher Verpflichtungen zum Schutz persönlicher Daten in komplexen Informationssystemen, ohne einen immensen Kontrollaufwand nach sich zu ziehen. Sie verstärken das Vertrauen in neue Informationstechnologien, und helfen Akzeptanz- und Nutzungsbarrieren abzubauen", http://www.oeaw.ac.at/ita/ebene4/d2-2a30.htm.
[323] *Probst/ Köhntopp* 1999, 4.1, http://www.datenschutzzentrum.de/projekte/biometri/bsipabio.htm.
[324] *Roßnagel* 1993, 241ff.
[325] *Clarke*, Privacy Enhancing and Privacy-Sympathetic Technologies, Resources, April 1999 - Januar 2001; http://www.anu.edu.au/people/Roger.Clarke/DV/PEPST.html; *ders*., The Legal Context of Privacy-Enhancing and Privacy-Sympathetic Technologies, 1999, http://www.anu.edu.au/people/Roger.Clark/DV/Florham.html.; *ders*., Introducing PITs and PETs: Technologies Affecting Privacy Law and Policy Reporter 7, 9, 2001, 181ff., 188, http://www.anu.edu.au/people/Roger.Clarke/DV/PITsPETs.html.
[326] *Swedish Research Institute for Information Technology*, http://www.siti.se/labs/tass und http://www.integritet.nu/technologies.htm.

mit dem Ziel, die unterschiedliche Intensität der Datenschutzförderung herauszustellen. *Burkert* unterscheidet vier verschiedene PET-Konzepte: subjekt-, objekt-, transaktions-, und systemorientierte. Ihm geht es nicht um die Intensität des Datenschutzes, sondern darum zu verdeutlichen, an welcher Stelle die datenschutzfördernde Technik ansetzt.[327] Das *Joint Research Centre* der Europäischen Kommission in Ispra unterteilt PETs in zwei Produktkategorien. Zum einen solche, die dem Nutzer eine Steuerungsmöglichkeit über ihre personenbezogenen Daten geben oder Transparenz verschaffen, und zum anderen Produkte, die dem Schutz der informationellen Selbstbestimmung dienen.[328]

Die technischen Definitionsansätze helfen allerdings bei der Frage nach rechtlichen Lösungen zur Förderung datenschutzfördernder Technik nicht weiter.

2.4.4.6 Neue rechtliche Definition

Als Ausgangsgrundlage eines neuen rechtlichen Ansatzes für die Definition des Begriffs der datenschutzfördernden Technik dient die bundesverfassungsgerichtliche Rechtssprechung, insbesondere das Volkszählungsurteil. Wie schon beschrieben, sind bezogen auf datenschutzfördernde Technik drei Ausprägungen relevant, die für die Gewährleistung der informationellen Selbstbestimmung in der Informations- und Kommunikationsgesellschaft[329] entscheidend sind.[330] Erstens soll der Nutzer mehr Einfluß auf seine Daten bekommen (Selbstdatenschutz), zweitens ist der Staat verpflichtet für einen ausreichenden Grundschutz vor staatlicher - und auch privater! - Datenerhebung zu sorgen (Grunddatenschutz) und drittens muß der Staat, „Nebenpflichten der Hersteller"[331] wie Aufklärungs- und Auskunftspflichten, also ein Mehr an Datentransparenz gewährleisten.

Daraus ergibt sich die folgende Definition: Datenschutzfördernde Technik ist jede Hard- oder Software, die sich den Veränderungen der Informations- und Kommunikationsgesellschaft anpassend die Gewährleistung des persönlichen Rechts auf informationelle Selbstbestimmung (Selbstdatenschutz, Grunddatenschutz und Datentransparenz) zum Ziel nimmt, wobei dieses Ziel auch durch die Verbesserung und Anpassung an die neuesten technischen Entwicklungen erreicht werden kann.

---

[327] Burkert 1997, 125ff. Ähnlich auch *Gehring/ Ishii/ Lutterbeck/ Wettmann* 1999, 1: „PETs setzen an den unterschiedlichsten Punkten der Informationsflußkette an. Ihr Einsatz kann sowohl auf Seiten der Anbieter von Leistungen, wie auch auf Seiten der Nutzer erfolgen. Unterscheiden lassen sich grundsätzlich Technologien, mit denen man die Intensität von Daten sichert und solchen, die dazu dienen persönliche Angaben aus dem Verkehr zu löschen."

[328] *European Commission - Joint Research Centre*, http://dsa-isis.jrc.it/Privacy/technology.html; Roßnagel - Hansen 2003, 3.3 Rn 36.

[329] Das Volkszählungsurteil, BVerfGE 65, 1, 41, spricht davon, daß das allgemeine Persönlichkeitsrecht „gerade auch im Blick auf moderne Entwicklungen und die mit ihnen verbundenen neuen Gefährdungen der menschlichen Persönlichkeit Bedeutung gewinnen kann". Vergleich auch *BVerfGE* 54, 148, 153. *BVerfGE* 65, 1, 42 sowie 43, wo explizit „Bedingungen moderner Informationsverarbeitungstechnologien" beziehungsweise „moderne Bedingungen der Datenverarbeitung" erwähnt werden.

[330] Siehe in Kapitel 2.3.

2.4.4.7 Abgrenzung zu mehrseitiger Sicherheit

Mehrseitige Sicherheit[332] ist ein von Datenschutz, datenschutzfördernder Technik und Datensicherheit zu unterscheidendes Konzept. Es geht davon aus, daß „künftige Datennetze offene, heterogene und komplexe Gebilde" darstellen.[333] Mehrseitige Sicherheit soll die Interessen aller am Datennetz Beteiligten berücksichtigen und voraussehbare Konflikte zwischen den verschiedenen Akteuren (Diensteanbieter, Netzbetreiber, Abrechnungseinheit, regulierende Einrichtung) schon bei Entstehung der Kommunikationsverbindung lösen.[334] Das Konzept soll allen ermöglichen, ihre unterschiedlichen Sicherheitsbedürfnisse miteinander auszuhandeln und abzustimmen. Ziel ist es zu verhindern, daß Daten gegen den Willen der betroffenen Person erhoben und verarbeitet werden.[335]

Jeder Kommunikationsbeteiligte definiert also seine individuellen Schutzziele[336] und handelt in Verhandlungen Kompromisse aus, deren Ergebnis schließlich jeder auch durchsetzen kann. Dadurch soll zum einen Vertrauen in die neuen Techniken gestärkt werden und zum anderen neue Wege gefunden werden, wie Sicherheit unter den veränderten Bedingungen noch realisiert werden kann.[337] Ein Vorteil ist, daß sich das Vertrauen jedes Nutzers in den anderen dabei auf ein Minimum beschränken kann.[338]

Das Konzept funktioniert im übrigen auch unabhängig von Staatsgrenzen.[339] Problematisch ist lediglich, daß mehrseitige Sicherheit in vielen Fällen ein Mehr an informationstechnischem Aufwand bedeutet. Dies kann sich aufgrund der exorbitanten Leistungssteigerung der Informations- und Kommunikationstechnik allerdings wieder auszahlen.[340]

Da sowohl die Interessen der Betroffenen als auch die der Datenverarbeiter und Datenbesitzer berücksichtigt werden, wird mit Hilfe des Konzepts versucht, sowohl Datenschutz als auch Datensicherheit zu gewährleisten.[341] Ähnlich wie bei Datenschutz und Datensicherheit gibt es auch bei der mehrseitigen Sicherheit die Schutzziele der Vertraulichkeit, Integrität, Authenti-

---

[331] Beziehungsweise "Nebenpflichten der Technikhersteller und Systemgestalter".
[332] Roßnagel - *Roßnagel* 2003, 1 Rn 62.
[333] *Federrath/ Pfitzmann* 1997, 83.
[334] *Federrath/ Pfitzmann* 1997, 83.
[335] Rannenberg 1998, 194. Außerdem *Müller/ Pfitzmann* 1997, 1ff.; *Müller/ Stapf* 1998, 1ff.; *Müller/ Rannenberg* 1999, 1ff.; *Federrath/ Pfitzmann* 1998, 166.
[336] Nach *Federrath/ Pfitzmann* 1998, 166f., kommen als Schutzziele sowohl Vertraulichkeit und Integrität der Inhalte als auch Anonymität und Unbeobachtbarkeit sowie Zurechenbarkeit in Betracht.
[337] *Roßnagel/ Pfitzmann/ Garstka* 2001, 223ff.
[338] *Roßnagel/ Pfitzmann/ Garstka* 2001, 41, die weiter ausführen: „Dies impliziert, daß beispielsweise nicht darauf gesetzt wird, daß erfaßbare Daten nicht erfaßt und verarbeitet werden, sondern daß bereits die Erfaßbarkeit der Daten durch geeignete Systemgestaltung vermieden wird."
[339] Rieß, http://www.lfd.nrw.de/pressestelle/presse_7_4_1_7.html.
[340] *Roßnagel/ Pfitzmann/ Garstka* 2001, 41.
[341] Roßnagel - *Federrath/ Pfitzmann* 2003, 2.2 Rn 18; *Federrath/ Pfitzmann* 2001, 254.

zität und Verfügbarkeit.[342] Um Verfügbarkeit zu realisieren, muß verhindert werden, daß Daten verschwinden oder nicht zugreifbar sind, Programme und Hardware funktionsbereit sind. Integrität bedeutet, daß weder Daten verfälscht werden noch Programme, Hardware und sonstige Mittel unbemerkt fehlerhafte Ergebnisse erzeugen. Die Bedrohung von Vertraulichkeit und Authenzität betrifft vor allem Daten. Vertraulich sind sie nur, wenn davon ausgegangen werden kann, daß sie nicht in falsche Hände geraten können. Authenzität ist gegeben, wenn verhindert werden kann, daß nach einer elektronischen Übertragung Zweifel bestehen, daß die Daten auch vom rechtmäßigen Urheber stammen.[343]

Während Datensicherheit allerdings die Daten, die vom Datenverarbeiter verarbeitet werden, vor Angriffen von außen sichern soll - und somit die Interessen des Datenbesitzers und des Datenverarbeiters verteidigt -, ist das Konzept der mehrseitigen Sicherheit[344] eher darauf gerichtet, die betroffene Person **gegen** die anderen am Kommunikationsprozeß Beteiligten zu schützen. Jeder Beteiligte gilt nämlich als potentieller „Angreifer".[345] Die beiden Konzepte unterscheiden sich folglich durch den unterschiedlichen Ansatz. Bei der mehrseitigen Sicherheit kommt es primär darauf an, einen Interessensausgleich zwischen den Parteien zu finden, datenschutzfördernde Technik hat den Schutz der informationellen Selbstbestimmung des betroffenen Nutzers im Blick.[346]

2.5 Anwendungen im Bereich datenschutzfördernder Technik

Datenschutzfördernde Technik kann in verschiedenen Bereichen eingesetzt werden. Die Unterscheidung zwischen Maßnahmen zur Unterstützung von Selbstdatenschutz, Grunddatenschutz und Transparenz sind dabei oft fließend.

2.5.1 Selbst- und Grunddatenschutzanwendungen

Umgesetzt werden können die Konzepte des Selbst- und Grunddatenschutzes unter anderem mit Hilfe von den bereits genannten Anonymisierungs- und Pseudonymisierungsverfahren,[347] vor allem auch durch eine wirkungsvolle Verschlüsselung.[348]

Integriert in ein anwenderfreundliches Identitätsmanagementsystem oder komfortable Benutzeroberflächen können diese Techniken dazu beitragen, daß die Nutzer grundsätzlich selber entscheiden, welche Informationen sie gegenüber welchen Kommunikationspartnern preisge-

---

[342] *Federrath/ Pfitzmann* 1997, 102.
[343] Zu allem http://www.datenschutz-berlin.de/to/begriffe.htm.
[344] Roßnagel - *Ernestus* 2003, 3.2 Rn 14, definiert mehrseitige Sicherheit als "Einbeziehung aller wichtigen Anforderungen der IT-Sicherheit für alle Beteiligten an einem Datenverarbeitungs- oder Kommunikationsprozeß".
[345] *Federrath*, http://page.inf.fu-berlin.de/~feder/security/1EinfSi.pdf, S. 6.
[346] *Federrath/ Pfitzmann* 2001, 254.
[347] Siehe in Kapitel 4.4.6.1 und 4.4.6.2.
[348] *Jacob*, DuD 2000, 10; *Christians* 2000, 6; *Schrader* 1998, 207 oder auch das Beispiel von *Bäumler* 2002a, 4f. mit E-Mails.

ben. Bestimmte Voreinstellungen in diesen Systemen ermöglichen auch die Verbesserung des Datenschutzlevels.[349] Auch für die Ausübung grundlegender Datenschutzrechte, wie Einwilligung, Widerspruch, Auskunft, Berichtigung, Löschung und Sperrung sind solche Systeme hilfreich.[350]

Auch das System Sicherheit und Schutz in offenen Datennetzen (SSONET)[351], das eine Vielzahl von Funktionen zur Absicherung der Kommunikation enthält, ist ein gutes Beispiel für die Unterstützung des Selbstdatenschutzes.[352] Eine ähnliche Funktion erfüllt der Softwaremanager PISA (Privacy Incorporated Software Agent), der es seinem Nutzer in dessen Funktion als Konsument oder als Bürger erlaubt, sich in E-Commerce und E-Government Systemen vor Angriffen auf seine informationelle Selbstbestimmung abzusichern. Der Nutzer kann nämlich jederzeit darüber entscheiden ob, wie und gegenüber wem er seine Identität preisgibt.[353]

Auch Prepaid-Systeme, die bisher am weitesten verbreitete Anwendung von datenschutzfördernder Technik, unterstützen die Idee des Selbstdatenschutzes. Der Bürger, der sicher gehen möchte, daß nicht nachvollziehbar ist, zu welchen Gelegenheiten er Telefonapparate, Fahrscheinautomaten oder Mautsysteme nutzt, kann seine Prepaid-Karte aufladen und das Guthaben jederzeit wieder ausgeben, ohne dabei kontrolliert zu werden.[354]

2.5.2 Transparenzschaffende Anwendungen

Unter Datentransparenz werden insofern auch Verfahrensweisen gefaßt, die beim Umgang mit personenbezogenen Daten ermöglichen, Daten vollständig, aktuell und in einer Weise zu dokumentieren, daß sie vom Betroffenen in zumutbarer Zeit nachvollzogen werden können.[355] Das gilt sowohl für die Phase vor Erfassung der Daten als auch danach, um überprüfen zu können, was mit den Daten geschehen ist.[356] Dazu muß auch die Möglichkeit zählen, Daten zu verändern oder löschen zu lassen.[357] Gleichzeitig bedeutet Transparenz aber auch, daß Datenverwender, sobald sie mit Daten arbeiten, die nicht direkt von dem Betroffenen stammen, die Einwilligung einholen müssen oder jedenfalls einer Unterrichtungspflicht gegenüber denjenigen unterliegen, deren Daten sie nutzen.[358]

---

[349] Roßnagel - *Roßnagel* 2003, 3.7 Rn 71; *ders.* 2001a, 24.
[350] Roßnagel - *Hansen* 2003, 3.3 Rn 80, 88. Siehe auch *Hansen/ Krasemann/ Rost/ Genghini*, DuD 2003, 551ff.
[351] Roßnagel - *Hansen* 2003, 3.3 Rn 72.
[352] Zu den einzelnen Tools ausführlicher Roßnagel - *Hansen* 2003, 3.3 Rn 77ff.; *Nedden* 2001, 68.
[353] http://www.tno.nl/instit/fel/pisa/; *Borking*, DuD 2001, 413
[354] Der Regierungsentwurf für ein neues TKG enthält allerdings eine Regelung, die eine Erhebung von Kundendaten auch für Prepaid-Handys vorsieht. Siehe dazu *Büttgen*, DuD 2004, 68.
[355] *Ernestus*, RDV 2000, 148; Roßnagel - *Hansen*, 3.3 Rn 81.
[356] Roßnagel - *Hansen*, 3.3 Rn 83.
[357] *Borking* 2001, 6 fordert mehr Feedback und Kontrolle.
[358] *Roßnagel* 2002a, 118.

Datentransparenz kann auch durch die Dokumentation der Verfahren geschaffen werden. Wichtig ist, daß dies revisionssicher passiert, daß heißt, daß auf die Protokollierung kein Einfluß genommen, sie also nicht abgeschaltet oder in anderer Form manipuliert werden kann.[359] Beim Einzelverbindungsnachweis beim Telefonieren besteht schon heute eine Protokollierungspflicht, die in anderen Bereichen eingeführt werden könnte.[360] Weiterhin sind allgemein zugängliche Datenschutzerklärungen, sogenannte Privacy Statements[361] als transparente Gestaltung datenschutzfördernder Technik zu nennen. Darunter fällt auch der Internet-Standard P3P (Platform for Privacy Preferences) von *W3C*.[362] Bei P3P handelt es sich um eine Technik, die Websites auf ihre „Privacy policy" überprüft.[363] Das amerikanische System ähnelt unseren deutschen Vorstellungen von Einwilligung; der Anbieter formuliert nämlich seine Datenschutz-Policy und der Nutzer nennt seine Erwartungen an die Behandlung seiner Daten. Wenn die Ansprüche des Nutzers nicht erfüllt werden, warnt ihn der Browser und er kann sich entscheiden, ob er sie reduziert oder einen anderen Anbieter besucht.[364] Somit wird der Grundsatz des Selbstdatenschutzes gefördert. Außerdem soll durch diese Initiative „zusätzlich für das Vertrauen in das Internet als kommerzielles Informations- und Kommunikationsmedium" geworben werden.[365] Eine modernisierte Version des P3P soll es ermöglichen, daß Anbieter und Nutzer nicht nur ihre Vorstellungen abgleichen, sondern frei aushandeln, um dann Daten nach der getroffenen Vereinbarung auszutauschen.[366]

Erwähnung verdienen in diesem Zusammenhang ebenfalls Evaluierungs- und Zertifizierungsverfahren, zum Beispiel Gütesiegel.[367] Diese könnten dazu beitragen, daß transparente und andere datenschutzfördernde Produkte anderen gegenüber aufgewertet werden.[368]

Auch bei der Mobilkommunikation müssen die Nutzer darüber informiert werden, ob und in welcher Weise sie bei der Nutzung oder durch das Mitführen mobiler Geräte lokalisiert werden können, und in welchen Fällen an welche Stelle Standortdaten[369] übermittelt werden.[370]

---

[359] Roßnagel - *Hansen*, 3.3 Rn 73.
[360] Roßnagel - *Hansen*, 3.3 Rn 56.
[361] *Roßnagel* 2002a, 118.
[362] http://www.w3.org/P3P/.
[363] *Greß*, DuD 2001, 144f., der analysiert, ob P3P den Ansprüchen des BDSG entspricht; *Wenning/ Köhntopp* DuD 2001, 139; *Cranor* 2000, 118f.; P3P und Privacy – *Center for Democracy & Technology*, http://www.cdt.org/privacy/pet/p3pprivacy-. P3P verbessert bisher nur die Transparenz der Datenverarbeitung. Es unterstützt nicht den Systemdatenschutz. Möglichkeiten für dessen Weiterentwicklung sind aber möglich, *Grimm/ Löhndorf/ Roßnagel* 2000, 138f.
[364] *Enzmann/ Scholz* 2002, 77; *Enzmann/ Schulze* 2002, 195ff.; *Jacob*, RDV 2002, 2; *Roßnagel/ Grimm* 2002, 29.
[365] *Enzmann/ Schulze* 2002, 195.
[366] *Roßnagel/ Grimm* 2002, 29.
[367] *Weichert*, DuD 2001, 268.
[368] Zu Gütesiegeln siehe in Kapitel 5.4.2.
[369] Siehe dazu in Kapitel 3.1.1.2.
[370] *Hamburgischer Datenschutzbeauftragter* 2002, 7ff.

2.5.3 Privacy Filter

Der Privacy Filter stellt eine datenschutzfördernde Technik aus dem Bereich der biometrischen Videoüberwachung dar.

2.5.3.1 Beschreibung und Funktionsweise

Beim Privacy Filter handelt es sich um eine in Videoüberwachungskameras integrierte Software, die mittels Algorithmen in bewegten Bildern menschliche Gesichter in Echtzeit erkennen und durch einen „Schleier" unkenntlich machen kann. Andere Teile des Körpers sowie Gegenstände jeglicher Art werden ohne Kodierung aufgenommen und gewährleisten daher eine Überwachung, beispielsweise über angeschlossene Bildschirmsysteme. Die Gesichtserkennungstechnologie des Privacy Filters ermöglicht durch die Verschleierung der vom Videosystem erfaßten Gesichter die Anonymisierung der dazugehörenden Personen.

Damit die Funktion des Videoüberwachungssystems nicht leerläuft, wenn zum Beispiel Straftäter, die bei der Deliktsbegehung gefilmt werden, unerkannt bleiben, kann die Anonymisierung in diesen Ausnahmefällen auch wieder aufgehoben werden. Die an das System angeschlossenen Computer können also derart programmiert werden, daß die Daten der Gesichter dekodiert werden. Die Erlaubnis zur Entschlüsselung kann an bestimmte Voraussetzungen, zum Beispiel an den Verdacht einer Ordnungswidrigkeit oder Straftat, geknüpft werden. Selbst in diesen Fällen ist es möglich, die Dekodierung nur unter Zuhilfenahme eines externen Schlüssels zu erlauben. Es kann daher definiert werden, wer die Entschlüsselungsrechte bekommt, beispielsweise nur die Staatsanwaltschaft oder das Gericht. Zusätzlich ist es möglich, bestimmte Protokollierungspflichten vergleichbar mit denen in § 4 Abs. 2 Nr. 2 TDDSG einzuführen.[371]

Im Vergleich zu anderen Videoüberwachungssystemen, die mit Hilfe von Iris- oder Rutinaerkennung arbeiten, hat Gesichtserkennungstechnologie, wie die des Privacy Filters, den Vorteil mit einer geringeren Datenmenge auszukommen.[372] Außerdem ist nach einer möglichen Dekodierung das Gesicht als Merkmal für Menschen besser nachvollziehbar als ein System, das Iris- oder Rutinadaten vergleicht, da das menschliche Gehirn eher auf das Beobachten und Vergleichen von Gesichtern eingestellt ist.

2.5.3.2 Grundrechtsbeeinträchtigung bei Videoüberwachung

Beim Einsatz von Videoüberwachung in Form der Bildaufzeichnung kommt es unzweifelhaft zu einer Beeinträchtigung von Grundrechten, da personenbezogene Daten gefilmt und sogar auf einem Datenträger gespeichert werden;[373] und zwar unabhängig davon, ob eine Identifi-

---

[371] Zu Protokollierungspflichten siehe auch *Enzmann/ Scholz* 2002, 79f.
[372] *Biesemeier*, DSB 9/2002, 6.
[373] *VG Halle*, Beschl. vom 17.1.2000, LKV 2000, 164; *Kloepfer/ Breitkreuz*, DVBl. 1998, 1152.

zierung bestimmter Personen möglich ist oder nicht, da zumindest nachträglich anhand der Aufzeichnung detaillierte Informationen mit Personenbezug erlangt werden können.[374] Selbst ein Kamera-Monitor-Prinzip, bei dem eine Speicherung von Daten gar nicht stattfindet und die Aufnahmen somit nur „flüchtig" sind, hat Eingriffscharakter.[375] Der *Verwaltungsgerichtshof Baden-Württemberg* formuliert es folgendermaßen: „Mag auch die kurzfristige Beobachtung eines öffentlichen Platzes durch einen Polizeibeamten durchaus unterhalb der Schwelle des Grundrechtseingriffs liegen, wird diese Schwelle jedenfalls durch die aufgezeigte Form der permanenten und mit besonderen technischen Möglichkeiten ausgestatteten Bildübertragung in quantitativer und qualitativer Weise überschritten."[376] Im übrigen könne dahingestellt bleiben, so der *Verwaltungsgerichtshof Baden-Württemberg* weiter, ob sich der Eingriffscharakter der Bildübertragung zusätzlich auch damit begründen lasse, daß sich der Betroffene wegen des psychisch wirkenden Überwachungsdrucks möglicherweise zu einem angepaßten Verhalten veranlaßt sähe.[377]

Auch bei Videoüberwachung in Form von Übersichtsaufnahmen, beispielsweise von öffentlichen Plätzen, liegt ein Grundrechseingriff vor, selbst wenn Personen auf Übersichtsaufnahmen auf den ersten Blick nur schlecht erkennbar sind.[378]

Ob Videoüberwachungsmaßnahmen neben einem Eingriff in das Recht auf informationelle Selbstbestimmung auch einen Eingriff in das Recht des betroffenen Bürgers am eigenen Bild[379] darstellen, ist mangels Verbreitung der Aufnahmen in der Öffentlichkeit im Zweifel abzulehnen.[380] Da das Recht am eigenen Bild allerdings ebenso wie das Recht auf informationelle Selbstbestimmung eine Ausprägung des allgemeinen Persönlichkeitsrechts ist,[381] kann es darauf aber auch nicht ankommen.

Da Videoüberwachung also immer in Grundrechte der betroffenen Personen eingreifen kann und das System des Privacy Filters ein Videoüberwachungssystem ist, liegt bei dessen Einsatz folglich eine Grundrechtsbeeinträchtigung vor. Die Möglichkeit der Dekodierung, die der Privacy Filter bietet, vermag daher einen Grundrechtseingriff nicht zu vermeiden; die Technik des Privacy Filters kann den Grundrechtseingriff lediglich abmildern.

---

[374] *Büllesfeld* 2002, 22; *Robrecht*, NJ 2000, 349.

[375] *VGH Baden-Württemberg* vom 21.7.2003, MMR 2004, 199. Ein System, bei dem die Aufnahmen zu flüchtig sind, um Personen identifizieren zu können, sind ohnehin nicht sinnvoll, *Gras* 2003, 243.

[376] *VGH Baden-Württemberg* vom 21.7.2003, MMR 2004, 199. So auch *Hasse*, ThürVBl 2000, 171; *Waechter*, NdsVBl. 2001, 79 mit weiteren Nachweisen; *Röger/ Stephan*, NWVBl. 2001, 207; *Roggan*, NVwZ 2001, 136; anderer Ansicht hingegen *VG Halle*, Beschl. vom 17.1.2000, LKV 2000, 164, 165; *Müller*, Die Polizei 1997, 78; 2000, 112f.; *Dolderer*, NVwZ 2001, 131.

[377] *Kloepfer/Breitkreuz*, DVBl. 1998, 1152; *Höfling*, 2001, 35ff.; *Hasse*, ThürVBl 2000, 171; *Roggan*, NVwZ 2001, 136; *Büllesfeld* 2002, 147.

[378] So auch *Robrecht*, NJ 2000, 348f.

[379] Siehe dazu *BVerfGE* 34, 238, 246; 35, 202, 220.

[380] So auch *Röger/ Stephan*, NWVBl. 2001, 206.

[381] *BVerfGE* 101, 361, 380ff., 35, 202, 224.

2.5.3.3 Datenschutzfördernde Technik

Der Privacy Filter stellt sowohl nach der herrschenden rechtlichen als auch der neuen rechtlichen Definition eine datenschutzfördernde Technik dar.

Bei der Software des Privacy Filters handelt es sich auch um Technik, da die Software ein Verfahren darstellt, das zur Lösung einer bestimmten Aufgabe naturwissenschaftliche Ergebnisse praktisch nutzbar macht.[382] Die Qualität der Datenschutzförderung steht ebenfalls außer Frage, da der Schutz des Rechts auf informationelle Selbstbestimmung mit Privacy Filter Technologie gefilmter Personen im Vergleich zu einem Szenario ohne Privacy Filter verbessert ist. Der Einsatz der Technik erhöht aufgrund der Anonymisierung der Gesichter den Schutz der Persönlichkeitsrechte. Daß bei den Personen, deren verschleierte Gesichter dekodiert werden, eine Grundrechtsbeeinträchtigung gerechtfertigt sein muß, liegt in der Natur der Strafrechtsverfolgung. Danach kann die Polizei bei begründetem Verdacht der Begehung einer Ordnungswidrigkeit oder Straftat die Identität von Personen aufdecken.

Nach der neuen rechtlichen Definition[383] handelt es sich um eine Software, die sich an die Veränderung der Informations- und Kommunikationsgesellschaft anpaßt, mit dem Ziel das Recht auf informationelle Selbstbestimmung, insbesondere den sogenannten Grunddatenschutz, zu gewährleisten. In der Anwendung des Privacy Filters wird weder der Selbstdatenschutz noch die Datentransparenz gefördert, es ist also weder ein persönlicher Einfluß der Nutzer möglich, noch werden Aufklärungs- oder Hinweispflichten technisch stärker einbezogen. Es geht allein um die staatliche Aufgabe, für die Bürger einen minimalen Grundschutz des Rechts der informationellen Selbstbestimmung zu gewährleisten. Dies geschieht mit Hilfe des Konzepts der Datenvermeidung. Die Verschlüsselung kommt dabei einer Anonymisierung beziehungsweise Pseudonymisierung gleich.[384] Liegt ein Ausnahmefall vor und werden die Daten zu einem späteren Zeitpunkt entschlüsselt, handelt es sich um eine Pseudonymisierung. Im Normalfall werden nur die Daten aufgenommen, nicht gesondert markiert und nach kurzer Zeit wieder gelöscht, die Daten bleiben daher anonym.

Unter allen vorstellbaren Einsatzmöglichkeiten kommt es daher beim Einsatz des Privacy Filters zu einer Verbesserung des Schutzes informationeller Selbstbestimmung.

---

[382] Siehe Definition von Technik in Kapitel 2.4.4.2.
[383] Siehe in Kapitel 2.4.4.6.
[384] Zu diesen Begriffen in Kapitel 4.4.6.1 und 4.4.6.2.

3 Förderungswürdigkeit von datenschutzfördernder Technik

Die Notwendigkeit nach neuen Wegen im Datenschutzrecht zu suchen, wurde mit den technischen Veränderungen der Informations- und Kommunikationsgesellschaft der letzten Jahrzehnte begründet.[385] Als Kehrseite dieser gesellschaftlichen Entwicklung kann die Verletzlichkeit der einzelnen Person, nach *Simitis* gar die der Gesellschaft überhaupt, angesehen werden.[386] Eine förderungswürdige Lösung, die diese Verletzlichkeit begrenzt und gleichzeitig die technischen Veränderungen berücksichtigt, bietet das Konzept der datenschutzfördernden Technik.

3.1 Zunahme von Daten als Folge des technischen Fortschritts

Die exponentielle Steigerung der Leistungsentwicklung der Chips und Computer bei gleichzeitiger Verkleinerung, die verstärkte Dezentralisierung und globale Vernetzung von Systemen, die neue digitale Übertragungstechnik, die Virtualisierung und das Zusammenwachsen von unterschiedlichen Medien führen zur Allgegenwärtigkeit der Technik im Alltag. Dies hat seinerseits zur Folge, daß die Menge an gesammelten und verknüpfbaren Daten - auch der personenbezogenen - sowohl in öffentlicher als auch privater Hand zunehmen.

Grundsätzlich ist die Zunahme von verarbeitbaren und verarbeiteten personenbezogenen Daten unbedenklich. Das menschliche Interesse an Erkenntnis, Wissen und Information kann nicht der Ansatz von Kritik sein. Vielmehr geht es darum, daß im Rahmen einer Interessensabwägung zwischen dem Persönlichkeitsrecht und dem Grundrecht auf Wissen und Forschung eine Interessensabwägung stattfinden muß, die gewährleistet, daß der Schutz der Persönlichkeit in ausreichendem Maß beachtet wird.

3.1.1 Vorteile von Datensammlungen

Daß viele Unternehmen an den personenbezogenen Daten interessiert sind, ist offensichtlich. Datensammlungen haben natürlich vor allem auch für sie Vorteile. An erster Stelle sind Marketingzwecke zu nennen. Aus Informationen über den Besucher einer Web-Site zum Beispiel, die oft durch Online-Anmeldeformulare abgefragt werden, können Unternehmen personenbezogene Daten wie den Namen, die Adresse oder bestimmte Interessensgebiete erlangen. Diese können dann zu sehr wertvollen Kundenprofilen und -analysen verarbeitet werden und zusätzlich wiederum dazu führen, daß das Dienstleistungs- und Produktangebot überarbeitet und verbessert wird.[387] Außerdem kann mit Hilfe dieser personenbezogenen Daten zielgerichteter geworben werden. Durch die so entstehende verbesserte Kundenbindung kann der umkämpfte Marktanteil zusätzlich gehalten oder sogar verbessert werden. Noch effektiver ist es, wenn die

---

[385] Siehe dazu in Kapitel 2.1.2.
[386] Simitis - *Simitis* 2003, Einleitung Rn 9; *ders.*, 135 U.Penn.L.R. 710 (1987).
[387] OECD Dokument DSTI/ICCP/REG(2001)1/FINAL, 10; Simitis - *Bizer* 2003, § 3a Rn 17ff.

eigenen Daten mit weiteren Daten, die an anderer Stelle gewonnen wurden, zu einem konkretisierten Benutzerprofil verknüpft werden können.

Verbraucher werden oft durch Boni oder andere meist finanzielle Vorteile gelockt, Daten von sich preiszugeben. Personalisierte „customized" Web-Sites bieten für jeden Internetnutzer viele Annehmlichkeiten. Persönliche Konten oder bestimmte Voreinstellungen können eingerichtet werden, die das Surfen erleichtern und bestimmte Abläufe, zum Beispiel den Online-Einkauf vereinfachen.[388] Dabei ist wesentlich, daß dadurch auch eine Zeitersparnis erreicht wird. Die technischen Systeme haben zudem den Vorteil, daß sie für die Nutzer „mitdenken", beziehungsweise dem Konsumenten beim Einkaufen Hilfestellungen geben. Ein ähnliches Ziel verfolgt auch das sogenannte „User experience enhancement", das Kunden vor unnötigen Ausgaben beziehungsweise vor vermeidbaren Schwierigkeiten schützen soll.[389] Es erlaubt dem Kunden, sein Profil auf einer kommerziellen Website zu personalisieren, indem es Einstellungen vornimmt und festlegt, welche Informationen zu welchen Zwecken freigegeben werden sollen. So richtet sich das System beim Anbieten von Waren, beim nächsten Besuch oder bei sonstiger Kommunikation mit dem Kunden nach dessen Wünschen und Bedürfnissen.[390]

3.1.2 Gefahren von Datensammlungen

Weniger offensichtlich als die Vorteile von Datensammlungen ist hingegen, welche Gefahren durch sie, insbesondere durch Kunden- und Nutzungsprofile, schon heute bestehen und welche Risiken mit der fortschreitenden Technikentwicklung noch möglich werden. Allein die bereits an Dritte weitergegebenen Daten können - da sie im Zweifel mangels Überblick der betreffenden Personen, an wen welche Daten gegeben wurden- in Zukunft für neue, das Persönlichkeitsrecht in noch stärkerem Maße verletzende Technologien verwendet werden.[391] Hinzukommen die Daten, die schon von Anfang an, ohne Kenntnis und Zustimmung der Betroffenen generiert wurden oder die Daten, die ohne Erlaubnis kopiert, versendet und vernetzt wurden. Eine weitere Gefahr entsteht auch durch die Unübersichtlichkeit der Datenverarbeitung.[392] Ohne Orwell'sche Horrorszenarien hinaufbeschwören zu wollen, drohen daher für den rechtstreuen Bürger, der meint nichts zu verbergen zu haben, auch und vielleicht gerade aufgrund seiner Gutgläubigkeit Gefahren durch die vielen hinterlassenen Datenspuren.[393]

---

[388] Überprüfung von Versandstatus, Möglichkeit Gutscheine einzulösen, Speicherung der Versandadresse sind nur einige von vielen konkreten Anwendungsmöglichkeiten.
[389] OECD Dokument DSTI/ICCP/REG(2001)1/FINAL, 12ff.
[390] http://www.technmall.com/tech/docs/NP990624-1.html.
[391] *Roßnagel* 2003a, 119ff., der auch darauf hinweist, daß Daten im Internet von Nutzern kaum mehr kontrolliert werden können.
[392] Siehe dazu Simitis - *Bizer* 2003, § 3a Rn 21.
[393] *Bull* 1984, 11ff. Zur Intransparenz der Technik auch *Roßnagel/ Pfitzmann/ Garstka* 2001, 28f.

Wie viele private Datensammlungen von einer Person existieren, wird den Bürgern meist erst durch an sie versendete Werbungen, sei es per E-Mail oder auch per Post, offensichtlich. Immer häufiger ist festzustellen, daß diese Werbungen personenbezogen sind, weil sich der Werbende ein Profil über die einzelne Person angelegt hat, wobei die Daten nicht nur über Einträge auf Web-Sites oder E-Mails, Chat Rooms und Newsgroups, sondern auch durch sonstige nicht digitale Anmelde- und Teilnahmeformulare gesammelt werden.[394] Viele Verbraucher, insbesondere Internetnutzer, vergessen, daß die Vorteile der Online-Nutzung, zum Beispiel der personenbezogenen Benutzerkonten, auch Nachteile, nämlich die Nutzung der Daten durch Dritte zu belästigenden Marketingzwecken mit sich bringen. Im übrigen verursacht die ungebetene elektronische Post, auch Spam genannt, hohe Schäden für die Volkswirtschaft.[395] Gefahren entstehen aber auch durch Internetnutzung. Denn technisch noch einfacher als außerhalb des World Wide Webs (WWW) ist nachzuvollziehen, auf welche Seiten ein Nutzer surft, wo und was er im Netz einkauft und welchen Inhalt die E-Mails haben, die er verschickt.[396] Ebenso gilt das auch für die Beiträge in Newsgroups oder Chat Rooms. Vor allem, wenn es sich um besonders geheim zu haltende Geschäftsdaten handelt, die keinesfalls der Konkurrenz in die Hände fallen dürften, können solche Systemlücken unangenehm sein. Selbst wenn es sich bei einigen Daten um nicht direkt identifizierbare personenbezogene Daten handelt, sondern um Informationen, die zur Unterstützung der sogenannten „System Maintenance" (Systementstandhaltung und -pflege) und „Network Viability" (Netzwerkentwicklung) gebraucht werden, so besteht doch immer die Gefahr, daß die Daten mißbräuchlich verwendet werden.[397]

Auch der Aufenthaltsort über ein vom Nutzer mitgeführtes Handy kann technisch leicht ermitteln werden.[398] Entgegen der bisherigen Regelung nach § 7 TDSV, daß alle Daten aus den Bereichen der Telekommunikation und dem Internet, die nicht zu Abrechnungszwecken benötigt werden, zu löschen sind, hat das Bundeskabinett im Oktober 2003 aufgrund einer im Mai 2002 verabschiedeten EG Richtlinie[399] eine Novellierung des Telekommunikationsgesetzes beschlossen.[400] Danach sollen sowohl im Bereich der klassischen Telekommunikation mit Festnetz, Handy, SMS und Fax als auch im Internet in Zukunft alle verfügbaren Daten auf

---

[394] Roßnagel - *Scholz* 2003, 9.2 Rn 1ff.
[395] Beilage Nr. 244 „Informationstechnologie" zur F.A.Z. vom 21.10.2003, S. 2.
[396] OECD Dokument DSTI/ICCP/REG(2001)1/FINAL, 9ff.
[397] OECD Dokument DSTI/ICCP/REG(2001)1/FINAL, 6.
[398] So zum Beispiel mit Hilfe eines sogenannten IMSI Catchers, dazu *Fox*, DuD 2002, 212.
[399] EG Richtlinie über die Verarbeitung personenbezogener Daten und den Schutz der Privatsphäre in der elektronischen Kommunikation, http://register.consilium.eu.int/pdf/de/01/st15/15396d1.pdf. Siehe dazu http://www.heise.de/newsticker/data/jk-30.05.02-002/, *Privacy International* 2003, http://www.privacyinternational.org/survey/phr2003/.
[400] http://www.politik-digital.de/edemocracy/netzrecht/tkg-novelle.shtml; http://www.bmwa.bund.de/Redaktion/Inhalte/Downloads/TKG-E-entwurf-mit-begruendung,property=pdf.pdf.

Vorrat gespeichert werden.[401] Sinn des Entwurfs ist die Unterstützung der Arbeit der Geheimdienste und Strafverfolgungsbehörden.

Bei den Möglichkeiten der modernen Videoüberwachung kann es ebenfalls zur Gefährdung des Rechts auf informationelle Selbstbestimmung kommen.[402]

3.2 Datenschutzfördernde Technik als Lösung

Wachsende Datensammlungen aufgrund der Allgegenwärtigkeit der Technik stellen also eine Bedrohung für das Recht auf informationelle Selbstbestimmung dar. Ohne technische Lösungen stehen die betroffenen Bürger faktisch ohne Grundrechte da. Datenschutz muß in der technisch veränderten Welt also auf neuen Wegen realisiert werden.

3.2.1 Schwäche traditioneller Rechtsinstrumente

Das BDSG ist den neuen Entwicklungen nicht mehr gewachsen. Datenschutzfördernde Technik bietet gegenüber dem langsameren, nur national geltenden Recht viele Vorteile. Vor allem das Internet hat die rein normativen Konzepte leerlaufen lassen. Der Gesetzgeber kann ohne das Konzept der datenschutzfördernden Technik auf die rasante Entwicklung von Systemen der Informations- und Kommunikationstechnik nur mit neuen Gesetzen reagieren, die allerdings oft schon nach kurzer Zeit den Herausforderungen des Technologiewandels nicht mehr gewachsen sind beziehungsweise sein werden.[403]

3.2.2 Marktkraft datenschutzfördernder Technik

Man könnte auch argumentieren, daß eine bestimmte Technik dann nicht unterstützenswert ist, wenn sie es nicht aus sich heraus schafft, sich am Markt durchzusetzen. Dem ist auf der einen Seite entgegenzuhalten, daß es viele andere Bereiche gibt, in denen der Staat die Wettbewerbsbedingungen verändert, um die blinden Marktkräfte zugunsten von Allgemeininteressen zu korrigieren. Als Beispiele seien aus dem Steuerrecht die Umsatzsteuerfreiheit gemeinnütziger Vereine, das Ehegattensplitting, der Kinderfreibetrag und die Abzugsfähigkeit von Spenden genannt. Der Staat will mit diesen Regelungen förderungswürdiges Verhalten unterstützen. Auf der anderen Seite trifft den Staat auch eine Schutzpflicht. Der Staat hat die Verantwortung, daß Grundrechte beachtet und durchgesetzt werden. Das bedeutet also, daß sich der Staat unabhängig von den Marktkräften Angebot und Nachfrage für die informationelle Selbstbestimmung einzusetzen hat, und zwar möglicherweise in einer Weise, daß andere Grundrechte, wie beispielsweise Art. 12 oder 14 GG, eingeschränkt werden. Durch eine Förderung datenschutzfördernder Technik werden in anderen Worten Marktmechanismen nur gestärkt und Marktdefizite in Form von Informationen beseitigt.

---

[401] Siehe dazu auch http://www.datenschutzzentrum.de/material/themen/rotekarte/info.htm. Siehe dazu auch *DuD Report*, DuD 2003, 715f.

[402] Mehr dazu siehe weiter unten in Kapitel 3.3.2.

[403] *Roßnagel* 2001a, 19; *Gola*, NJW 1993, 3118; *Bizer* 1999, 47, nennt dies die „Ungleichzeitigkeit von tech-

3.2.3 Vorteile datenschutzfördernder Technik

Datenschutzfördernde Technik wird vielfach als eine sinnvolle Reaktion auf den Technologiewandel bezeichnet.[404] Das Konzept hat eine Reihe von Vorteilen gegenüber gesetzlichen Datenschutzmaßnahmen.

In Produkte eingebaute Technik ist unabhängig von nationalen Grenzen wirksam. Eine den Datenschutz fördernde Technik könnte also auch in anderen Ländern, wo das Persönlichkeitsrecht des einzelnen weniger gut geschützt ist, seine Wirkung entfalten.[405]

Das Konzept der datenschutzfördernden Technik, insbesondere das der Datenvermeidung, hat nicht nur den Vorteil, daß es unabhängig von Territorialgrenzen, sondern auch, daß es unabhängiger von technischen Entwicklungen greift. Die Daten können nämlich, wenn sie von vornherein vermieden werden, auch nicht durch moderne Technik zu einem späteren Zeitpunkt wiedererlangt werden.[406]

Hinzukommt, daß sich Technik auch schneller umbauen beziehungsweise umprogrammieren läßt. Gesetze hingegen müssen einen langen, oft mühevollen Prozeß durchlaufen, ehe sie in Kraft treten können. Zu diesem Zeitpunkt sind sie dann in vielen Fällen nicht mehr aktuell und bleiben hinter der technischen Entwicklung zurück.[407]

Nicht nur, daß die Grundsätze der Datenvermeidung und Datensparsamkeit die Gefahren für das Recht auf informationelle Selbstbestimmung minimierten,[408] weil mit Hilfe ihres Einsatzes viele bisher unnötig abgefragte Daten in Systemen nicht mehr gespeichert würden, auch aus technischer Sicht hätten diese Grundsätze ihre Berechtigung. Aufgrund der großen Datenmengen sind Datensicherungsmaßnahmen, jedenfalls flächendeckend, nicht mehr möglich. Trotz der verbesserten Speichermöglichkeiten sind außerdem in Zukunft intelligente Lösungen zur Archivierung der großen Datenmengen gefragt. Auch diesem Problem kann unter anderem mit Hilfe der Datenvermeidungsstrategien begegnet werden.

In der Diskussion der Förderungswürdigkeit datenschutzfördernder Technik wird oft als Argument gegen die Förderung vorgebracht, daß die Wirtschaft, vor allem Unternehmen, die auf Sicherheitstechnik oder auf Datensammlungen spezialisiert sind, Schaden nehmen könnten. Dies ist zwar nicht auszuschließen, allerdings wird dabei übersehen, daß selbst bei Anwendung von datenschutzfördernder Technik diese Geschäftsfelder weiter existieren könnten. Im

---

nischer Entwicklung und rechtlicher Reaktion.

[404] *Roßnagel*, DuD 1999, 253; *ders.* 2001a, 121; *ders.* 2002c, 140; *ders.* 2003, 197; *Arbeitskreis Technik der Datenschutzbeauftragten des Bundes und der Länder*, DuD 1997, 709ff. Auch die EU mißt technischem Datenschutz immer mehr Bedeutung bei, siehe DuD 2003, 532.

[405] *Scholz* 2002, 46f.

[406] *Nedden* 2001, 70; *Bizer* 1999, 47.

[407] Das Bild des der Technik „hinterherhinkenden" Rechts wird schon seit langem bemüht. Eine Zusammenstellung dazu bei *Berg*, JZ 1985, 401.

[408] *Bizer* 1998b, 53; Stichwort Risikovermeidung, Stärkung der Präventivfunktion, *Nedden* 2001, 69.

übrigen muß beachtet werden, daß Kundendaten zwar einen Marktvorteil bringen können, aber deren Speicherung und Sicherung auch Kosten und Aufwand verursachen. Dies muß gegeneinander abgewogen werden.[409] Datenschutzbeauftragte und Datenschutzaufsichtsbehörden können die von ihnen erwartete Kontrolle personenbezogener Daten schon seit einiger Zeit nicht mehr leisten.[410] Die zeit- und kostenintensive Recherche von Verbraucherbedürfnissen und -interessen ist auch eher Unternehmen als dem Gesetzgeber möglich. Im übrigen können Unternehmen, wenn sie datenschutzfördernde Technik in ihre Angebote einbauen, die Interessen der Verbraucher, in diesem Fall deren Sorge vor der Aushöhlung ihrer Persönlichkeitsrechte, besser berücksichtigen als der Gesetzgeber, der Dinge nur grundsätzlich anordnen oder untersagen kann.

Auch muß berücksichtigt werden, daß zu viele Rechtsvorschriften den Techniknutzer eher entmündigen, während bei der Nutzung von datenschutzfördernder Technik der Bürger in den meisten Fällen selber entscheiden kann, ob er die Technik einsetzen möchte oder nicht. Datenschutzfördernde Technik vergrößert demnach bei ausreichender Anwenderfreundlichkeit auch die Transparenz und Möglichkeiten zum Selbstdatenschutz.

Durch datenschutzfördernde Technik werden Datenspuren vermieden oder jedenfalls reduziert. Dies ist allein deshalb wichtig, weil sich Daten, wenn sie einmal in ein System gelangt sind, nur schlecht wieder löschen lassen.[411] Da datenschutzfördernde Technik also eine Ebene vor der tatsächlichen Erhebung von personenbezogenen Daten ansetzt, werden viele Daten schon gar nicht mehr gespeichert. Die Frage, unter welchen Voraussetzungen sie dann gelöscht werden können, entfällt somit. Im übrigen erhöht datenschutzfördernde Technik auch die Effektivität der Rechtsdurchsetzung, weil Verarbeitungsvorgänge, die technische verhindert werden können, nicht mehr verboten werden müssen.[412]

Durch die Einführung solcher datenschutzfördernden Technik kann es zur Vereinfachung der Datenschutzgesetze kommen, weil möglicherweise weniger Regeln gebraucht werden, die festlegen, wie mit den Daten in bestimmten Fällen umzugehen ist, wenn durch technische Mittel von vornherein schon verhindert wird, daß Daten erhoben werden. Wenn also keine Daten entstehen, muß auch nicht geregelt werden, wie mit ihnen zu verfahren ist. Außerdem könnte es durch datenschutzfördernde Technik zu einem Abbau von bürokratischem Überwachungsaufwand und zur Minderung von Bußgeld- und Strafverfahren kommen.[413]

---

[409] Roßnagel - *Hansen* 2003, 3.3 Rn 6; *Informationsbroschüre „Anonymität" des Unabhängigen Landeszentrum für den Datenschutz Schleswig-Holstein*, 9, schreibt: „für Internet Service Provider (ISP) ist es mehrheitlich eher eine Last, Nutzungsdaten zu sammeln. Diese Daten wecken schließlich Begehrlichkeiten bei Polizei und Geheimdiensten, deren Wünsche in erster Linie Kosten für die ISP verursachen."
[410] *Bäumler* 2002a, 5.
[411] *Köhntopp* 2001, 56.
[412] Roßnagel, DuD 1999, 255; *Scholz* 2002, 47. So auch *Ahrend/ Bijok/ Diekmann u.a.*, DuD 2003, 437.
[413] *Ahrend/ Bijok/ Diekmann u.a.*, DuD 2003, 437.

Ein Nachteil der Datenschutzgesetzgebung ist ihr Vollzugsdefizit.[414] Der Leiter des *Unabhängigen Landeszentrums für den Datenschutz Schleswig-Holstein* in Kiel stuft angesichts der schwachen personellen und sächlichen Ausstattung der Datenschutzaufsichtsbehörden das Risiko für Unternehmen, kontrolliert zu werden, bisher als relativ gering ein.[415] Das bedeutet, daß bei Nicht-Anwendung von Datenschutzgesetzen in den meisten Fällen auch keine Konsequenzen zu erwarten sind. Außerdem ist zu bedenken, daß automatisierte Daten, weil sie nicht sichtbar sind, gut versteckt werden können. So kommt es selten zu Rechtstreitigkeiten.[416] Datenschutzfördernde Technik könnte insofern vollzugsfördernd wirken, weil auf der einen Seite die Wirkungen der Technik nur schwer außer Kraft gesetzt werden können und zum anderen weniger Kontrollaufwand betrieben muß, wenn insgesamt weniger personenbezogene Daten anfallen.

Ein weiterer Vorteil von datenschutzfördernder Technik liegt darin, daß der Bürger geschützt wird, ohne die Entwicklungsmöglichkeiten der Technik einzuschränken. Eine solche Einschränkung ist auf der einen Seite immer schwer möglich, auf der anderen Seite auch fortschrittshemmend.

Es ist auch wahrscheinlich, daß durch eine breite Einführung von datenschutzfördernder Technik ein sogenannter „Netzeffekt" entsteht. Das bedeutet, daß aufgrund der Verbreitung von datenschutzfördernder Technik Standards entwickelt würden, nach denen sich viele Systeme richten. Dies wiederum führt zur Verbreitung eines Standards, den die meisten Produkthersteller im Zweifel nicht unbeachtet lassen können. Als Beispiele für einen positiven Netzeffekt seien die digitale Signatur und P3P genannt.[417]

Das Argument, daß datenschutzfördernde Technik dem Nutzer ein Sicherheitsgefühl bezüglich des eigenen Persönlichkeitsrechts vorspielen könnte, das nicht der Realität entspricht, kann zum Teil entkräftet werden. Zwar erscheint es möglich, daß einige Systeme zu Unrecht Datenschutzfreundlichkeit und Sicherheit suggerieren,[418] jedoch ist es bei einer erhöhten Sensibilität für Fragen des Schutzes des Rechts auf informationelle Selbstbestimmung wahrscheinlich, daß aufgrund der erhöhten Sensibilität nicht nur Verbraucherverbände sondern auch die einzelnen Verbraucher mehr auf Probleme im Zusammenhang mit dem Recht auf informationelle Selbstbestimmung achten. Es ist dem Bürger als Verbraucher daher zuzutrauen, nicht gänzlich unüberlegt datenschutzfördernde Technik zu nutzen. Zusätzlich ist der Staat im Rahmen seiner Aufgabe, einen Grunddatenschutz zu gewährleisten, gefordert dafür zu

---

[414] *Hoffmann-Riem*, AöR 1998, 517; *Bender*, DuD 2003, 419f.
[415] *Bäumler* 2002b, 106; ebenso sehen es *Wedde/ Schröder* 2001, 13, die feststellen, daß die großen Anbieter von Internetdienstleistungen in den vorangegangenen Jahren durch die staatliche Aufsichtsinstanz trotz bestehender gesetzlicher Möglichkeit nicht überprüft worden sind.
[416] Siehe dazu auch *von Lewinski* 2002, 15.
[417] Zur digitalen Signatur, siehe grundlegend *von Harnier* 2000, 38 ff.; *Thomale*, 49 ff.; Roßnagel - *Roßnagel* 2001, Einleitung SigG Rn. 11 ff. Zu P3P siehe schon in Kapitel 2.5.2.
[418] Roßnagel - *Hansen* 2003, 3.3 Rn 125, 133f.; für Videoüberwachung zum Beispiel *Robrecht*, NJ 2000, 348.

sorgen, daß der Schutz der informationellen Selbstbestimmung nicht vorgespielt wird, zum anderen sind die Hersteller von datenschutzfördernder Technik gefordert, über Sicherheitsmängel in gebührendem Maße aufzuklären und die Produkte regelmäßig auf neue Sicherheitslücken zu überprüfen.[419]

Durch technischen Datenschutz entfällt im übrigen eine Technikfolgenentscheidung für den Gesetzgeber für eine bestimmte Technik. Mit dieser Aufgabe war und ist der Gesetzgeber ohnehin wegen ihrer Komplexität oft überfordert. Es kommt hinzu, daß die zumindest national sehr anerkannte *Akademie für Technikfolgenabschätzung Baden-Württemberg*, die sich solcher Fragen bisher angenommen hat, Ende 2003 bedauerlicherweise geschlossen wurde.[420]

3.3 Förderungswürdigkeit des Privacy Filters

Als datenschutzfördernde Technik ist auch die Anwendung des Privacy Filters grundsätzlich förderungswürdig. Bei der Technik des Privacy Filters muß allerdings neben den schon erwähnten Gesichtspunkten auch berücksichtigt werden, daß das Einsatzfeld der Videoüberwachung besondere Gefahren für das Recht auf informationelle Selbstbestimmung birgt.

3.3.1 Vorteile der Videoüberwachung

Sinn und Zweck von Videoüberwachungssystemen ist es nicht nur, die Sicherheit und das Sicherheitsgefühl der Bürger zu verbessern. Es wird weiterhin davon ausgegangen, daß Kameras abschreckend auf potentielle Täter wirken (Prävention), daß Überwachungssysteme helfen, die Kriminalitätshäufigkeit zu reduzieren und begangene Straftaten erfolgreicher aufzuklären.[421] Die durch die ständige Bildbeobachtung verbesserte Kontrollmöglichkeit überwachter Bereiche soll außerdem die Reaktionszeit der Polizei verkürzen. Der ökonomische Vorteil der Videoüberwachung ist offensichtlich; es ist kostengünstiger, an „gefährlichen Orten" über mehrere Stunden Überwachungskameras aufzustellen, als diese Aufgabe von Polizei-Personal durchführen zu lassen. Außerdem sind Videobänder zuverlässiger als das menschliche Gedächtnis. Und Bilder sind grundsätzlich - vor allem zu Beweiszwecken - für Dritte besser nachvollziehbar als eine formulierte Personenbeschreibung eines Polizisten oder einer anderen Person. Die Aufgabe der Prävention und der Repression übernehmen Kameras daher mindestens ebensogut.[422]

---

[419] Siehe dazu in Kapitel 2.3.2.
[420] F.A.Z. vom 21.11.2002, S. 10.
[421] Siehe dazu *161. Sitzung der Innenminister und -senatoren der Länder am 5.5.2000*, abrufbar unter http://www.polizei.nrw.de/eigensicherung/website/material/imk2000_mai.pdf, S. 27. Siehe außerdem das Regierungsprogramm der SPD, 60, zitiert in *Bizer*, DuD 2002, 744: „Der offene Einsatz von Videokameras an Kriminalitätspunkten trägt dazu bei, daß die Vorbeugung verstärkt, die Zahl der Verbrechen reduziert, die Aufklärung und das Sicherheitsgefühl verbessert werden." Die CDU schreibt in ihrem Programm zum Bundestagswahlkampf 2002, S. 47: „Videoüberwachung öffentlicher Räume nicht nur für Gefahrenabwehr, sondern auch zur Verfolgung von Straftaten bzw. zur Gefahrenvorsorge oder Straftatenverhütung"; ebenfalls zitiert in *Bizer*, DuD 2002, 744.
[422] *Kloepfer/ Breitkreutz*, DVBl 1998, 1149f.; *Weichert* 2000b, 1, hingegen vertritt, daß Videoüberwachung

3.3.2 Gefahren der Videoüberwachung

Je mehr Videoüberwachungssysteme allerdings installiert werden, desto schneller gerät das Recht auf informationelle Selbstbestimmung des einzelnen Bürgers in Gefahr, eingeschränkt zu werden. An allen videoüberwachten Orten bestehen Gefahren für das Persönlichkeitsrecht des Bürgers, weil es, vor allem in Zukunft, mit Gesichtserkennungsprogrammen und großen Datenbanken möglich sein wird, gefilmte Personen, zu identifizieren oder mit Hilfe von vernetzten Rechnersystemen über große Entfernungen hinweg zu verfolgen. Die modernen Systeme machen das Mittel der Videoüberwachung noch intelligenter und machtvoller. Es ist darauf hinzuweisen, daß Gesichtserkennungsprogramme, da sie darauf programmiert sind, stereotypisierende Muster zu erkennen, zu Verfälschungen und Stigmatisierungen führen können. Hinzu kommt, daß über biometrische Verfahren ohne Probleme auch Rückschlüsse zum Beispiel über den Gesundheitszustand der Personen gezogen werden könnten.

Neben den Gefahren der Verknüpfung von Daten mit Hilfe von Datenbanken, ist es auch kritikwürdig, daß für die Bürger unklar ist, wer von ihnen welche Informationen speichert. Es wird von Mißbräuchen berichtet, wo Aufnahmen von Überwachungskameras an Fernsehstationen weitergegeben wurden.[423] Außerdem ist nicht sicher, welche Zwecke neben dem der Sicherheit noch von den Anlagenbetreibern mit den Bildern verfolgt wird. Es gibt Fälle, in denen Bilddaten als Pornographie weitergeleitet wurde.[424] Von einer Selbstherrschaft über die Bilder kann in diesen Fällen nicht mehr die Rede sein.[425]

Es ist auch zu bemerken, daß eine „Einwilligung" zur Aufnahme bei der Videoüberwachung oft „erzwungen" ist, da ein Bürger in vielen Fällen gar keinen Einfluß mehr darauf hat, ob er sich mit der Aufnahme von Bildern von seiner Person bereit erklärt oder nicht. Eine versteckte Videoüberwachung ist datenschutzrechtlich noch fragwürdiger.[426] S-Bahn-Fahrer in Berlin müssen genauso mit einer Videoüberwachung rechnen wie die Kunden der meisten Kaufhäuser und Besucher von Fußballstadien. Bilddaten von Personen, die in Hochsicherheitsbereichen arbeiten, werden sogar regelmäßig mit weiteren personenbezogenen Daten verknüpft und gespeichert.[427] Wer also Kaufhäuser betreten oder mit der Berliner S-Bahn fahren möchte, muß notgedrungen seine „Einwilligung" zur Videoüberwachung geben.

---

kontraproduktiv sei, selbst wenn Polizeieinsatzkräfte sich in der Nähe der Anlagen aufhalten, um bei gefilmten Straftaten auch Konsequenzen folgen lassen zu können. Straftäter wichen nämlich auf unbeobachtete Bereiche aus, Fehlalarme verschärften Sicherheitsrisiken, kurzfristige Hilfe bliebe meistens aus, so daß das subjektive Sicherheitsgefühl trügerisch sei, der Beweiswert sei wegen der einfachen Manipulationsmöglichkeit fraglich.

[423] *Veil* 2001, 40.
[424] *Veil* 2001, 40.
[425] Eine Rechtsgrundlage zum Aufzeichnen personenbezogener Bilder bietet §§ 22 bis 24 Kunsturhebergesetz, das allerdings auch ein Zuschaustellen und Verbreiten von Bildern ohne Einwilligung des Abgebildeten unter Strafe stellt.
[426] *Weichert* 2000b, 3.
[427] Im Extremfall verliert man, würde man sich mit der Aufnahme der Bilder nicht einverstanden erklären,

3.3.3 Datenschutzfördernde Videoüberwachung - der Privacy Filter

Trotz der beschriebenen Gefahren für das Recht auf informationelle Selbstbestimmung, die beim Betrieb eines Videoüberwachungssystems entstehen können, ist der Privacy Filter als datenschutzfördernde Videoüberwachungssoftware förderungswürdig. Beim Einsatz von Videoüberwachungskameras sind lediglich einige Maßnahmen zu ergreifen, die die angesprochenen Gefahren reduzieren.

Um das Problem der von den gefilmten Bürgern nicht einholbaren Einwilligung zu entschärfen, müßte in ausreichendem Maß Transparenz geschaffen werden. Die von der Videoüberwachung Betroffenen müssen durch Hinweise über die Art und Weise der Videoüberwachung informiert werden. Weiterhin ist es natürlich erforderlich, daß Kamerasysteme im öffentlichen und privaten Raum nicht überhand nehmen, denn dann würden selbst Hinweise nicht darüber hinweghelfen, daß es gar nicht mehr möglich ist, unbeobachtet zu bleiben. Im übrigen schützt die Technik des Privacy Filters vor Mißbrauch von perversen Neugierigen, da die Gesichter der gefilmten Personen ja verschleiert werden. Eine Dekodierung müßte - ein Heranzoomen könnte - zusätzlich protokollierungspflichtig gemacht werden.[428]

Inwieweit auch der Gefahr der Verknüpfung unterschiedlicher Datennetze begegnet werden kann, ist ein von der Technik des Privacy Filters unabhängiges Problem, das ähnlich wie die Sorge davor, daß Technik in falsche Hände geraten könnte, nur durch besondere Vorsicht und eventuell durch technische Sperren gelöst werden kann. Ähnlich verhält es sich bei dem für das informationelle Selbstbestimmungsrecht schwierigeren Thema der Verknüpfung der von der Videokamera generierten Bilder mit Datenbanken. Auch in diesem Fall ist eine Verknüpfung technisch möglich, könnte aber durch technische Maßnahmen gesperrt werden.

Es besteht weiterhin die Gefahr, daß das Produkt des Privacy Filters die von Datenschützern verpönten Kamerasysteme „salonfähig" macht, aufgrund der Annahme der Betreiber, daß mit Hilfe der Technik, das Persönlichkeitsrecht des einzelnen ausreichend geschützt sei. Eine Verbreitung von Kamerasystemen ist letzten Endes aber auch nicht das Ziel des Datenschutzes. Jedoch erscheint es unwahrscheinlich, daß eine datenschutzfreundliche Datenschutztechnik die ohnehin wachsende Verbreitung von Videoüberwachungsanlagen sowohl im privaten als auch im öffentlichen Sektor wesentlich verstärken könnte.

Viel wichtiger scheint für die Beurteilung der Förderungswürdigkeit des Privacy Filters das psychologische Moment zu sein, das schon das *Bundesverfassungsgericht* in seinem Volks-

---

seine Arbeitsstelle. Schockierend ist in diesem Zusammenhang das Beispiel eines Lehrers in den U.S.A., der aufgrund einer Drüsenkrankheit keine verwertbaren Fingerabdrücke geben konnte. Aus diesem Grund war es ihm nicht möglich, wie seine Mitbewerber computergestützt überprüft und folglich eingestellt zu werden. Ein Richter riet ihm sogar, seine Fingerkuppen abzuschneiden, dann würde er als Behinderter einer Vorzugsgruppe zugerechnet, die keiner computergestützten Prüfung unterläge, Süddeutsche Zeitung vom 19.05.1998.

[428] Siehe zur Protokollierung schon in Kapitel 2.5.3.1.

zählungsurteil angesprochen hat.[429] Jeder, der ahnt oder aufgrund von Schildern „Vorsicht Videoüberwachung" beziehungsweise sichtbaren mit Rotlicht blinkenden Kameras davon ausgehen kann, videogefilmt zu werden, verhält sich anders, als wenn er die Gewißheit hätte, völlig unbeobachtet zu sein. Dies kann Auswirkungen auf sein Verhalten als Bürger des Rechtsstaates haben, wenn er seine vom Grundgesetz geschützten Rechte, wie zum Beispiel das Recht auf freie Meinungsäußerung oder das Recht auf Demonstrationsfreiheit, nicht mehr oder nur eingeschränkt wahrnimmt. Die Einschränkung kann sich auch durch ein leichtes Unwohlsein ausdrücken, das psychologisch ebenfalls berücksichtigungswert ist, da es den Bürger ebenfalls in seinem Recht auf informationelle Selbstbestimmung beziehungsweise seinem Recht auf körperliche Unversehrtheit beeinträchtigt.[430]

Es bleibt festzuhalten, daß Videoüberwachungssysteme, die die Technik des Privacy Filters integrieren, sehr viel weniger personenbezogene Daten verarbeiten als die Systeme, die ohne die Technik arbeiten, so daß beim Einsatz des Privacy Filters ein Gewinn für das informationelle Selbstbestimmungsrecht der betroffenen Personen entsteht. Zusätzlich wird durch die Videoüberwachung nicht nur das Sicherheitsgefühl der Bürger erhöht, sondern de facto auch ihre Sicherheit durch den möglichen Rückgang von Straftaten und die zu erwartende höhere Aufklärungsquote.

Der Privacy Filter stellt somit eine förderungswürdige Anwendung einer datenschutzfördernden Technik dar.

---

[429] *BVerfGE* 65, 1, 41ff. insbesondere 43. Siehe auch *BVerfGE* 69, 315, 349 - „Brokdorf".
[430] Auch *Gras* 2003, 237, unterstreicht die psychologische Auswirkung der Videoüberwachung und vertritt, daß es für den Bürger wohl unerheblich sei, ob er von der Polizei oder von jemand anderem gefilmt würde.

4 Rechtliche Förderung datenschutzfördernder Technik „de lege lata"

4.1 Internationales Recht

In den letzten Jahrzehnten sind einige völkerrechtliche Dokumente zum Datenschutz von den Organisationen Europarat, Vereinte Nationen (UN) und der Organisation für wirtschaftliche Zusammenarbeit und Entwicklung (OECD) entstanden, deren Mitglied die Bundesrepublik Deutschland ist.[431] Daß die Globalisierung der Datennetze zur „Internationalisierung" des Datenschutz führt und daß es daher sinnvoll sei, Datenschutz international zu regeln, hat besonders pointiert auch die Enquête - Kommission „Zukunft der Medien in Wirtschaft und Gesellschaft - Deutschlands Weg in die Informationsgesellschaft" festgestellt.[432]

4.1.1 Organisation für wirtschaftliche Zusammenarbeit und Entwicklung

Die OECD verabschiedete schon im Jahre 1980 eine Empfehlung des Rates über Leitlinien für den Schutz des Persönlichkeitsbereichs und den grenzüberschreitenden Verkehr personenbezogener Daten,[433] die materielle und verfahrensrechtliche Datenschutzregelungen sowohl für den öffentlichen als auch für den privaten Sektor enthielt.[434] Diese bildeten einen internationalen Konsens über grundlegende Prinzipien zum Schutz der Persönlichkeitsrechte,[435] unter anderem darüber, daß die Grundsätze der Zweckbindung, Transparenz und Beteiligung des Betroffenen am Datenverarbeitungsprozeß zu beachten sei.[436] Seit der 1998 in Ottawa beschlossenen „Ministerial Declaration on the protection of privacy on global networks" fokussiert die OECD ihr Datenschutzengagement darauf, die notwendigen Schritte zu ergreifen, um sicherzustellen, daß die OECD Datenschutz Richtlinien innerhalb der rechtlichen Möglichkeiten, effektiv in Bezug auf globale Netzwerke implementiert werden.[437] Insbesondere sollen auch als ein Punkt unter sechs die Benutzung von PET unterstützt und gefördert werden.

Der ministerielle Auftrag wurde von den OECD Mitgliedsstaaten erfüllt, indem auf internationaler, nationaler und regionaler Ebene, Untersuchungen über die verschiedenen Rechtsinstrumente und Techniken stattfanden. Zwei Dokumente sind in diesem Zusammenhang zu nennen; zum einen das „Inventory of Instruments and Mechanisms Contributing to the Im-

---

[431] Die Betrachtung der internationalen Rechtslage zum Datenschutz hat allerdings nur einen begrenzten Einfluß auf das deutsche Recht de lege lata, da das Völkerrecht bis auf wenige Ausnahmen rechtlich unverbindlich ist. Dennoch zeigt es, wie weit auch international die Diskussion um die Förderung datenschutzfördernder Technik gediehen ist und die Entwicklung von datenschutzfördernder Technik auf der nationalen Ebene beeinflußt.

[432] *BT-Drs* 13/11002, 105ff.

[433] Empfehlung des Rates vom 23.9.1980, http://www.datenschutz-berlin.de/gesetze/internt/bde.htm.

[434] Dazu *Ellger*, CR 1994, 559ff.; *Tinnefeld/ Ehmann* 1998, 51; nach Simitis - *Simitis* 2003, Einleitung Rn 169 wurden erste Ansätze schon 1974 auf einem von der OECD veranstalteten Seminar formuliert.

[435] *Carblanc* 2002, 312.

[436] *BT-Drs* 13/11002, 105ff.

[437] OECD Dokument DSTI/ICCP/REG(98)10/FINAL.

plementations and Enforcement of the OECD Privacy Guidelines on Global Networks"[438] und zum anderen das „Inventory of Privacy Enhancing Technologies (PETs)"[439]. Diese Dokumente sind für die Bundesrepublik unverbindlich. Es handelt sich um bloße Vorschläge an die Mitgliedstaaten, einheitliche Verarbeitungsgrundsätze einzuführen.[440]

Das Inventory of PETs zielt darauf ab, unterschiedliche Arten datenschutzfördernder Technik, ihre Verfügbarkeit und Verschiedenartigkeit zu analysieren, die Beziehung zwischen Technik und Datenschutz zu untersuchen und eine Grundlage für Politiker zu schaffen, die Nutzung und Entwicklung solcher Technik diskutieren zu können.[441] Außerdem wird darin die Empfehlung an Unternehmen ausgesprochen, datenschutzfördernde Technik zu entwickeln und einzusetzen. PET stelle durch die Stärkung von Transparenz und Auswahl für Nutzer die Möglichkeit dar in Selbstverantwortung Datenschutz zu formen. Dies setze allerdings voraus, daß datenschutzfördernde Technik anwenderfreundlich gewährt würde.[442]

Zusätzlich zu dem Inventory of PETs hat 2001 auch eine Forum Session der OECD über datenschutzfördernde Technik stattgefunden, deren umfassender Bericht viele Erkenntnisse zusammenfaßt, die dort von der OECD, Nichtregierungsorganisationen und der Privatwirtschaft erarbeitet wurden.[443] 2002 ist im Dokument „Privacy Online Policy and Practical Guidance" noch einmal konkretisiert worden, wie sich die *OECD Working Party on Information Security and Privacy* die Umsetzung der Forderung nach mehr PET-Benutzung vorstellt.[444] Dabei wurde der Schwerpunkt, wie auch der Titel nahelegt, im Bereich des Internets gelegt.

4.1.2 Vereinte Nationen

Die UN haben in ihrer Menschenrechtskommission 1985 einen Richtlinienentwurf zum Datenschutz verfaßt, der 1988 von der Menschenrechtskommission angenommen und schließlich 1990 durch die Generalversammlung beschlossen wurde.[445] Darin findet sich jedoch kein Hinweis auf datenschutzfördernde Technik. Im übrigen ist diese Richtlinie ebenso wie die Dokumente der OECD völkerrechtlich nicht bindend.[446]

4.1.3 Europarat

Der 1949 gegründete Europarat hat auf dem Gebiet des Datenschutzes nachhaltige Aktivitäten entwickelt. Explizit ist der Datenschutz in der Europäischen Menschenrechtskonvention

---

[438] OECD Dokument DSTI/ICCP/REG(98)12/FINAL.
[439] OECD Dokument DSTI/ICCP/REG(2001)1/FINAL.
[440] *Trute*, JZ 1998, 830.
[441] OECD Dokument DSTI/ICCP/REG(2001)1/FINAL, S. 4.
[442] OECD Dokument DSTI/ICCP/REG(2001)1/FINAL, S. 4ff.
[443] OECD Dokument DSTI/ICCP/REG(2001)6/FINAL.
[444] OECD Dokument DSTI/ICCP/REG(2002)3/FINAL, 12; siehe *Carblanc* 2002, 317.
[445] Richtlinie betreffend personenbezogener Daten in automatisierten Dateien, UN-Dokument D 25.1.
[446] *Tinnefeld/ Ehmann* 1998, 52.

(EMRK) von 1950 zwar nicht erwähnt, kann aber nach der Rechtsprechung des Europäischen Gerichtshofs für Menschenrechte (EGMR) aus Art. 8 Abs. 1 EMRK, der Garantie zur Wahrung des Privat- und Familienlebens, hergeleitet werden.[447] Schon 1969, also vor der Verabschiedung des ersten Hessischen Datenschutzgesetzes, wurde das Ministerkomitee von der beratenden Versammlung aufgefordert zu untersuchen, ob sowohl die EMRK als auch die nationalen Gesetze der Mitgliedstaaten genügten, um den einzelnen Bürger ausreichend gegen die sich aus der Entwicklung der Verarbeitungstechnologie ergebenen Gefahren zu schützen.[448] 1973 und 1974 wurde außerdem Entschließungen verabschiedet, die sich mit der Verarbeitung personenbezogener Daten beschäftigten.[449] Aus diesen Dokumenten wird ersichtlich, daß sich der Europarat - ähnlich wie die UN - im Unterschied zur OECD eher auf den Schutz der einzelnen Person konzentriert als auf die Möglichkeit des freien Informationsflusses und der Vermeidung von Handelsbeschränkungen.[450] Dies könnte man als den europäischen Ansatz bezeichnen. Ausdrücklich wurde der Datenschutz dann 1981 durch die Europäische Datenschutzkonvention unter dem Titel: „Übereinkommen zum Schutz des Menschen bei der automatischen Verarbeitung personenbezogener Daten" eingeführt.[451] Diese Konvention ist völkerrechtlich für alle Signatarstaaten bindend.[452] Allerdings entfaltet die Bindung nur gegenüber Staaten Wirkung, nicht gegenüber deren Bürger, die aus der Konvention keine unmittelbaren Rechte ableiten können. Mehrere Empfehlungen, die im Unterschied zur Konvention keine Bindungswirkung entfalten, sondern nur unverbindlichen Charakter haben,[453] wurden zum Schutz von personenbezogenen Daten ergänzend verabschiedet, unter anderem 1999 für den Schutz personenbezogener Daten im Internet.[454] Bei dieser Empfehlung handelt

---

[447] Erwägung Nr. 10 der EG-DSRL; näher *Mähring*, EuR 1991, 373; ebenso *Gridl* 1999, 106ff., der insbesondere das Urteil EGMR vom 26.3.1987, Serie A, Bd. 116 (Leander./.Schweden), analysiert.
[448] Europarat Empfehlung Nr. 509 vom 31.1.1968.
[449] Europarat Dokument Entschließung (73) 22 D 3.2. und (74) 29 D 3.1.
[450] Simitis - *Simitis* 2003, Einleitung Rn 169.
[451] BGBl. 1985 II, 538 vom 13.3.1985, abrufbar unter http://www.datenschutz-berlin.de/recht/eu/eurat/dskon_de.html. Von dieser Konvention ist auch die Videoüberwachung als Verarbeitung personenbezogener Daten umfaßt.
[452] *Tinnefeld/ Ehmann* 1998, 53; *Ellger*, CR 1994, 560; „Dennoch folgt aus der Ratifikation der Konvention durch einen Drittstaat nicht ohne weiteres die Verpflichtung, sich jedenfalls im Verhältnis zu diesem ausschließlich nach den Konventionsbestimmungen zu richten", behauptet Simitis u. a. - *Simitis* 1992, § 1 Rn 105 beziehungsweise Simitis - *ders.* 2003, Einleitung Rn 138; Grund dafür ist, daß es sich bei der Konvention um ein sogenanntes „non-self-executing-treaty" handelt, bei dem lediglich eine Verpflichtung des Mitgliedstaates besteht, ihr nationales Recht zu ändern. Die Ratifikation allein reicht also nicht aus. Anders *Ulbricht*, CR 1990, 604.
[453] Der Vorteil des Instruments der Empfehlung ist, daß sie flexibler ist als eine Konvention und daher mehr Möglichkeiten für innovative Ansätze bietet. Trotz der fehlenden Rechtsverbindlichkeit dient sie dennoch in vielen Fällen nationalen Gesetzen als Vorbild oder zumindest Orientierung.
[454] *Gola*, NJW 1999, 3760; Empfehlung Nr. R (99) 5 vom 23.2.1999, EU DS, EuRat-R (99) 5, abrufbar unter http://cm.coe.int/ta/rec/1999/99r5.htm. Die Leitlinien im Hinblick auf die Sammlung und Verarbeitung von Daten durch Videoüberwachung stehen kurz vor ihrer Fertigstellung (dazu Artikel 29 Datenschutzgruppe, EU Dokument 11750/02/DE WP 67 vom 25.11.02).

es sich um das erste internationale Regelwerk auf diesem Gebiet.[455] Danach werden Anbieter im Internet angehalten, über die Risiken ihrer Dienste aufzuklären, die Verhältnismäßigkeit insbesondere bezüglich der Löschungsfristen zu wahren und datenschutzfördernde Technik einzusetzen. An die Nutzer wird appelliert, Möglichkeiten des Selbstdatenschutzes wahrzunehmen.[456]

4.2 Europäische Union

Die Institutionen der Europäischen Union zögerten lange mit der Verabschiedung von gemeinschaftsweiten Regelungen zur Verarbeitung personenbezogener Daten, auch wenn schon das Europäische Parlament in den siebziger Jahren einen Vorstoß in diese Richtung gewagt hatte.[457] Erst 1995 wurde die oben schon zitierte Richtlinie (95/46/EG) verabschiedet, deren Erwägungsgrund 46 lautet: „Für den Schutz der Rechte und Freiheiten der betroffenen Personen bei der Verarbeitung personenbezogener Daten müssen geeignete technische und organisatorische Maßnahmen getroffen werden, und zwar [...] zum Zeitpunkt der Planung des Verarbeitungssystems.[458] Diese Maßnahmen müssen unter Berücksichtigung des Standes der Technik und der bei ihrer Durchführung entstehenden Kosten ein Schutzniveau gewährleisten, das den von der Verarbeitung ausgehenden Risiken und der Art der zu schützenden Daten angemessen ist." Ziel der Richtlinie ist die Harmonisierung der Datenschutzregeln in den Mitgliedsstaaten. Anders als bei internationalen Organisationen besteht für die Europäische Union als supranationale Organisation die Pflicht der Umsetzung.[459] Interessant ist, daß ähnlich wie bei den Dokumenten der OECD, der UN und dem Europarat auch bei der Europäischen Union weniger zwischen der Verarbeitung privater und öffentlicher Daten unterschieden wird als im deutschen Recht. Diese Trennung im deutschen Recht stammt noch aus der Zeit des Beginns des Datenschutzes. Damals wurde vertreten, daß das öffentliche Recht mit seiner unmittelbaren Grundrechtsbindung und das private Recht eine unterschiedliche rechtliche Behandlung erfordere.[460] Diese typisch deutsche Grundrechtsdogmatik kennen internationale und supranationale Organisationen nicht.

Bis auf einige Hinweise im Rahmen der EG DSRL, die Transparenz zu fördern, so in Art. 12 a Unterstrich 3,[461] was natürlich auch durch Technik möglich ist, kann höchstens aus Art. 17 Abs. 1 Satz 1 EG DSRL ein Plädoyer für die Förderung von datenschutzfördernder Technik herausgelesen werden. Dort heißt es: "Die Mitgliedstaaten sehen vor, daß der für die Verar-

---

[455] *Scholz* 2003, 116.
[456] Ausführlicher dazu *Scholz* 2003, 116.
[457] EU Dokument ABl. Nr. C 1000 vom 3.5.1976, S. 27; ebenso ABl. Nr. C 140 vom 5.6.1979, S. 34, ABl. Nr. C 87 vom 5.4.1982, S. 39.
[458] Auch Videodaten sind davon umfaßt. Siehe Erwägungsgrund 14, 26 und Art. 2 lit a.
[459] *Ellger*, CR 1994, 560f.
[460] *Garstka* 1998, 159.
[461] Dazu ausführlich *Klug* 2002, 109ff.; ebenso Roßnagel - *Brühann* 2003, 2.4 Rn 40.

beitung Verantwortliche die geeigneten technischen und organisatorischen Maßnahmen durchführen muß, die für den Schutz gegen die zufällige oder unrechtmäßige Zerstörung, den zufälligen Verlust, die unberechtigte Änderung, die unberechtigte Weitergabe oder den unberechtigten Zugang und gegen jede andere Form der unrechtmäßigen Verarbeitung personenbezogener Daten erforderlich sind. Diese Maßnahmen müssen unter Berücksichtigung des Standes der Technik und der bei ihrer Durchführung entstehenden Kosten ein Schutzniveau gewährleisten, das den von der Verarbeitung ausgehenden Risiken und der Art der zu schützenden Daten angemessen ist." Dieser Absatz fördert die Datensicherheit und unterstützt Maßnahmen, die unter Grunddatenschutz subsumiert werden können.

Zu erwähnen ist weiterhin Art. 25 Abs. 2 EG DSRL. Auch bei dieser Datenschutzvorschrift spielt die Technik, insbesondere Datensicherheit und Grunddatenschutz eine, wenn auch untergeordnete, Rolle; „Die Angemessenheit des Schutzniveaus, das ein Drittland bietet, wird unter Berücksichtigung aller Umstände beurteilt, die bei einer Datenübermittlung oder einer Kategorie von Datenübermittlungen eine Rolle spielen; insbesondere werden die Art der Daten, die Zweckbestimmung sowie die Dauer der geplanten Verarbeitung, das Herkunfts- und das Endbestimmungsland, die in dem betreffenden Drittland geltenden allgemeinen oder sektoriellen Rechtsnormen sowie die dort geltenden Standesregeln und Sicherheitsmaßnahmen berücksichtigt."

Die für die Staaten der Europäischen Union erarbeitete und in Nizza am 7.12.2000 proklamierte Charta der Grundrechte beinhaltet zwar in Art. 8 explizit das Recht auf Schutz der sie betreffenden personenbezogenen Daten,[462] enthält aber keinen expliziten Hinweis auf die Förderung von Datenschutz durch Technik.[463] Die Charta entfaltet keine unmittelbare Verbindlichkeit, sondern führt alleine zu einer politischen Selbstbindung und Selbstverpflichtung der Gemeinschaftsorgane. So wird auch der EuGH in seiner Rechtsfindung in Zukunft auf die Charta Bezug nehmen können.[464]

4.3 Technische Maßnahmen nach § 9 BDSG und der Anlage zu § 9 BDSG

4.3.1 § 9 BDSG

§ 9 BDSG verlangt von den datenverarbeitenden Stellen, die Anforderungen des BDSG durch die erforderlichen technischen und organisatorischen Maßnahmen umzusetzen. Der Begriff der „Maßnahme" ist dabei weit auszulegen; er umfaßt nicht nur technische und organisatori-

---

[462] *Gola/ Klug*, NJW 2001, 3747.
[463] Der Wortlaut des Art. 8 EMRK, Schutz personenbezogener Daten, ist wie folgt: „Jede Person hat das Recht auf Schutz der sie betreffenden personenbezogenen Daten. Diese Daten dürfen nur nach Treu und Glauben für festgelegte Zwecke und mit Einwilligung der betroffenen Personen oder auf einer sonstigen gesetzlich geregelten legitimen Grundlage verarbeitet werden. Jede Person hat das Recht, Auskunft über die sie betreffenden erhobenen Daten zu erhalten und die Berichtigung der Daten zu erwirken. Die Einhaltung dieser Vorschriften wird von einer unabhängigen Stelle überwacht."
[464] *Scholz* 2003, 119. Zur Rechtsnatur der Charta siehe *Pache*, EuR 2001, 485ff.

sche[465], sondern auch bauliche und personelle Schritte, durch die eine datenschutzgerechte Erhebung, Verarbeitung und Nutzung erreicht werden kann.[466] Insbesondere sind damit die in der Anlage zu § 9 BDSG enthaltenen Vorschriften gemeint, die allerdings „nur sehr oberflächlich die Anforderungen an die Informationstechnik und deren Möglichkeiten im Rahmen eines modernen Datenschutzes" widerspiegeln, weil nicht in ausreichendem Maße klargestellt wird, daß auch die Gestaltung der Technik und nicht nur der Gestaltung der Organisation beachtet werden muß.[467]

Auf den ersten Blick erscheint es überflüssig, daß nach dem Wortlaut des § 9 Satz 1 BDSG die datenverarbeitende Stelle als Normadressat dazu angehalten wird, die nach dem Gesetz geforderten organisatorischen und technischen Maßnahmen zu treffen. Eigentlich müßte sich dies von selbst verstehen. Es ist anzunehmen, daß hinter der Formulierung zwei Überlegungen des Gesetzgebers stehen. Zum einen ist die Gefahr für das Rechtsgut der informationellen Selbstbestimmung bei einer Mißachtung sehr groß und daher soll auf die Einhaltung der gesetzlichen Regelungen besonders eindringlich aufmerksam gemacht werden. Zum anderen ist durch die sich ständig ändernde Technik ein „fortlaufendes Überprüfen" bestehender Maßnahmen notwendig. Eine einmal gefundene Lösung könnte nach kurzer Zeit schon wieder zu aktualisieren sein.[468] Im Zusammenhang mit dem gleich zu behandelnden § 3a BDSG bedeutete dies, daß eine Pflicht für die datenverarbeitenden Stellen aus § 9 BDSG erwachsen kann, die Grundsätze der Datenvermeidung und Datensparsamkeit zu beachten.

Technik als Hilfsmittel bei der Umsetzung datenschutzrechtlicher Ziele zu verwenden, stellt eine Möglichkeit dar, auf das sich wandelnde technische Umfeld zu reagieren.[469] Ein mit § 9 BDSG und seiner Anlage vergleichbarer Ansatz ist auch in Art. 17 EG DSRL wiederzufinden,[470] in dem die für die Datenverarbeitung Zuständigen aufgefordert würden, die geeigneten technischen und organisatorischen Maßnahmen zum Schutz der Daten zu ergreifen. Art. 17 EG DSRL ist wie § 9 BDSG final formuliert. Die in der Anlage zu § 9 BDSG enthaltenen Regelungen sind in den letzten Jahrzehnten nur zwei Mal, 1990 und 2001, ohne maßgebliche Änderungen materieller Natur den technischen Veränderungen angepaßt worden.[471] Die Möglichkeit, auf das sich wandelnde technische Umfeld zu reagieren, ist daher bisher nicht in ausreichendem Maß genutzt worden.

---

[465] „Organisatorische Maßnahmen sind Maßnahmen, die sich auf die innerbetriebliche oder innerbehördliche Arbeits- oder Organisationsstruktur beziehen", sie sind oft Mittel zur Umsetzung technischer Maßnahmen, *von Schmeling*, DuD 2002, 353.
[466] Simitis - *Ernestus/ Geiger* 2003, § 9 Rn 20.
[467] *Roßnagel/ Pfitzmann/ Garstka* 2001, 25.
[468] Simitis u. a. - *Geiger* 1992, § 9 Rn 16, nennt die Regelung daher „Dynamisierungsklausel". Ebenso Simitis - *Ernestus/ Geiger* 2003, § 9 Rn 15.
[469] *Nedden* 2001, 68.
[470] *Bizer* 2002b, 195; *Borking/ Raab*, JILT 2001, 3; *Bizer* 1999, 52.
[471] Siehe in Kapitel 2.1.

Zu beachten ist allerdings, daß § 9 BDSG nicht allein den Datenschutz als Schutz der informationellen Selbstbestimmung, sondern eher den Schutz der Daten im ursprünglichen Sinn des Datenschutzgedankens der siebziger Jahre verfolgt.[472] Wie auch aus den acht Maßnahmen in der Anlage zu § 9 BDSG hervorgeht, handelt es sich bei § 9 BDSG also vor allem um die Gewährleistung der **Datensicherheit**.[473] Die Analyse dieser Arbeit konzentriert sich hingegen auf reinen **Datenschutz**maßnahmen,[474] die im Zusammenhang mit dem Schutz des Persönlichkeitsrechts stehen. Datensicherheitsmaßnahmen fallen daher nur insoweit darunter, als sie auch das Persönlichkeitsrecht schützen. Überschneidungen liegen in der Natur der Sache, da der Schutz personenbezogener Daten beziehungsweise des Rechts auf informationelle Selbstbestimmung ohne effektive Maßnahmen der Datensicherheit nicht möglich ist.[475] Insofern handelt es sich bei § 9 BDSG zwar um Technikrecht, aber in erster Linie nicht um eine rechtliche Förderung datenschutzfördernder Technik, weil eben nicht der Datenschutz, sondern die Datensicherheit Regelungsgegenstand ist. Dennoch kann aus einigen Regelungen der Anlage zu § 9 Satz 1 BDSG (Nr. 1 bis Nr. 8) die Verwendung von datenschutzfördernder Technik als Rechtspflicht abgeleitet werden.

4.3.2 Die Regelungen der Anlage zu § 9 BDSG im einzelnen

Die Zutrittskontrolle (Nr. 1) war früher gedacht als Sicherungsmaßnahme gegen den Zutritt in Datenverarbeitungsräume. Heute ist die Zahl der zu schützenden „Datenverarbeitungsanlagen" gewachsen und diese sind gleichzeitig kleiner und handlicher geworden. So müssen auch Notebooks oder Chipkarten-Lesegeräte dazugerechnet werden.[476] Die Aufgabe, den Zutritt zu diesen Anlagen zu kontrollieren, ist daher schwieriger geworden. Gerade deshalb ist zu überlegen, die Zutrittskontrolle zu Datenverarbeitungsanlagen, die sich in Räumen befinden, durch technische Maßnahmen, beispielsweise durch biometrische Zugangssysteme, zu realisieren. Biometrische Systeme sind ebenso für Notebooks und Chipkartensysteme denkbar, damit dort keine Unbefugten an die sensiblen Daten gelangen. Eine Rechtspflicht die Zutrittskontrolle durch datenschutzfördernde Technik zu gewährleisten, besteht allerdings nicht.

Die Vorschrift der Nr. 2 der Anlage zu § 9 Satz 1 BDSG, der sogenannten Zugangskontrolle, knüpft nicht wie Nr. 1 an den Begriff der Anlage an, sondern an den Begriff des Systems, das vor Unbefugten geschützt werden soll. Problematisch erscheint, ob die Zugangskontrolle, die heute aufgrund der Vernetzung der Systeme leichter als früher - vor allem über das Internet -

---

[472] So auch *Roßnagel* 2003a, 239, der schreibt, die nach § 9 BDSG geforderten Maßnahmen seien nicht an die Veränderungen der Technik mit weltweiter vernetzter Kommunikation angepaßt.
[473] Stellvertretend für viele *Gola/ Schomerus* 2002, § 9 Rn 2.
[474] Siehe oben in Kapitel 2.2.1.
[475] Simitis - *Ernestus/ Geiger* 2003, § 9 Rn 2. *Ernestus/ Geiger* vertreten im übrigen auch, daß der Zweck der Datensicherheit über den Schutzbereich von § 9 BDSG hinausgehe, jedenfalls dort, wo Daten einbezogen werden, die keine personenbezogene Daten im Sinne des BDSG seien.
[476] *Ernestus*, RDV 2002, 23.

möglich ist, von der verantwortlichen Stelle realistischerweise durchsetzbar ist. Denkbar sind hier nur technische Maßnahmen wie Firewalls, um Dritte von außen von den Systemen fernzuhalten.

Nr. 3 (Zugriffskontrolle) fordert, daß auch innerhalb einer verantwortlichen Stelle „die Verarbeitung und Nutzung personenbezogener Daten auf das im Rahmen funktionaler Aufgabenzuweisung Erforderliche beschränkt werden".[477] Die Vorschrift ist nicht im Sinne der Datenvermeidung zu verstehen, sondern soll verhindern, daß Unberechtigte auf Daten zugreifen können, für die sie keine Zugriffsberechtigung haben. Im Unterschied zur Zugangskontrolle geht es hier nicht um gänzlich Unberechtigte, sondern um Personen, die zwar Zugang zu einem bestimmten Datenverarbeitungssystem haben dürfen, in diesem aber nicht die Erlaubnis haben, auf alle Daten zuzugreifen. Zwar sind auch in diesem Fall technische Lösungen vorstellbar, die Unberechtigte von bestimmten Daten ausschließen; eine Rechtspflicht jedoch für die Verwendung datenschutzfördernder Technik zum Schutz personenbezogener Daten kann nicht hergeleitet werden.

Bei der Weitergabekontrolle (Nr. 4) geht es um den Schutz der Daten auf dem Transportweg. Die Verhinderung des unbefugten Lesens, Kopierens, Veränderns und Entfernens ist nach der Meinung von Technikern allerdings auf technischer Ebene nicht umsetzbar, über Verschlüsselungssysteme ist lediglich ein Schutz vor Vertraulichkeitsverlust zu erreichen.[478] Die Durchsetzung dieser Vorschrift ist daher ebenfalls schwierig, wenn nicht sogar unmöglich.[479] Abgesehen davon handelt es sich bei der Weitergabekontrolle - ähnlich wie abgeschwächt auch bei Nr. 1 bis 3 - allein um die Vermeidung der Gefahr von Angriffen Dritter von außen. Auch hier sind daher nur technische Datensicherungsmaßnahmen und keine Datenschutzmaßnahmen möglich.

Ähnlich wenig Bezug zum Datenschutz hat die Verfügbarkeitskontrolle nach Nr. 7. Danach soll der Schutz vor zufälliger Zerstörung oder Verlust, zum Beispiel der Schutz vor Stromausfällen, Wassereinbrüchen oder Blitzschlägen gewährleistet werden.[480]

Bei der Vorschrift Nr. 5 (Eingabekontrolle) geht es um die Überprüfbarkeit von unbefugten Zugriffen. Die Eingabekontrolle stellt einen Fall präventiver Maßnahmen dar.[481] Sowohl bei der Eingabe als auch bei der Veränderung und beim Entfernen personenbezogener Daten sieht die Vorschrift daher eine Protokollierungs- oder anderweitige Aufzeichnungspflicht vor. Diese ist sinnvollerweise technisch und nicht durch organisatorische Maßnahmen zu gewährleisten und da die personenbezogenen Daten des einzelnen und seine informationelle Selbstbestimmung im Vordergrund stehen, durch datenschutzfördernde Technik realisierbar. Die

---

[477] *Ernestus*, RDV 2002, 23.
[478] *Ernestus*, RDV 2002, 24. Zum Begriff der Vertraulichkeit in Kapitel 2.4.4.7.
[479] Siehe dazu auch *Roßnagel/ Pfitzmann/ Garstka* 2001, 25.
[480] Simitis - *Ernestus/ Geiger* 2003, § 9 Rn 156.

Befolgung der Eingabekontrolle ermöglicht es im Nachhinein herauszufinden, wer welche Daten eingegeben, verändert oder entfernt hat. Die Eingabekontrolle fördert daher die Datentransparenz.

Die Auftragskontrolle (Nr. 6) befaßt sich mit der Durchführung der Vorschriften über die Datenverarbeitung im Auftrag eines Dritten und ergänzt insoweit die Vorschriften über die Datenverarbeitung im Auftrag nach § 11 BDSG. Es geht bei der Auftragskontrolle darum, „die lückenlose Einhaltung des Weisungsprinzips in der Praxis zu gewährleisten",[482] und zwar nicht nur durch schriftliche Fixierung der Auftragserteilung, sondern auch durch Datenschutzkontrolle während der Ausführung der Weisung. Da es sich auch hier um den Schutz der informationellen Selbstbestimmung, in diesem Fall dem des Auftraggebers, handelt, ist wie schon die Eingabekontrolle auch die Auftragskontrolle durch datenschutzfördernde Technik möglich. Das gilt jedenfalls dann, wenn technische und nicht nur organisatorische Maßnahmen im konkreten Fall in Betracht kommen.

Die Maßnahmen nach Nr. 5 und Nr. 6 haben den Nachteil, daß durch ihre Einhaltung weitere sensible Daten entstehen. Daher ist darauf zu achten, daß die durch die Protokollierung der Eingabe, durch die Veränderung und Löschung der Daten sowie die im Rahmen der Auftragskontrolle generierten Daten ebenfalls geschützt werden, beispielsweise durch Verschlüsselungs-, Anonymisierungs- oder Pseudonymisierungsverfahren.

Im BDSG 2001 ist Nr. 8 neu hinzugefügt worden. Bei der Vorschrift steht die Gewährleistung der Zweckbindung im Vordergrund. In Anlehnung an § 4 Abs. 2 Nr. 4 TDDSG soll durch die Vorschrift die zweckbestimmte Verarbeitung auch technisch sichergestellt werden.[483] Das heißt, daß Systeme so auszulegen sind, daß zu unterschiedlichen Zwecken erhobene personenbezogene Daten voneinander getrennt zu verarbeiten sind.[484] Diese Maßnahme hat sowohl für die Datensicherheit als auch für den Grunddatenschutz positive Auswirkungen, da fremde Dritte weniger leicht an sensible, personenbezogene Daten herankommen und die Daten auch weniger leicht für fremde Zwecke zu Lasten des Persönlichkeitsrechts des Betroffenen genutzt werden können.

In der Anlage zu § 9 BDSG gibt es demnach in Nr. 5, 6 und 8 Vorschriften, die die Verwendung von datenschutzfördernder Technik nahelegen. Da das Gesetz die Wahl zwischen organisatorischen oder technischen Maßnahmen läßt, was die Gewährleistung der Anforderungen des BDSG insbesondere des § 9 BDSG und der Anlage zu § 9 BDSG betrifft, kann in diesem Zusammenhang allerdings zumindest aus diesem Grund nicht von einer Rechtspflicht gesprochen werden.

---

[481] Simitis - *Ernestus/ Geiger* 2003, § 9 Rn 129.
[482] Simitis - *Ernestus/ Geiger* 2003, § 9 Rn 149.
[483] *Gola/ Schmomerus* 2002, § 9 Rn 30; *Ernestus*, RDV 2002, 24.
[484] Simitis - *Ernestus/ Geiger* 2003, § 9 Rn 161.

4.4 § 3a BDSG

Viele Gefahren für das informationelle Selbstbestimmungsrecht können mit Datensicherungsmaßnahmen nicht wirksam bekämpft werden.[485] § 3a BDSG bedient sich anderer Mittel, um das Recht auf informationelle Selbstbestimmung zu schützen. § 3a ist eine wichtige Vorschrift des Grunddatenschutzes.

4.4.1 Datenvermeidung/ Datensparsamkeit

4.4.1.1 Historische und verfassungsgerichtliche Grundlagen

Vorläufer des § 3a BDSG waren § 3 Abs. 4 TDDSG,[486] § 12 Abs. 5 MDStV und § 47 Abs. 5 RdfStV, die im Rahmen der Gesetzesnovelle im Mai 2001 im Zuge der Aufnahme dieses Grundsatzes im BDSG, dem allgemeineren Gesetz, überflüssig und daher abgeschafft wurden.[487] Anders verhält es sich mit § 3 Abs. 4 TDSV 2000, in dem Datenvermeidung und Datensparsamkeit weiterhin erwähnt bleiben, beziehungsweise § 78b SGB X, in den diese Grundsätze gleichzeitig mit § 3a BDSG aufgenommen wurden.

Die inhaltliche Grundlage der Vorschrift ist auch im Erforderlichkeitsgrundsatz des Art. 6 Abs. 1 lit. c) EG DSRL zu finden.[488] Gestützt auf den Erwägungsgrund 53 kann davon ausgegangen werden kann, daß Art. 6 Abs. 1 lit. c) EG DSRL eine „technische Gestaltungsregelung" enthält, „mit der die besonderen technologischen Risiken der Datenerhebung und -verarbeitung personenbezogener Daten minimiert werden sollen", und zwar über die Gewährung der Datensicherheit hinaus.[489]

Zu der Frage der Datenvermeidung beziehungsweise Datensparsamkeit äußert sich das *Bundesverfassungsgericht* im Volkszählungsurteil nicht explizit. Das dort ausgesprochene Verbot, personenbezogene Daten auf Vorrat zu verarbeiten,[490] bedeutet im Umkehrschluß nicht notwendigerweise, daß Daten nur sparsam verwendet werden dürfen; dieses Verbot kann in der Praxis aber auf eine sparsame Verwendung hinauslaufen. Auch das Zweckbindungsgebot des Volkszählungsurteils, das die Datenverarbeiter verpflichtet, Daten nach dem im voraus bestimmten festgelegten, eindeutigen und rechtmäßige Plan zu verarbeiten,[491] kann zu einer sparsamen Verwendung personenbezogener Daten führen.

---

[485] *Bergmann/ Möhrle/ Herb* 2003, § 3a Rn 4.
[486] BT-Drs 13/7934 vom 11.6.1997.
[487] Schon der Gesetzesentwurf der Fraktion BÜNDNIS 90/DIE GRÜNEN enthielt diesen Grundsatz in § 16, BT-Drs 13/9082.
[488] *Arbeitskreis Technik der Datenschutzbeauftragten des Bundes und der Länder*, DuD 1997, 709.
[489] Simitis - *Bizer* 2003, § 3a Rn 32.
[490] BVerfGE 65, 1, 47.
[491] BVerfGE 65, 1, 46ff. In diesem Zusammenhang sei § 14 BDSG 2001 erwähnt, der seinerseits auch auf Art. 6 Abs. 1 lit. c) EG DSRL beruht. Nach beiden Vorschriften sollen personenbezogene Daten den Zwecken entsprechend verarbeitet werden, für die sie erhoben und/oder weiterverarbeitet werden.

Im Volkszählungsurteil hat das *Bundesverfassungsgericht* zwischen personenbezogenen Daten, die nicht in anonymisierter Form erhoben und verarbeitet werden (können) und solchen, die für statistische Zwecke bestimmt sind - und folglich einer Anonymisierung zugänglich seien -, unterschieden.[492] Anonymisierung wurde als Vermeidung der Gefährdung der informationellen Selbstbestimmung begriffen. Nur wenn die zu statistischen Zwecken erhobenen Daten so früh wie möglich anonymisiert würden, so das Gericht, könnten sowohl das Recht auf informationelle Selbstbestimmung des einzelnen als auch die Statistik als wichtige Voraussetzung der sozialstaatlichen Politik gewährleistet werden.[493] Bezüglich anderer Daten war die Technik 1986 noch nicht so weit entwickelt, daß auch dort eine Anonymisierung als probates Mittel der Datenvermeidung beziehungsweise des Persönlichkeitsschutzes in Betracht kam. Das Gebot der möglichst frühzeitigen (faktischen) Anonymisierung wurde einige Jahre später allerdings auch in anderen als nur statistischen Zusammenhängen erwähnt.[494]

In *BVerfGE* 100, 313 erwähnt das *Bundesverfassungsgericht* im Rahmen der Diskussion um die Frage der Datenvermeidung im Telefonverkehr, daß es dem Bundesnachrichtendienst technisch zwar möglich sei, temporäre Speicher zu verwenden, so daß auf Verbindungsdaten erst dann zurückgegriffen würde, wenn sich ein Personenbezug als für die Arbeit der Behörde erforderlich erwiese, daß diese aber nicht genutzt würden. Das Gericht zieht daraus allerdings im konkreten Fall keine Konsequenzen und rügt nicht einmal das Verhalten des Nachrichtendienstes, der den Grundsatz der Datenvermeidung in diesem Fall mißachtet hat.

4.4.1.2 Möglicher Kontextverlust

Im Rahmen der Diskussion um die Begriffe der Datenvermeidung und Datensparsamkeit darf nicht vergessen werden, daß ein Weniger an Daten, also deren Vermeidung oder Einsparung, auch den Verlust des Kontextes nach sich ziehen kann.[495] Ein solcher Kontextverlust kann dazu führen, daß Informationen unvollständig, dadurch unbrauchbar oder gar falsch werden. Zu bedenken ist beispielsweise im öffentlichen Bereich, daß Behörden bei Ermessensentscheidungen auf viele, auch personenbezogene, Daten angewiesen sind, um eine auch für den Bürger angemessene Entscheidung treffen zu können. Auf allen Ebenen daher Daten zu sparen, würde im Widerspruch zu dem in diesem Zusammenhang geltenden Grundsatz der Amtsermittlung stehen. Ähnlich ist es auch in der privaten Wirtschaft, zum Beispiel bei Kündigungsverfahren, wenn bei der Prüfung der Sozialverträglichkeit von Kündigungen viele

---

[492] *BVerfGE* 65, 1, 47ff.
[493] *BVerfGE* 65, 1, 49; „für den Schutz des Rechts auf informationelle Selbstbestimmung ist - und zwar auch schon für das Erhebungsverfahren - [...] die Einhaltung des Gebots einer möglichst frühzeitigen faktischen Anonymisierung unverzichtbar, verbunden mit Vorkehrungen gegen die Deanonymisierung".
[494] NJW 1988, 959, 960 = *BVerfG* Beschluß vom 18.12.1987 - 1 BvR 962/87); NJW 1988, 961, 962; NJW 1987, 2805.
[495] Zum Beispiel *Bull* 1998, 29f, der auch darauf hinweist, daß Datensparsamkeit nicht in „Datengeiz" ausarten sollte. Oft komme es gar nicht auf die Menge, sondern eher die Genauigkeit und Relevanz von Daten an.

unterschiedliche personenbezogenen Daten herangezogen werden müssen. Wäre dem Unternehmen der Zugriff auf diese Daten verwehrt, könnte es zu ungerechten Entscheidungen kommen.

4.4.1.3 Datenvermeidung

Von den Schwierigkeiten des Kontextverlusts abgesehen, kann der beste Schutz für die informationellen Selbstbestimmung durch die vollständige Vermeidung personenbezogener Daten bei der Erhebung, Verarbeitung und Nutzung erreicht werden.[496] Natürlich ist dies nicht für alle Datenverarbeitungsvorgänge möglich, da zumindest bei bestimmten Anwendungen zumindest einige personenbezogene Daten benötigt und oft sogar vom Gesetz vorgeschrieben werden. Allerdings muß gefordert werden, daß bei jedem Datenverarbeitungsvorgang darüber nachgedacht wird, ob der mit ihm verfolgte Zweck nicht auch bei einer Vermeidung aller Daten erfüllen werden kann. Es geht darum, diese Überlegungen schon beim Entwurf der Technik zu berücksichtigen.[497]

Die Idee, daß Daten nicht unbegrenzt erhoben werden sollen, existierte schon am Anfang der Datenschutzdiskussionen in den siebziger Jahren.[498] Dennoch handelt es sich beim Konzept der Datenvermeidung nicht um eine Abwägung im Rahmen der Verhältnismäßigkeit, so wie *Simitis* dies vertritt.[499]

Vielmehr muß bedacht werden, daß trotz der Aussage im Rahmen der Gesetzesbegründung, die den Grundsatz der Datenvermeidung und Datensparsamkeit als Konkretisierung des Verhältnismäßigkeitsprinzips versteht, Datenvermeidung und Datensparsamkeit mehr sind als eine datenschutzrechtliche Ausprägung des Erforderlichkeitsprinzips.[500] Das Konzept der Datenvermeidung setzt schon an, bevor es zu einer Abwägung zwischen verschiedenen Interessen kommt. Einen Schritt vorher soll also schon überlegt werden, welche Daten denn wirklich benötigt werden.[501] Während also „das Erforderlichkeitsprinzip den Umfang der Daten-

---

[496] *Roßnagel/ Pfitzmann/ Garstka* 2001, 240, fordern ein frühes, gründliches und kreatives Nachdenken darüber, welche personenbezogenen Daten für Informations- und Kommunikationssystem tatsächlich erforderlich sind. Nach dem *Arbeitskreis Technik der Datenschutzbeauftragten des Bundes und der Länder*, DuD 1997, 709, sind personenbezogene Daten nur bei Autorisierung (Identifikation und Authenzität sowie Zugriffskontrolle), Protokollierung und Abrechnungen erforderlich.

[497] *Enzmann/ Schulze* 2002, 196.

[498] Im Zusammenhang mit dem Grundsatz der Datenvermeidung ist die Löschung von Daten zu erwähnen. Sie soll, weil es sich eher um ein nachträgliches Mittel handelt, personenbezogene Daten wieder zu minimieren, im Rahmen der Datensparsamkeitstechniken erörtert werden.

[499] *Gundermann* 1999, 141.

[500] Dazu Simitis - *Dammann* 2003, § 14 Rn 5, 12ff.; ähnlich auch *Klug* 2002, 139.

[501] *Simitis*, DuD 2000, 720, beschreibt Datenvermeidung als die Verpflichtung, auf personenbezogene Daten erst zuzugreifen, wenn es keine andere Informationsmöglichkeit gibt. *Bergmann/ Möhrle/ Herb* § 3a Rn 8, stellt klar, daß die Grundsätze der Datenvermeidung und Datensparsamkeit nicht mit dem Grundsatz der Erforderlichkeit verwechselt werden dürften, da letzterer die materiell-rechtliche Zulässigkeit der Datenverarbeitung regele und nicht dafür zu sorgen habe, das Prinzip der Datenminimierung technisch umzusetzen. *Abel* 2001, § 3a 3.1 geht sogar weiter und schreibt: „Bevor es zur Prüfung der Erforderlichkeit kommt, ist also zuerst zu überlegen, ob der beabsichtigte Zweck nicht von vornherein so modifiziert werden kann,

verarbeitung im Einzelfall rechtlich begrenzt, sollen die Grundsätze der Datenvermeidung und Datensparsamkeit die Beeinträchtigung individueller Datenschutzrechte bereits durch die Gestaltung der EDV-Verfahren und informationstechnischen Systeme verhindern".[502] § 3a BDSG ist als Grundsatzaussage daher auch zutreffend vor die Regelungen über die Zulässigkeit in §§ 4ff BDSG plaziert.[503]

Neben der Anonymisierung[504] kann das Ziel der Datenvermeidung auch durch „Abstufungen auf der Ebene der Verarbeitungsgrundsätze" erreicht werden,[505] was sich aus dem Wort „oder" ergibt, das die Begriffe des Erhebens, Speicherns, Veränderns, Übermittelns (Verarbeitens) und Nutzens miteinander verbindet.[506]

Um den Grundsatz der Datenvermeidung in der Praxis umzusetzen, ist Kreativität gefragt. Denn nur wenn man sich auf die Suche nach der Verarbeitung unnötiger Daten macht, kann der Grundsatz der Datenvermeidung erfolgreich umgesetzt werden.[507]

4.4.1.4 Datensparsamkeit

Der Grundsatz der Datensparsamkeit, dessen Ziel es ist, die Verwendungsmöglichkeiten notwendiger Daten einzuschränken, greift immer erst dann ein, wenn eine komplette Vermeidung personenbezogener Daten nicht möglich ist.[508] In vielen Lebenssituationen, vor allem, wenn es um die Verantwortlichkeit für persönliches Handeln geht, ist ein Personenbezug unvermeidlich.[509] So handelt eine Person datensparsam, wenn sie erst dann auf personenbezogene Daten zugreift, wenn es keine andere Informationsmöglichkeit mehr gibt.[510]

Die Möglichkeiten, „datensparsam" zu handeln, sind vielfältig.

So kann man die Menge der personenbezogenen Daten einschränken, was beispielsweise dadurch geschehen kann, daß in Formularen oder im Internet in Masken weniger Daten abgefragt werden beziehungsweise sich die Zahl der auszufüllenden Formulare und Masken insgesamt verringert.

---

daß keine personenbezogenen Daten notwendig sind."
[502] Roßnagel - *Dix* 2003, 3.5 Rn 25, *Simitis*, DuD 2000, 720, *Roßnagel/ Pfitzmann/ Garstka* 2001, 240.
[503] *Klug* 2002, 139.
[504] Siehe zu technischen Anwendungen in Kapitel 4.4.6.1.
[505] Simitis - *Bizer* 2003, § 3a Rn 58f.
[506] Simitis - *Bizer* 2003, § 3a Rn 58f.
[507] *Roßnagel/ Pfitzmann/ Garstka* 2001, 240; ähnlich *Federrath/ Pfitzmann* 2001, 252. Als Beispiel erwähnen sie, daß es für den Vermittler von Telekommunikationsleistungen nicht notwendig sei zu wissen, welche Kommunikationspartner er miteinander verbindet. Dennoch diese Information bisher festgestellt und gespeichert.
[508] *Federrath/ Pfitzmann* 2001, 254.
[509] Beispiele bei *Roßnagel/ Scholz*, MMR 2000, 724, „wenn es darum geht Personen identifizieren zu können, etwa als Vertragspartner, als Amtsinhaber oder Träger einer Berechtigung".
[510] *Simitis*, DuD 2000, 720; *Gola/ Schomerus* 2002, § 3a Rn 4. *Köhntopp* 2001, 57 sieht im Grundsatz der Datensparsamkeit nicht nur die Minimierung von personenbezogenen Daten, sondern auch die Einschränkung der Verwendungsmöglichkeit und eine Garantie der Zweckbindung.

Eine weitere Möglichkeit, datensparsam zu handeln, kann durch Qualitätsänderungen an den Daten erreicht werden. Pseudonyme sind ein Beispiel dafür.[511] Drittens können Daten nach Gebrauch zum frühstmöglichen Zeitpunkt gelöscht werden, wie es zum Beispiel § 6 Abs. 1 i.V.m. § 4 Abs. 4 Nr. 1 TDDSG oder auch § 20 Abs. 2 Nr. 2 und § 35 Abs. 2 Satz 2 Nr. 3 BDSG vorschreiben. Das Volkszählungsurteil sieht in der Löschungspflicht eine Möglichkeit, die Verwendung der Daten zu begrenzen. Zwar gilt diese nicht von vornherein, kann aber dennoch auch dazu beitragen, daß die Daten nicht immer weiter zum Nachteil der informationellen Selbstbestimmung des Betroffenen genutzt werden.[512] Schon *BVerfGE* 30, 1, 22f. liegt als Anforderung der Grundsatz zugrunde, nicht mehr benötigte personenbezogene Informationen, die unter Eingriff in grundrechtliche geschützte Positionen erhoben werden, zu löschen.[513] In der Praxis passiert es oft, daß Daten nur zur Löschung markiert, ohne tatsächlich endgültig gelöscht zu werden. Die Technik könnte jedoch eine rückstandsfreie Löschung realisieren.[514] Auch eine Software, die die Nutzung der Daten protokolliert und dem Nutzer anschließend darüber Mitteilung macht, oder ein Programm, das durch die Speicherung von Daten bei mehreren voneinander unabhängigen Stellen dafür sorgt, daß sich der Schutz der Daten erhöht, wäre technisch möglich und für die Nutzer und den Schutz ihres Rechts auf informationelle Selbstbestimmung sinnvoll.[515] Möglich sind beispielsweise zeitlich wiederkehrende Prüfroutinen, wie sie zum Beispiel § 35 Abs. 2 Satz 2 Nr. 4 BDSG vorschreibt. Auch maximale Speicherungsfristen führen zum selben Ziel.[516]

Die strikte Einhaltung des Zweckbindungsgrundsatzes kann - viertens - zu mehr Datensparsamkeit führen.[517] Denn durch die Beschränkung der Zugriffsmöglichkeit zu bestimmten Daten, die Begrenzung ihres Verarbeitungsradius' und die Festlegung ihrer Verwendungsdauer werden weniger Daten generiert.

Ein weiteres wichtiges Datensparsamkeitsinstrument ist die Kryptographie.[518] Kryptographie ist das Mittel der Wahl, wenn verhindert werden soll, daß Daten von unbefugten Dritten ein-

---

[511] Siehe in Kapitel 4.4.6.2; außerdem *BT-Drs* 14/1191, 13: „Mit der Vergabe wechselnder IP-Adressen für die Nutzung des Internets kann beispielsweise dazu beigetragen werden, daß eine zumindest teilweise pseudonyme Nutzung von Telediensten ermöglicht wird."

[512] *BVerfGE* 65, 1, 46.

[513] *Podlech*, DVR 1976, 36f.

[514] Roßnagel - *Hansen* 2003, 3.3 Rn 71.

[515] Roßnagel - *Hansen* 2003, 3.3 Rn 71 bis 73.

[516] So auch Simitis - *Bizer* 2003, § 3a Rn 55.

[517] Siehe *BT-Drs* 14/1191, 13: „So führen beispielsweise neue Angebots- und Abrechnungsmodelle für den Zugang und die Nutzung des Internets bei einzelnen Unternehmen dazu, daß ausschließlich Verbindungsdaten für Abrechnungszwecke verwendet werden müssen, so daß sich die Notwendigkeit für das Vorhalten von Nutzungsdaten nicht mehr stellt."

[518] Kryptographie ist nach *Rieß*, http://www.lfd.nrw.de/pressestelle/presse_7_4_1_7.html, die wichtigste Technologie im Rahmen von PET. „Sie ist die Kulturtechnik für die elektronische Kommunikation von Vertraulichkeit, der Urheberschaft und der Integrität - vergleichbar mit einem Briefumschlag und Siegel.

gesehen werden. Die Technik sichert Vertraulichkeit und Integrität von übermittelten Nachrichten gegenüber Abhören und Manipulation durch Außenstehende.[519] Es wird zwischen symmetrischen und asymmetrischen Kryptographiesystemen unterschieden. Bei ersterem haben Sender und Empfänger den gleichen Schlüssel, bei letzterem nicht. Der Verschlüsselungsschlüssel des Senders ist meistens bekannt. Nur der Entschlüsselungsschlüssel, den der Empfänger benötigt, wird geheim gehalten. Ein Beispiel für eine asymmetrische Anwendung ist die digitale Signatur.[520]

Oft wird Kryptographie zusammen mit Steganographie genannt. Letztere Technik spart allerdings keine Daten, sondern hat Vertraulichkeitsschutz zum Ziel.[521] Sinn der Steganographie ist es lediglich, Daten in Texten, Bildern oder Musikdaten zu verstecken. Ziel dabei ist es zu verhindern, daß überhaupt bemerkt wird, daß Daten versendet werden.

4.4.1.5 Systemdatenschutz

Das Konzept des Systemdatenschutzes beinhaltet zwar noch weitere organisatorische und technische Maßnahmen zur Verbesserung des Datenschutzes, strebt jedoch in der Hauptsache danach, die Grundsätze der Datenvermeidung und Datensparsamkeit technisch-organisatorisch umzusetzen.[522] Nach *Podlech*, der den Begriff Systemdatenschutz geprägt hat, umfaßt dieser „die Menge der Rechtsregeln, die Vorgänge der Informationserhebung oder Informationsverarbeitung rechtlich so ordnen, daß die Gesamtheit der rechtlich geregelten Informationsvorgänge keine sozialschädlichen Folgen herbeiführen".[523] Anders ausgedrückt lassen sich unter Systemdatenschutz die Vorgaben zusammenfassen, die auf die „rechtliche und technische Gestaltung des technisch-organisatorischen Systems der Erhebung, Verarbeitung und Nutzung zielen, um auf diese Weise das datenschutzrechtliche Regelungsziel sicherzustellen".[524] Es handelt sich beim Systemdatenschutz also um normative Verarbeitungsgrundsätze und technische Vorkehrungen, die aufeinander abgestimmte, sich gegenseitig

---

Kryptographische Verfahren dienen sowohl dem Schutz der Ausübung von Grundrechten als auch der Rechtssicherheit."

[519] *Federrath/ Pfitzmann* 1999, 127.
[520] Zu allem *Federrath/ Pfitzmann* 1999, 127f.
[521] Es gibt allerdings auch Techniken, die die Idee der Steganographie nutzen, um die Vertraulichkeitsvermutung auszunutzen, wie zum Beispiel Web Bugs. Siehe dazu *Nethics - Portal zur Informationsethik*, http://www.nethics.net/nethics/de/themen/privacy/tendenzen.html; *Lang*, JurPC Web-Dok. 205/2001, Abs. 74ff., http://www.jurpc.de/aufsatz/20010205.htm#C21.
[522] Siehe schon in Kapitel 2.3.2.
[523] *Podlech* 1982, 452; siehe auch *Bizer* 1999, 36 und *Roßnagel* 1994, 236.
[524] *Roßnagel* 1994, 236ff.; *Hoffmann-Riem* 1998, 23, formuliert: „Systemdatenschutz zielt insbesondere auf eine technisch-organisatorische Gestaltung der Kommunikationsinfrastruktur derart ab, daß Risiken verringert werden, etwa durch Einräumung von Wahlmöglichkeiten für Anonymisierung oder Pseudonymisierung oder durch Rahmenbedingungen für digitale Signaturen."

ergänzende Elemente einer einheitlichen, auf die Gewährleistung der informationellen Selbstbestimmung bedachten Regelung anstreben.[525]

Da der rein individualrechtliche Ansatz des Datenschutz zu kurz greift,[526] kann, indem Datenvermeidung und Datensparsamkeit in die Struktur von Datenverarbeitungssystem integriert werden, auch für die Menschen, die sich nicht selbständig um Datenschutzbelange kümmern oder die sich nicht an Datenschutzregeln halten, ein effektiver Datenschutz gewährt werden.

Im Rahmen des Systemdatenschutzes soll auch sichergestellt werden, daß das technischorganisatorische System nur zu der Datenverarbeitung in der Lage ist, zu der es rechtlich auch ermächtigt ist, beziehungsweise daß nur die verantwortliche Stelle Daten verarbeitet, die sie rechtlich verarbeiten darf.[527] Um dies zu erreichen, wird im Gutachten zur Modernisierung des Datenschutzrechts daher in einer technisch-organisatorischen Sicherung der Zweckbindung die zweite wichtige Aufgabe neben der Vermeidung und Minimierung personenbezogener Daten gesehen. Daten, die zu unterschiedlichen Zwecken erhoben worden sind, sollen deswegen getrennt verarbeitet werden und sollen voneinander getrennt bleiben. Möglicherweise würde auch eine obligatorische Kennzeichnung des Zwecks hilfreich sein.[528]

Zu den technischen Maßnahmen, durch die Systemdatenschutz realisiert werden kann, sind Betriebssysteme mit sogenannten „feingranularen" Zugriffsberechtigungen, manipulationssichere Geräte und Verschlüsselungssysteme sowie die digitale Signatur zu rechnen.[529] Organisatorische Maßnahmen im Sinne des Systemdatenschutzes sind zum Beispiel die Einräumung von Wahlmöglichkeiten für Anonymisierungs- und Pseudonymisierungstechniken oder die Schaffung von Rahmenbedingungen für digitale Signaturen. Es gibt auch Systeme, bei denen technische und organisatorische Maßnahmen zusammengreifen. Zu diesen zählen neben der digitalen Signatur bestimmte elektronische Mautsysteme[530] oder der von *Borking* erfundene Identity Protector.[531]

4.4.2 Normadressat von § 3a BDSG

Normadressat der Vorschrift des § 3a BDSG ist die verantwortliche Stelle nach § 3 Abs. 7 BDSG beziehungsweise bei Tele- und Mediendiensten deren Anbieter.[532] Verantwortliche

---

[525] *Simitis*, DuD 2000, 725.
[526] Roßnagel - *Dix* 2003, 3.5 Rn 1, 5 und 54.
[527] *Roßnagel/ Pfitzmann/ Garstka* 2001, 40.
[528] So jedenfalls *Roßnagel/ Pfitzmann/ Garstka* 2001, 128ff., die dabei nicht beachten, daß Zwecke immer schnell gefunden und oft schwer zu widerlegen sind. Zum Beispiel steuerliche Zwecke könnten fast immer greifen.
[529] Roßnagel - *Hansen* 2003, 3.3 Rn 74.
[530] *Borking*, DuD 1998, 638.
[531] Siehe *Borking*, DuD 1996, 654. Siehe auch *Enzmann/ Schulze* 2002, 196f.
[532] Gesetzesentwurf der Bundesregierung, Entwurf eines Gesetzes zur Regelung der Rahmenbedingungen für Informations- und Kommunikationsdienste, *BT-Drs* 13/7385, 22; Nach *Bergmann/ Möhrle/ Herb* 2003, § 3a Rn 5, gelte dies insbesondere bei Anbietern, die Informationen, Waren oder Dienstleistungen im Inter-

Stelle oder Anbieter in diesem Sinne sind zuerst einmal öffentliche Stellen, für die das BDSG nach § 1 Abs. 2 BDSG gilt. Für Private gilt das BDSG nur, wenn unter Einsatz von Datenverarbeitungsanlagen personenbezogene Daten verarbeitet, genutzt oder erhoben werden. Daß heißt, daß Hersteller und Anbieter von Datenverarbeitungssystemen beim Design ihrer Produkte durch die Vorschrift des § 3a BDSG nicht direkt gebunden sind. Sie werden also nicht verpflichtet, datensparsame und datenvermeidende Produkte herzustellen oder zu verkaufen.[533] Nur mittelbar über die Nachfrage ist der Markt für datensparsame Produkte daher bisher in diese Richtung steuerbar.[534]

4.4.3 Unterrichtungspflicht

Die datenverarbeitenden Stellen trifft die Pflicht, die von Datenverarbeitungsmaßnahmen Betroffenen über die Identität der datenerhebenden Stelle, den verfolgten Zweck und die Empfänger der Daten zu unterrichten, § 4 Abs. 3 BDSG. Vergleichbare Vorschriften finden sich auch im TDDSG und MDStV, § 4 Abs. 1 Satz 1 und Satz 3 TDDSG beziehungsweise § 18 Abs. 1 Satz 1 und Satz 3 MDStV. Eine explizite Verpflichtung der verantwortlichen Stelle, die Betroffenen über die nicht ergriffenen Maßnahmen der Datenvermeidung und Datensparsamkeit zu informieren, existiert im BDSG nicht.

4.4.4 Gestaltung und Auswahl von Datenverarbeitungssystemen

§ 3a BDSG spricht etwas unklar von „Gestaltung und Auswahl von Datenverarbeitungssystemen", was im übrigen dem Vorschlag der Projektgruppe *provet* entspricht.[535] Datenverarbeitungssysteme sind dabei nach der DIN 44300 Nr. 99 „eine Funktionseinheit zur Verarbeitung von Daten".[536] Das bedeutet, daß hierunter also nicht nur Geräte und Baueinheiten (Hardware) fallen, sondern auch Datenverarbeitungsprogramme (Software) und „die Daten, durch deren Wechselwirkung der Datenverarbeitungsprozeß möglich wird".[537] Gestaltung und Auswahl von Datenverarbeitungssystemen beschränkt sich zunächst einmal auf die verantwortlichen Stellen als Normadressaten.[538] Darüber hinaus können aber auch die

---

net. Das Gleiche gelte auch für die Abwicklung von Verwaltungsverfahren über das Internet oder anderen Vorgängen, bei denen personenbezogene Daten über das Netz übermittelt würden, Auch beim Einsatz von Videokameras.

[533] Anders *Duhr/ Naujok/ Peter/ Seiffert*, DuD 2002, 11, die behaupten, daß Hersteller und Anbieter Adressaten der Regelung seien.

[534] Zu allem Simitis - *Bizer* 2003, § 3a Rn 34f.

[535] Siehe in Kapitel 5.4.2.

[536] Im Unterschied dazu siehe die Definition der Datenverarbeitungsanlage in DIN 44300: „Gesamtheit der Baueinheiten, aus denen eine Funktionseinheit zur Verarbeitung von Daten aufgebaut ist", definiert wird. Darunter fallen nach Simitis - *Bizer* 2003, § 9 Rn 72, auch Personalcomputer inklusive Notebooks, Chipkarten-Lesegeräte und sogenannte angeschlossene Peripheriegeräte unter den Begriff des Datenverarbeitungssystems.

[537] Simitis - *Bizer* 2003, § 9 Rn 90.

[538] Zu Fragen des Normadressats siehe in Kapitel 4.4.2.

Verbraucher beziehungsweise Nutzer Mittel zur Verfügung gestellt bekommen, um auf die Gestaltung und Auswahl Einfluß auszuüben,[539] zum Beispiel durch die Bereitstellung von technischen Infrastrukturleistungen.[540] Zusätzlich können auch Programme, beispielsweise zur Verhinderung von Cookies als datenvermeidende oder datensparsame Technik eingesetzt werden.[541]

Die Gestaltung an sich kann sich sowohl auf die Programmierung von Software als auch auf die Konfiguration der eingesetzten Technik, vor allem während des Herstellungsprozesses, beziehen.[542] Der Begriff der Auswahl betrifft seinerseits sowohl das ganze Datenverarbeitungssystem als auch nur dessen einzelne Teile. Es ist folglich vorstellbar, daß eine verantwortliche Stelle bei einer Ausschreibung das Ziel der Datenvermeidung und Datensparsamkeit vorgibt oder nach diesem Kriterium auch ihre Beschaffungsentscheidung trifft.[543]

Sowohl die Gestaltung als auch die Auswahl von Datenverarbeitungssystemen am Ziel der Datenvermeidung und Datensparsamkeit auszurichten, setzt voraus, daß die Auswirkungen der beabsichtigten Erhebung, Verarbeitung und Nutzung der Daten für die Persönlichkeitsrechte der Betroffenen untersucht werden, indem die verantwortliche Stelle vorab prüft, welche Daten für den jeweiligen Zweck tatsächlich erforderlich sind.[544] Falls also die Rechte und Freiheiten der Betroffenen gefährdet sind und es mehrere Möglichkeiten zur Auswahl gibt, diese Gefährdung zu minimieren, ist eine Vorabkontrolle im Rahmen der Zulässigkeit nach § 4d Abs. 5 BDSG durchzuführen.[545] Für den Fall, daß es keine Alternative zu Datenverarbeitungssystemen gibt, die den Grundsatz der Datenvermeidung und Datensparsamkeit mißachten, stellt sich die Frage, ob die verantwortliche Stelle verpflichtet ist, neue datensparsame Systeme zu entwickeln beziehungsweise deren Entwicklung zu unterstützen.[546]

4.4.5 Datenvermeidung und Datensparsamkeit als Ziel

Nach § 3a BDSG haben sich also Gestaltung und Auswahl von Datenverarbeitungssystemen „an dem Ziel" der Datenvermeidung und Datensparsamkeit „auszurichten". Auf die Frage, was darunter zu verstehen ist, gibt es mehrere Interpretationsmöglichkeiten.

---

[539] Roßnagel - *Roßnagel* 2003, 3.4 Rn 79f.; Simitis - *Bizer* 2003, § 3a Rn 43; siehe dazu auch zum Selbstdatenschutz in Kap. 2.3.1.
[540] Roßnagel - *Roßnagel* 2003, 3.4 Rn 81; Simitis - *Bizer* 2003, § 3a Rn 44, nennt in diesem Zusammenhang Dienstleistungen und technische Werkzeuge, Chipkarten und Chipkartenleser.
[541] Simitis - *Bizer* 2003, § 3a Rn 44; zu dem Phänomen der Cookies auch *Hoeren* 2003, 335ff.
[542] Roßnagel - *Bizer* 2002, § 3 TDDSG Rn 160.
[543] Simitis - *Bizer* 2003, § 3a Rn 46; Roßnagel - *Bizer* 2002, § 3 TDDSG Rn 161.
[544] *Berliner Beauftragter für Datenschutz und Informationsfreiheit* 2001, 14.
[545] Roßnagel - *Roßnagel* 2003, 3.4 Rn 82ff.; Simitis - *Bizer* 2003, § 3a Rn 48; Roßnagel - *Bizer* 2002, § 3 TDDSG Rn 162.
[546] Diese Frage wird im folgenden zu klären sein.

4.4.5.1 Programmsatz

Erstens wird vertreten, daß es sich bei § 3a BDSG lediglich um einen Programmsatz handelt, der dazu aufruft, technische Möglichkeiten zu nutzen, ohne den Grundsatz der Erforderlichkeit zu ersetzen.[547] Danach schreibt § 3a BDSG nach dieser Meinung letztlich nur das vor, was die Praxis ohnehin schon beachtet, nämlich neue Techniken dort einzusetzen, wo es zweckmäßig ist.[548] Ein solcher Programmsatz begründet demnach keine Verpflichtung, sondern beschreibt nur eine generell verfolgenswerte Intention.

4.4.5.2 Zielausrichtung

Die Formulierung „an dem Ziel auszurichten" verlangt nach einer zweiten Auffassung keine absolute Zielerreichung, aber immerhin eine gewisse Bemühung in diese Richtung. Aufwand und Datenschutzerfolg müßten daher in einem angemessenen Verhältnis zu dem angestrebten Schutzzweck stehen, selbst wenn dies nicht ausdrücklich im Gesetz erwähnt sei.[549]

In ähnliche Richtung geht auch die Argumentation, daß schutzwürdige Interessen von Betroffenen gegenüber dem Ausschluß der Verarbeitung, Erhebung und Nutzung der Daten überwiegen können. Wenn es möglich und sachgerecht sei, seien die Grundsätze der Datenvermeidung und Datensparsamkeit daher zu beachten.[550]

4.4.5.3 Prüfungszwang

Noch datenschutzfreundlicher ist die dritte Auffassung, die von einem Prüfungszwang ausgeht.[551] Danach ist die Vorschrift nicht nur als Programmsatz zu verstehen, sondern beinhaltet eine „Aufforderung" an die datenverarbeitende Stelle, „beim Design beziehungsweise bei der Anschaffung von Hard- und Software-Produkten darauf zu achten, daß durch den Einsatz dieser Produkte das Prinzip der Datenvermeidung beziehungsweise Datenreduzierung realisiert werden kann".[552] Durch die Vorschrift würden die Rahmenbedingungen geschaffen, um bereits bei der Konzipierung und Entwicklung von Systemstrukturen den Datenschutz in den Vordergrund zu stellen und dadurch auf die Verarbeitung personenbezogener Daten so weit wie möglich zu verzichten.[553]

4.4.5.4 Zielvorgabe

Viertens wird vertreten, daß es sich bei § 3a BDSG um eine „Zielvorgabe"[554] handele. Das Gesetz gebe lediglich das Gestaltungsziel vor und überlasse es der verantwortlichen Stelle,

---

[547] *Christians* 2000, 10; ebenso *Klug* 2002, 139, Fn 1.
[548] *Schaffland/ Wiltfang* 2002, § 3a Rn 2.
[549] *Gola/ Schomerus* 2002, § 3a Rn 7.
[550] *Duhr/ Naujok/ Peter/ Seiffert*, DuD 2002, 11.
[551] So jedenfalls *Abel* 2002, § 3a 3.1.
[552] *Bergmann/ Möhrle/ Herb* 2003, § 3a Rn 7.
[553] *Bergmann/ Möhrle/ Herb* 2003, § 3a Rn 8.
[554] Zum Begriff „Zielvereinbarung" im Datenschutzrecht ausführlich *Petri* 2002, 142ff.

auf welche Weise sie das Ziel der Datenvermeidung und der Datensparsamkeit umsetzen wolle.[555] Die Erfüllung der Zielvorgabe - und nicht nur die Prüfung als solche - sei eine Rechtspflicht, die sich aus dem imperativ formulierten Wortlaut „hat sich an dem Ziel auszurichten" ergebe.[556] Der Normadressat kann daher lediglich unter den verschiedenen Umsetzungsmöglichkeiten, die ihm durch das Gestaltungs- und Auswahlziel verbindlich vorgegeben wurde, entscheiden.[557] Als vergleichbare gesetzgeberische Regelungstechnik, bei der „Technikstände nicht fixiert werden, sondern vielmehr an fortentwickelungsfähige und -bedürftige Technikentwicklungsprozesse angeknüpft wird", kann das Immissionsschutzrecht angeführt werden.[558]

Es wird argumentiert, daß sich der Gesetzgeber auf die Regelung einer Zielbestimmung beschränkt habe, um einerseits eine schutzzielkonforme Entwicklung der Technik zu ermöglichen, andererseits aber die technische Entwicklung datenvermeidender Technologien nicht normativ zu blockieren.[559] Es handele sich somit um eine indirekte staatliche Techniksteuerung, die vom Angebot der Hersteller und der Nachfrage der Nutzer abhänge.[560] In der Form der Rechtsetzung als Zielvorgabe, bei der eine Steuerung nicht über die Einzelfallebene, sondern auf einer Meta-Ebene abläuft, kann daher eine große Zukunftsoffenheit gesehen werden, die unter anderem dadurch erreicht würde, daß eine spezifische Beschreibung der Technik entfällt.[561]

4.4.5.5 Zwischenergebnis

Unter den vier verschiedenen Interpretationsmöglichkeiten ist der letzten, die von einer Zielvorgabe ausgeht, der Vorzug zu geben. Der Zwang zur Prüfung, ob es wirklich notwendig ist, für einen bestimmten Zweck überhaupt personenbezogene Daten zu verwenden, geht zwar in die richtige Richtung, bewirkt aber nicht ausreichend positive Konsequenzen für das Recht auf informationelle Selbstbestimmung der Betroffenen. Es muß nämlich auch darum gehen, daß tatsächlich Datenvermeidung beziehungsweise Datensparsamkeit eingesetzt wird, eine Prüfung allein greift zu kurz. Ebensowenig überzeugen die Idee des Programmsatzes als auch die der Zielausrichtung. Auch sie gehen beide nicht weit genug. Allein für den Aufruf, neue Techniken dort einzusetzen, wo es zweckmäßig ist, wird keine eigene Vorschrift benötigt. § 3a BDSG wäre dann sozusagen überflüssig. Sinn und Zweck des § 3a BDSG kann es auch nicht sein, sich lediglich an dem Ziel der Datenvermeidung und Datensparsamkeit „auszurichten". Der Gesetzesbegründung nach geht es eben doch darum, das Ziel der Datenvermeidung

---

[555] *Bizer* 1998a, 5; *Bizer* 1999, 49.
[556] Roßnagel - *Bizer* 2002, § 3 TDDSG Rn 156.
[557] *Nedden* 2001, 71; Ebenso *Bizer* 1999, 49; Roßnagel - *Bizer* 2002, § 3 TDDSG Rn 156.
[558] *Nedden* 2001, 71.
[559] Roßnagel - *Bizer* 2002, § 3 TDDSG Rn 155.
[560] *Bizer* 1999, 47; Simitis - *Bizer* 2003, § 3a Rn 36; Roßnagel - *Bizer* 2002, § 3 TDDSG Rn 151.
[561] *Nedden* 2001, 70f.

und Datensparsamkeit zu erreichen,[562] nicht nur auf die Einhaltung des Zieles zu achten. Aus der Begründung des Gesetzgebers kann nämlich herausgelesen werden, daß die personenbezogenen Daten nicht verarbeitet werden dürfen, die für die Aufgabenerfüllung nicht erforderlich sind. Lediglich der Weg, wie dies zu geschehen habe, kann von der datenverarbeitenden Stelle im Rahmen des „Korridors der Umsetzungsmöglichkeiten"[563] gewählt werden. Insbesondere ist dies der Fall, wenn eine vergleichbare Situation wie die verwaltungsrechtliche Figur der „Ermessensreduzierung auf Null" vorliege, wenn also für die verantwortliche Stelle bei der obligatorischen Prüfung unter verschiedenen Möglichkeiten nur eine Möglichkeit dabei ist, die tatsächlich Daten vermeidet oder spart. Selbstverständlich ist auch bei der Anwendung unbestimmter Rechtsbegriffe die Zielvorgabe zu berücksichtigen. Bei Gestaltungs- und Auswahlentscheidungen, die bei jedem Datenverarbeitungssystem zu treffen sind, hat § 3a BDSG über die normativen Vorgaben hinaus im Beachten und Umsetzen der Zielvorgabe seine Aufgabe.[564]

Problematisch und deswegen oft nicht ausreichend beachtet ist die Vorschrift aufgrund ihrer mangelnden Durchsetzungsfähigkeit. Rechtspflicht bedeutet im Zusammenhang mit § 3a BDSG nämlich prinzipiell nicht, daß Nutzer aus § 3a BDSG einen Anspruch auf Datenschutzfreundlichkeit bestimmter Produkte ableiten können, sondern lediglich, daß es eine objektive Prüfpflicht für die datenverarbeitende Stellen[565] gibt. Wenn die Stelle allerdings dieser Pflicht nicht nachkommt, hat der in seinem Recht auf informationelle Selbstbestimmung Betroffene keine starken Instrumente zur Durchsetzung in der Hand. Weder Strafgesetze noch Bußgeldvorschriften stehen ihm zur Verfügung. §§ 43f BDSG sind in diesem Fall nicht anwendbar. Die Argumentation, daß die datenverarbeitende Stelle ordnungswidrig handele, wenn sie den Grundsatz des § 3a BDSG nicht beachte, ist abwegig. Ein Verschaffen von unbefugten, nicht allgemein zugänglichen Daten nach § 43 Abs. 2 Nr. 3 BDSG beschreibt einen vollkommen anderen Sachverhalt als die Mißachtung der Datensparsamkeitsvorschrift.

Ist die datenverarbeitende Stelle nicht öffentlich, kommt die Kontaktaufnahme mit der zuständigen Aufsichtsbehörde in Betracht. Der Betroffene kann hier eine Eingabe machen oder sich beschweren.[566] Die Aufsichtsbehörde ist nach § 38 Abs. 1 Satz 1 BDSG verpflichtet, die Ausführung des BDSG zu kontrollieren, wobei ihr allerdings nur eine sehr begrenzte Befugnis zufällt.[567]

---

[562] *BT-Drs* 14/4329, 30.
[563] Roßnagel - *Bizer* 2002, § 3 TDDSG Rn 156.
[564] Simitis - *Bizer* 2003, § 3a Rn 37.
[565] Wie oben festgestellt haben ja nicht einmal die Hersteller und Anbieter diese Prüfpflicht.
[566] Simitis - *Walz* 2003, § 38 Rn 9.
[567] Simitis - *Bizer* 2003, § 3a Rn 83. Zur Datenschutzkontrolle auch *von Lewinski*, RDV 2001, 275ff.; *Moos*, DuD 1998, 163ff.

Sowohl für öffentliche als auch nicht-öffentliche Stellen gibt es über § 4g Abs. 1 Satz 1 BDSG zusätzlich die Möglichkeit, eine Datenschutzkontrolle anzustrengen. Aber auch in diesem Fall ist die Befugnis der Kontrolleure nur gering. Sie dürfen allein Umsetzungsdefizite identifizieren und passende Anregungen aussprechen.[568] Das Gesetz spricht von eine „Hinwirkungsmöglichkeit" der internen Datenschutzbeauftragten auf die Einhaltung der Datenschutzregeln nach BDSG.

Neben den internen Datenschutzbeauftragten kann in Bundesbehörden der Bundesdatenschutzbeauftragte nach § 24 Abs. 1 BDSG tätig werden, in Landesbehörden der jeweilige Landesdatenschutzbeauftragte.

Weiterhin sei an Marktinstrumente erinnert, die die Einhaltung des datenschutzfördernden Grundsatzes des § 3a BDSG unterstützen könnten. In Betracht kommen besondere Unterrichtungspflichten, öffentlicher Druck durch die Presse oder Interessensvertretungen oder die Idee von Produkt- und Verfahrensaudits.[569] In bestimmten Märkten könnten in ein paar Jahren Datenvermeidungs- beziehungsweise Datensparsamkeitstechniken dann sogar einen Wettbewerbsvorteil darstellen.

4.4.6 § 3a Satz 2 BDSG

Satz 2 des § 3a BDSG benennt zwei Möglichkeiten, die Zielvorgabe des Satzes 1 umzusetzen.[570] Wie aus der Gesetzesbegründung hervorgeht, geht es dabei in erster Linie darum, das Mitführen der vollen Identität von Betroffenen während des eigentlichen Datenverarbeitungsvorgangs zu reduzieren, soweit dies technisch möglich und sachgerecht ist.[571]

Anonymisierung und Pseudonymisierung stehen stellvertretend für andere Möglichkeiten, die Zielvorgabe umzusetzen. Es handelt sich also nur um Regelbeispiele.[572] Der Vorbehalt des Satzes 2 gilt allerdings nur für die dort ausdrücklich erwähnten Verfahren, nicht jedoch für andere Möglichkeiten der Datenvermeidung und Datensparsamkeit, zum Beispiel der Abstufung der Verarbeitungsschritte.[573]

4.4.6.1 Anonymität

Ein Mittel, Daten von vornherein zu vermeiden, ist die in § 3a Abs. 1 Satz 2 BSDG (und § 4 Abs. 6 TDDSG) geregelte datenschutzfördernde Technik der Anonymisierung.[574]

---

[568] Simitis - *Simitis* 2003, § 4g Rn 30.
[569] Siehe dazu in Kapitel 5.4.
[570] Für viele *Bergmann/ Möhrle/ Herb* 2003, § 3a Rn 8; *Duhr/ Naujok/ Peter/ Seiffert*, DuD 2002, 11.
[571] BT-Drs 14/4329, 33 und *Duhr/ Naujok/ Peter/ Seiffert*, DuD 2002, 11.
[572] Simitis - *Bizer* 2003, § 3a Rn 68.
[573] Simitis - *Bizer* 2003, § 3a Rn 68.
[574] Anonym kommt aus dem Griechischen und bedeutet „namenlos" oder „dem Namen nach unbekannt". Als Anonymisierung wird der Vorgang der Herstellung der Anonymität bezeichnet. Voraussetzung dafür ist, daß ursprünglich ein Personenbezug bestand. *Roßnagel/ Scholz*, MMR 2000, 723, weisen daher zu Recht daraufhin, daß Angaben, die zu gar keiner Person gehören, auch keine anonymen Daten sein können.

4.4.6.1.1 Beschreibung der Funktionsweise

In § 3 Abs. 6 BDSG ist die Anonymisierung legaldefiniert. Danach bedeutet Anonymisierung „das Verändern personenbezogener Daten derart, daß die Einzelangaben über persönliche oder sachliche Verhältnisse nicht mehr oder nur mit einem unverhältnismäßig großen Aufwand an Zeit, Kosten und Arbeitskraft einer bestimmten oder bestimmbaren natürlichen Person zugeordnet werden können".[575]

Im Gegensatz zur Pseudonymisierung[576] fehlt im Fall der Anonymisierung die Kenntnis über die Zuordnungsmöglichkeit entweder von Anfang an (absolute Anonymisierung beziehungsweise ursprünglicher Zustand der Anonymität) oder sie ist später beseitigt worden (faktische Anonymisierung).[577] Bei letzterer werden Einzelangaben also über eine Person derart verändert, daß ein Rückschluß auf die ursprünglichen Daten - zumindest faktisch - nicht mehr möglich ist. Nutzer können also Ressourcen und Dienste benutzen, ohne ihre Identität offenbaren zu müssen.[578] Die Möglichkeit einer Re-Individualisierung und damit einer De-Anonymisierung kann zwar nicht vollständig ausgeschlossen werden, die Wahrscheinlichkeit, daß eine Zuordnung stattfinden kann, ist allerdings so gering, daß sie nach der Lebenserfahrung oder dem Stand der Wissenschaft praktisch ausscheidet.[579] Daher handelt es sich auch bei faktischer Anonymisierung nicht mehr um personenbezogene Daten im Sinne des § 3 Abs. 1 BDSG. Das BDSG ist demnach auf sie mangels Personenbezug nicht anwendbar.[580] Etwas anderes wäre allein aufgrund einer teleologischen Auslegung nicht vertretbar. Das in § 3a BDSG erwähnte Anonymisieren als Methode der Datenvermeidung dient dem Zweck, sowohl dem Betroffenen als auch dem Datenverarbeiter einen Anreiz zu bieten, datenschutzfördernde Produkte zu nutzen.[581] Eine unnötige Erschwerung dieses Zwecks wäre kontraproduktiv und nicht im Sinne des Gesetzes. Daß von vornherein, also absolut, anonyme Daten daher erst recht keinen Personenbezug aufweisen, ist offensichtlich.

---

[575] Der Zusatz „nur mit einem unverhältnismäßig großen Aufwand an Zeit, Kosten oder Arbeitskraft" der in einigen Landesdatenschutzgesetzen fehlt, verdeutlicht daß es sich um Daten handelt, die ursprünglich einen Personenbezug hatten, die aber nun aufgrund der Anonymisierung keine personenbezogenen Daten im Sinne des § 3 Abs. 1 BDSG mehr sind. So auch Simitis - *Bizer* 2003, § 3a Rn 57 und Simitis u. a. - *Dammann* 1992, § 3 Rn 202.

[576] Siehe in Kapitel 4.4.6.2.

[577] Einflußfaktoren für die Qualität der Anonymisierung sind nach *Ernestus* 1999, 155, der Zeitpunkt der Anonymisierung, die Rücknahmefestigkeit des Anonymisierungsprozedur, die Mächtigkeit der Menge, die Verkettungsmöglichkeiten von einzelnen Transaktionen desselben Betroffenen und das Auftreten von konkreten Einzelangaben in einem Datensatz bzw. einer Transaktion. Das BDSG oder das TDDSG kennt diese Unterscheidung im übrigen nicht.

[578] *Roßnagel/ Pfitzmann/ Garstka* 2001, 223.

[579] „Ob eine Information personenbeziehbar ist, läßt sich nicht aus der Angabe allein ableiten, sondern ist abhängig vom jeweiligen Zusatzwissen." Zu allem *Roßnagel/ Scholz*, MMR 2000, 722ff.

[580] So ebenfalls *Scholz* 2003, 193ff.; *Gola/ Schomerus* 2002, § 3 Rn 43f.; *Tinnefeld/ Ehmann* 1998, 187; Anders hingegen Simitis - *Dammann* 2003, § 3 Rn 202f.; *Bizer* 1992, 152; *Auernhammer* 1993, § 3 Rn 47; *Möncke*, DuD 1998, 565.

[581] Siehe schon *Scholz* 2003, 196f.

Beide Formen der Anonymität ermöglichen auf technischer Ebene, daß eine Person, wenn sie (wie im Leben außerhalb von Datenverarbeitungsvorgängen)[582] ihre Identität verbergen möchte, dies auch tun kann; anders als derzeit in vielen marktgängigen Systemen und Anwendungen, bei denen die Fremdidentifikation möglich und üblich geworden ist.[583]

4.4.6.1.2 Anwendungen

Gelungene Anwendungen von Anonymitäts- beziehungsweise Anonymisierungstechniken in der Praxis sind die vorbezahlten Wertkarten, sogenannte Prepaidkarten,[584] mit deren Hilfe anonym elektronisch abgebucht werden kann,[585] wie zum Beispiel Telefonkarten und anonyme Zahlkarten im öffentlichen Personennahverkehr. Erwähnenswert ist auch Software, die mit Hilfe der von *Chaum* entwickelten Mix-Verfahren und ähnlichen Web-Tools[586] anonymes Surfen im Internet ermöglicht.[587] Mit Hilfe des Mix-Verfahrens können ebenfalls Seiten im World Wide Web anonym veröffentlicht[588] und E-Mail-Nachrichten anonym verschickt[589] werden. Besonders zu erwähnen ist das Projekt AN.ON, das vom *Bundesministerium für Wirtschaft*, der *Technischen Universität Dresden*, der *Freien Universität Berlin* und dem *Unabhängigen Landeszentrum für Datenschutz Schleswig Holstein* gemeinsam betrieben wird. Es verfolgt das Ziel, anonymes Surfen im Internet zu ermöglichen. Das dem Projekt zugrundeliegende Informationstool JAP läßt keinen Rückschluß auf die IP-Adresse, das verwendete

---

[582] Anonymität ist außerhalb der neuen Informations- und Kommunikationstechnik im täglichen Leben in vielen Situationen die Regel. So kann man die meisten Produkte kaufen, ohne seine Identität preisgeben zu müssen. Man kann sich frei bewegen, ohne fürchten zu müssen, daß jede Ortsveränderung registriert wird. Eine Initiative des *Bundesrats* Juni 2002 könnte diesen Zustand für das Internet allerdings verändern. Danach soll die anonyme Internetnutzung verboten werden, indem den Anbietern die Pflicht auferlegt wird, das Abrufverhalten der Nutzer zu protokollieren. Nach dem Bundesratsvorschlag sollte außerdem die Strafverfolgung auch dann erlaubt sein, wenn Mobiltelefone lediglich auf Standby gestellt seien. Siehe *BR-Drs* 513/02 neu.

[583] *Pfitzmann* 2000, 11, zum Beispiel bei der modernen Mobilkommunikationstechnik oder ISDN. Er weist ebenfalls darauf hin, daß Anonymität nur zwischen Gleichartigen hergestellt werden kann und nennt die Beispiele Sprachen und Datenmenge, *Pfitzmann* 2000, 13.

[584] Das *VG Köln*, 11 K 240/00, RDV 2002, 275, hat ein Urteil zu der Frage gefällt, ob beziehungsweise in welchem Maße Telekommunikationsdienstleister Kundendaten von Prepaid-Kunden speichern dürfen. Es entschied, daß nicht mehr personenbezogene Daten von Kunden als erforderlich erhoben werden dürften, sondern nur die, „die insbesondere zur betrieblichen Abwicklung oder für das bedarfsgerechte Gestalten ihrer jeweiligen geschäftsmäßigen Telefondienste erforderlich sind".

[585] Roßnagel - *Hansen* 2003, 3.3 Rn 99; Roßnagel - *Weichert* 2003, 9.5 Rn 37; *Bizer* 1999, 48 mit weiteren Nachweisen.

[586] Zum Beispiel *Chaum*, CACM Vol. 24 No. 2, Feb. 1981, 84ff.

[587] Anders als von den meisten Nutzern erwartet, ist die Anonymität im Internet mitnichten gewährleistet. Benutzerprofile sind einfach anzulegen. Die Strafverfolgungsbehörden haben es leicht, Daten zurückzuverfolgen. Cookies tun ihr übriges. Sehr gut verständlich auch *Roessler* 2000, 205ff. und *Kelter* 2001, 1ff., insbesondere 35ff.; *Romaneschi/ Kerner* 2002, 2ff., insbesondere 8ff.; *Danz/ Federrath/ Köhntopp/ Kritzenberger/ Ruhl* 1999, 59ff.; Zu der Problematik der Cookies, kurz und verständlich dargestellt bei *Pfitzmann* 2000, 12.

[588] JANUS ermöglicht sowohl ein anonymes Surfen als auch das anonyme Anbieten von Seiten im World Wide Web, dazu *Demuth/ Rieke*, DuD 1998, 623ff. Der Rewebber schafft ebenfalls Client- und Server-Anonymität, *Demuth/ Rieke* 2000, 38ff.; *Romaneschi/ Kerner* 2002, 18f.; *Holznagel/ Sonntag* 2000, 72ff.

[589] *Romaneschi/ Kerner* 2002, 20ff.; *Kelter* 2001, 43f., 49ff.

Betriebssystem und den Browser noch andere identifizierende Daten des Surfenden zu. Nicht nur Privatpersonen aus Deutschland scheinen es zu benutzen, sondern auch Unternehmen mit Niederlassungen im Ausland, denen mit Hilfe dieser Technik in Ländern mit von Zensur beschränktem Internetzugriff dadurch ein freier Informationszugang gewährleistet wird.[590] Auch Tools, die mittels Filtertechniken das Setzen von sogenannten Cookies intelligent zu verhindern wissen,[591] bedienen sich der Anonymitätstechniken und vermeiden Datenspuren.[592]

4.4.6.2 Pseudonymität

Pseudonymisieren nach § 3a BDSG (und § 4 Abs. 7 TDDSG) ist ebenfalls ein Mittel datenschutzfördernder Technik, mit dem Identität verschleiert werden kann.

4.4.6.2.1 Beschreibung der Funktionsweise

Seit Jahrhunderten wird die Möglichkeit genutzt, unter Pseudonym Schriften zu veröffentlichen, um der politischen Verfolgung zu entgehen. Das BDSG definiert heute in § 3 Abs. 6a Pseudonymisieren als „Ersetzen des Namens und anderer Identifikationsmerkmale durch ein Kennzeichen zu dem Zweck, die Bestimmung des Betroffenen auszuschließen oder wesentlich zu erschweren". „Pseudonymisierung ist also das Verändern personenbezogener Daten durch eine Zuordnungsvorschrift derart, daß die Einzelangaben über persönliche oder sachliche Verhältnisse ohne Kenntnis oder Nutzung der Zuordnungsvorschrift nicht mehr einer natürlichen Person zugeordnet werden können".[593] Der Einsatz von Pseudonymen macht überall dort Sinn, wo „unter Einhaltung von vorher definierten Rahmenbedingungen der Personenbezug wiederhergestellt werden muß".[594] Die Identität über das Pseudonym darf dabei nur einem bestimmten Personenkreis bekannt sein und gerade nicht anderen Dritten.[595] Pseudonymisierung ist damit das Ergebnis eines Kompromisses zwischen Datensparsamkeit und notwendiger Identifizierung,[596] denn auf der einen Seite ist eine Zuordnung ohne Zuord-

---

[590] DuD Report, ULD Schleswig Holstein, DuD 2003, 52f.; *Informationsbroschüre „Anonymität" des Unabhängigen Landeszentrum für den Datenschutz Schleswig-Holstein*, 9ff..
[591] Zum Beispiel „adware" oder „webwasher", dazu *Bizer*, DuD 1998, 277ff.; *Weichert*, DuD 1998, 273ff.; *Kelter* 2001, 1ff.; *Gundermann* 2000, 61; *Gundermann*, K&R 2000, 227ff.; *Schaar*, DuD 2000, 275; *Hoeren* 2003, 302ff. mit weiteren Nachweisen: Cookies sind nur bei Verwendung von Pseudonymen zulässig, § 6 Abs. 3 Satz 1 TDDSG, siehe auch AG Ulm zitiert bei *Hoeren* 2003, 304.
[592] Zu allem *Romaneschi/ Kerner* 2002, 1ff.; *Arbeitsgruppe „Datenschutzfreundliche Technologien" des Arbeitskreis technische und organisatorische Datenschutzfragen der Datenschutzbeauftragten des Bundes und der Länder* 1997, 1ff.; *Arbeitsgruppe „Datenschutz in der Telekommunikation" des Arbeitskreis technische und organisatorische Datenschutzfragen der Datenschutzbeauftragten des Bundes und der Länder* 1997, 1ff.; *Danz/ Federrath/ Köhntopp/ Kritzenberger/ Ruhl* 1999, 59ff.; *Cranor* 2000, 107ff.; *Enzmann/ Schulze* 2002, 199ff.
[593] *Arbeitskreis Technik der Datenschutzbeauftragten des Bundes und der Länder*, DuD 1997, 711.
[594] *Ernestus* 1999, 156.
[595] *Kelter* 2001, 14.
[596] "The conventional information system contains the following processes: authorization, identification, authentication", *Borking*, DuD 2001, 412. *Ernestus* 1999, 153f.: Autorisierung (Vergabe einer Berechtigung und eines Berechtigungsprofils zur Nutzung des Systems, z.B. Personalisierung von Chipkarten), Identifikation und Authentikation (Nachweisführung des Benutzers über seine grundsätzliche Berechtigung

nungsschlüssel ebenso wie bei anonymisierten Daten nur mit einem hohen Aufwand an Zeit, Kosten und Arbeitskraft möglich, andererseits sind die Daten mit Hilfe des Schlüssels durch den Berechtigten relativ einfach personenbeziehbar.[597] Da ein Rückschluß auf eine Person also möglich ist, besteht deshalb die Notwendigkeit bei der Vergabe von Pseudonymen sehr viel vorsichtiger vorzugehen als bei Anonymisierungsverfahren.[598]

Trotz der möglichen Re-Identifizierung handelt es sich bei pseudonymisierten Daten ebensowenig wie bei anonymisierten Daten um personenbezogene Daten im Sinne des § 3 Abs. 1 BDSG.[599] Eine Ausnahme bilden die pseudonymisierten Daten bezüglich der Personen, die Zugang zu der Zuordnungsregel besitzen.[600] Für diese Personen sind die Daten nämlich personenbeziehbar. Daher weist das LDSG Schleswig-Holstein[601] in seiner Definition des Pseudonymisierens in § 2 Abs. 2 Nr. 7 zu recht auf die Zuordnungsfunktion hin. Ohne diese Funktion dürfe ein Datum eben nicht zuordenbar sein.[602]

Ob ein Personenbezug besteht, hängt also nicht vom Aufwand ab, mit dem die pseudonymisierten Daten bestimmbar gemacht werden können,[603] sondern davon, ob eine Person im Besitz der Zuordnungsregel ist oder nicht. Auch das Argument der nicht vollständig auszuschließenden Aufdeckrisiken überzeugt nicht, da selbst bei anonymisierten Daten, die Aufdeckung zwar unwahrscheinlich, aber nicht unmöglich ist.[604] Zusätzlich zu der teleologischen Begründung, daß § 3a BDSG anonymisierte und pseudonymisierte Daten fördern will und daher die Bejahung eines Personenbezugs bei pseudonymisierten Daten für die Förderung datenschutzfördernder Technik wenig Sinn machen würde, kann mit der Systematik des Gesetzes argumentiert werden. Nach § 4 Abs. 7 TDDSG hat der Nutzer das Recht, über die zu seinem Pseudonym gespeicherten Daten zu erlangen. Handelte es sich bei diesen Daten um solche mit Personenbezug, wäre der Hinweis überflüssig, da ein allgemeines Auskunftsrecht ohnehin besteht.[605]

---

zur Nutzung des Systems).

[597] *Roßnagel/ Scholz*, MMR 2000, 724 mit weiteren Nachweisen in Fußnote 31.

[598] Einflußfaktoren für die Qualität des Peudonomisierungsverfahrens hängt nach *Ernestus* 1999, 156 vom Zeitpunkt der Pseudonymisierung, der Rücknahmefestigkeit der Pseudonymisierungsprozedur, der Mächtigkeit der Menge und der Verkettungsmöglichkeiten von einzelnen Transaktionen bzw. Datensätzen ab.

[599] *Roßnagel/ Scholz*, MMR 2000, 725f.; *Roßnagel/ Pfitzmann/ Garstka* 2001, 103; *Gundermann* K&R 2000, 232; *Schaffland/ Wiltfang* 2002, § 3 Rn 13; *Gola/ Schomerus* 2002, § 3a Rn 10.

[600] So auch *Roßnagel*, RDV 2002, 65.

[601] LDSG S-H vom 9.2.2000.

[602] Siehe dazu auch Roßnagel - *Dix* 2003, 3.5 Rn 31; ebenso *Scholz* 2002, 59.

[603] Anders Roßnagel - *Bär* 2003, 5.7 Rn 17.

[604] So aber Roßnagel - *Bizer* 2002, § 3 TDDSG Rn 176; *Bizer/ Grimm* 1999, 51; *Schaar*, DuD 2000, 277; *ders.*, DuD 2001, 385f.

[605] Nach *Scholz* 2003, 197.

Mit Hilfe von neuer Technik können Pseudonyme vielfältig genutzt werden. Der Computer kann sich im Unterschied zum menschlichen Gehirn, statt Namen auch längere, aus willkürliche Zahlen- und Buchstabenfolgen bestehende Pseudonyme „merken".

Pseudonyme Daten werden anonymen Daten nicht nur aus diesem Grund vorgezogen, sondern auch weil bei ihnen die Möglichkeit der Verkettbarkeit[606] besteht und vor allem weil der Personenbezug im Ausnahmefall über die Zuordnungsregel wieder herstellbar ist. Damit das Vertrauen in Pseudonyme gewahrt bleibt, sollte der Regelfall, daß keine Identifizierung stattfindet, nur in gesetzlich vorgeschriebenen Fällen durchbrochen werden können, zum Beispiel wie in § 14 Abs. 2 Signaturgesetz (SigG) beschrieben. Dieser Ansatz beugt einen Mißbrauch vor.[607] Allerdings gibt es auch in diesen Fällen, wo eine Aufdeckung durch Anordnungsbefugnis eines Gerichtes möglich wird, Schwierigkeiten. An dieser Stelle scheint das Gesetz nicht durchdacht.[608] So kann das klagende Unternehmen nicht die ladungsfähige Anschrift eines Pseudonymträgers in Erfahrung bringen. Auf die Herausgabe dieser Daten hat es nämlich keinen Herausgabe- oder Auskunftsanspruch.[609]

4.4.6.2.2 Verschiedene Pseudonymitätstechniken

Es gibt Pseudonymitätstechniken unterschiedlicher Intensität, die das gesamte Spektrum zwischen Identifizierbarkeit mit relativ geringem Aufwand und De-facto-Anonymität umfassen.[610] Je „feingranularer"[611] das Pseudonym gebildet wird, desto größer ist sein Schutzzweck, denn dadurch verringert sich für den Beobachter die Möglichkeit, eine Verkettung herzustellen. Unter Verkettung, die für Pseudonyme bezüglich des Datenschutzes aus diesem Grund von besonderer Bedeutung ist, versteht man, in wie weit sich eine Person unter einem Pseudonym schon eine bestimmte „Wiedererkennung" aufgebaut hat, ob Dritte also aus den verschiedenen Aktionen des Pseudonyms Rückschlüsse auf die Identität der Person ziehen können.

Technisch werden verschiedene Arten von Pseudonymen unterschieden.[612] Im Fall von selbstgenerierte Pseudonymen, wie zum Beispiel selbst vergebene Benutzerpaßwörter, hat es ausschließlich der Benutzer in der Hand, den Personenbezug herzustellen, es sei denn, er hat als Pseudonym ein Wort gewählt, das leicht mit seiner Person in Verbindung gebracht werden kann. Selbstgenerierte Pseudonyme finden neben ihrer Funktion für unterschiedliche Arten

---

[606] Siehe dazu *Roßnagel/ Scholz*, MMR 2000, 728; zur Verkettung siehe nächster Absatz.
[607] *Roßnagel/ Scholz*, MMR 2000, 730f.; *Roßnagel/ Pfitzmann/ Garstka* 2001, 104.
[608] Ebenso *Scholz* 2002, 59f.
[609] Siehe außerdem noch *Roßnagel*, DuD 1997, 79; *Rieß*, DuD 2000, 533; *Roßnagel/ Pfitzmann/ Garstka* 2001, 152.
[610] *Köhntopp* 2001, 57.
[611] Roßnagel - Hansen 2003, 3.3 Rn 70.
[612] Die unterschiedlichen Begriffsbezeichnungen von Pseudonymen variieren. So unterscheiden *Roßnagel/ Pfitzmann/ Garstka* 2001, 241 zwischen Rollen-, Transaktions- und Personenpseudonymen, *Köhntopp* 2001, 58 zwischen Personen-, Rollen-, Beziehungs-, Rollenbeziehungs- und Transaktionspseudonymen.

von Zugangswörtern auch Verwendung zu Zwecken wissenschaftlicher Studien,[613] wie es im übrigen auch in § 40 Abs. 2 BDSG geregelt ist. Bei Referenz-Pseudonymen handelt es sich um Pseudonyme, die von einem vertrauenswürdigen Dritten, einer sogenannten Vertrauensstelle, zum Beispiel dem Anbieter eines Teledienstes, vergeben werden, die allein über die Zuordnungsregel verfügt. Die Zuordnungsregel kann auch über mehrere Vertrauensstellen verteilt werden. Die Datenverwender, also zum Beispiel die Vertragspartner des Pseudonymnutzers, haben keine Möglichkeit, dessen Identität zu erfahren und verlassen sich ihrerseits auf die Angaben der Vertrauens- beziehungsweise Referenz- oder Zertifizierungsstelle. Nur in bestimmten vorher definierten Ausnahmefällen, beispielsweise bei fehlgeschlagenen Zahlungsvorgängen, ist der vertrauenswürdige Dritte befugt, die Identität des Nutzers preiszugeben. Neben Zahlungsvorgängen sind Signaturen nach dem Signaturgesetz eine typische Anwendung von Referenz-Pseudonymen.

Eine weitere[614] Pseudonymart sind Einweg-Pseudonyme. Sie werden mittels einer sogenannten Einweg-Funktion aus personenbezogenen Identitätsdaten gebildet. Diese schließen mit hoher Wahrscheinlichkeit aus, daß die Identitätsdaten zweier Personen auf dasselbe Pseudonym abgebildet werden.[615] Anders als beim Referenz-Pseudonym wird der Zusammenhang zwischen Pseudonym und Identitätsdaten nicht mehr durch eine Tabelle, sondern durch eine explizit formulierte Vorschrift hergestellt. Die Idee dabei ist, daß die Sicherheit nicht auf der Geheimhaltung der Vorschrift, sondern auf der Geheimhaltung der Parameter beruht.[616] Der Personalbezug kann daher nur unter Verwendung der Einweg-Funktion mit geheimen Parametern wieder hergestellt werden. Einweg-Pseudonyme finden Anwendung bei sogenannten Längsschnittuntersuchungen und bei Systemen, die Auskunft über die Zugehörigkeit oder Nicht-Zugehörigkeit einer Person zu einer bestimmten Gruppe geben sollen, ohne daß dabei personenbezogene Referenzdaten gespeichert werden müssen.[617] Biometrische Merkmale funktionieren im übrigen ähnlich wie Einweg-Pseudonyme.[618]

Als Transaktionspseudonyme werden Pseudonyme bezeichnet, die jeweils nur für einen Vorgang benutzt werden. Eine Verkettbarkeit ist bei ihnen daher nicht möglich. Als Beispielsanwendung ist die Transaktionsnummer (TAN) bei Online Bankgeschäften zu nennen.

---

[613] *Arbeitskreis Technik der Datenschutzbeauftragten des Bundes und der Länder*, DuD 1997, 711.
[614] *Roßnagel/ Scholz*, MMR 2000, 724, erwähnt nicht die Einweg-Pseudonyme, sondern stattdessen die Möglichkeit, daß der Datenverwender das Pseudonym vergibt. In diesem Fall besteht der Schutz nur nach außen gegenüber Dritten, so beispielsweise der Access-Provider, dem die personenbezogenen Daten des Nutzers bekannt sind, sie aber gegenüber den Anbieter-Servern nicht herausgibt.
[615] *Ernestus* 1999, 156f.
[616] *Arbeitskreis Technik der Datenschutzbeauftragten des Bundes und der Länder*, DuD 1997, 712.
[617] *Arbeitskreis Technik der Datenschutzbeauftragten des Bundes und der Länder*, DuD 1997, 712.
[618] Dazu ausführlich: *Arbeitskreis Technik der Datenschutzbeauftragten des Bundes und der Länder*, DuD 1997, 712.

Rollenpseudonyme sind schließlich für eine bestimmte Geschäftsbeziehung gedacht, für die der Pseudonymnutzer absichtlich für einen längeren Zeitraum bezüglich dieser Rolle eine Verkettung wünscht, beispielsweise wenn es darum geht, eine berufliche oder vertragliche Berechtigung nachzuweisen, ohne die eigene Identität preisgeben zu müssen.[619]

4.4.6.2.3 Anwendungen

Pseudonyme können in unterschiedlicher Weise genutzt werden. Eine wichtige Anwendung ist das Identitätsmanagement.[620] Weitere Beispiele für die Anwendung von Pseudonymen zur Förderung des Datenschutzes sind Internet Detection und Response Systeme, deren Aufgabe es ist, Angriffe auf Internet-Anbindung frühzeitig zu erkennen und abzuwehren[621] oder Pseudonomitätsanwendungen im Rahmen von Mobilfunk.[622] Auch die bundesweit etablierte Krebsregistrierung bedient sich eines elektronischen Verfahrens des Einwegverschlüsselung zur Generierung von Kontrollnummern.[623] In gleicher Weise funktioniert auch der Online-Autoschätzdienst Schwacke.com, der ein gutes Beispiel für Datensparsamkeit darstellt.[624]

4.4.6.3 Vorbehalt des Möglichen und des angemessenen Aufwands

§ 3a BDSG stellt die Möglichkeiten der Anonymität und Pseudonymität als Regelbeispiele für die Umsetzung des Grundsatzes der Datenvermeidung und Datensparsamkeit unter den Vorbehalt des Möglichen und den des angemessenen Aufwands. Ähnlich wie bei den vergleichbaren Vorschriften des § 4 Abs. 6 TDDSG und des § 18 Abs. 6 MDStV, die von technischer Möglichkeit und Zumutbarkeit als konkrete Anbieterpflicht sprechen, geht es um einen gerechten Ausgleich zwischen Datenschutz und Anbieterinteressen.[625]

---

[619] *Roßnagel/ Scholz*, MMR 2000, 727 und Fußnote 62.

[620] Zum Identitätsmanager *Federrath/ Berthold* 2000, 189ff.; Ebenso *Federrath/ Pfitzmann* 2001, 256: Unter Identitätsmanagement versteht man ein Pseudonymkonzept, bei dem digitale Signaturen unter Pseudonym geleistet werden kann. „Ein Betroffener generiert sich in diesem Fall beliebig viele Pseudonyme und läßt sich diese von einer Zertifizierungsstelle bestätigen. Die Zertifizierungsstelle bestätigt also, „daß sie die Identität des Pseudonyminhabers kennt und im Streitfall aufdecken kann. Zu jedem Pseudonym gehört auch ein Schlüsselpaar für digitale Signaturen mit dem schließlich Transaktionen zurechenbar, aber trotzdem pseudonym erfolgen können." Zum Identitätsmanagement auch ausführlich *Schneider/ Pordesch*, DuD 1998, 645ff.

[621] Roßnagel - *Hansen* 2003, 3.3 Rn 95 und Fn 69.

[622] *Hamburgischer Datenschutzbeauftragte* 2002, 7f.: „Die Gestaltung und die Auswahl von technischen Verfahren zur Lokalisierung von mobilen Geräten müssen sich daran orientieren, daß so wenig personenbezogene Daten wie möglich erhoben, verarbeitet und genutzt werden. Dies bedeutet in erster Linie, daß präzise Lokalisierungsdaten nur dann generiert werden, wenn der Nutzer einen entsprechenden Dienst in Anspruch nehmen will. Anbieter von Mobilfunkdiensten sollten Ortungsdaten nicht zusammen mit persönlichen Identifikationsdaten an Dritte übermittelt werden. So weit wie möglich sollten Mehrwertdienste, etwa Navigationshilfen anonym erbracht oder zumindest Pseudonyme verwendet werden." Ausführlicher dazu *Federrath/ Jerichow/ Kesdogan/ Pfitzmann/ Spaniol*, http://www.tor.at/resources/privacy_crypto graphy_intelligence_paranoia/www.inf.fu-berlin.de/%257Efeder/publ/1996/FJKP_96itti.pdf.

[623] *Weichert* 2003, 103; zum Krebsregister auch *Roßnagel - Dix* 2003, 3.5 Rn 5.

[624] *Gundermann* 2000, 65.

[625] Siehe so jedenfalls die Gesetzesbegründung des TDDSG in *BT-Drs* 13/7385, 16.

An dieser Stelle ist klarzustellen, daß gemäß der Gesetzesbegründung mit dem Vorbehalt des Möglichen allein das technisch Mögliche gemeint ist.[626] Der Hintergrund ist, daß auf diese Weise auf die noch offene Technikentwicklung eingegangen werden soll.[627] Der Vorbehalt des angemessenen Aufwands bezieht sich seinerseits allein auf Satz 2, also nur auf die Regelungsbeispiele der Anonymisierung und Pseudonymisierung, nicht dagegen auf Datenvermeidung und Datensparsamkeit.

Nach einer Ansicht bedeutet „angemessener Aufwand" nichts anderes als das „Zumutbare",[628] so wie es auch in den vergleichbaren Vorschriften des § 4 Abs. 6 TDDSG und des § 18 Abs. 6 MDStV formuliert ist. Für die Zumutbarkeit spiele die Frage des Kostenaufwands und der Leistungsfähigkeit ebenso eine Rolle wie das Verhältnismäßigkeitsprinzip.[629] Aufwand ist somit mit Kosten gleichzusetzen, und zwar den Kosten, die für die Gestaltung und Auswahl von Anonymisierungs- beziehungsweise Pseudonymisierunsverfahren anfallen.

Im Zusammenhang von § 3a Satz 2 BDSG stellt eine andere Ansicht weniger auf die Kosten als auf eine Abwägung zwischen Aufwand und angestrebtem Schutzzweck ab.[630] Danach könne auf die Anonymisierung beziehungsweise Pseudonymisierung verzichtet werden, wenn bei einer Rückschau auf die bisherigen Verfahrensweisen, keine Gefahren für das informationelle Selbstbestimmungsrecht aufgetreten seien.[631] Es müsse also zwischen Kosten und dem angestrebten Schutzzweck der Anonymität und Pseudonymität, also dem Recht auf informationelle Selbstbestimmung, ein angemessenes Verhältnis hergestellt werden.[632] Besondere Arten von personenbezogener Daten und Daten, die durch spezielle Rechtsvorschriften geschützt sind, rechtfertigten einen größeren Aufwand zur Erreichung des Schutzzwecks als andere. Eine komplette Neuanschaffung eines Systems könnte anders als lediglich eine Umprogrammierung den Aufwand wiederum nicht rechtfertigen.[633]

Der zweiten Ansicht ist der Vorzug zu geben. Es kann nämlich nicht sein, daß es allein von Kostengesichtspunkten abhängt, ob ein System auf Anonymisierung oder Pseudonymisierung umgestellt wird. Das bedeutete, daß gerade die datenverarbeitenden Stellen, denen es finanziell besser geht, für ihre gute wirtschaftliche Situation sozusagen „bestraft" würden.[634] Der

---

[626] *BT-Drs 14/4329*, 33; so auch schon *BT-Drs 13/9082* in § 16 Abs. 1 des Gesetzesentwurfs von BÜNDNIS 90/ DIE GRÜNEN.
[627] *Roßnagel* 2003a, 197.
[628] *Gola/ Schmomerus* 2002, § 3a Rn 8.
[629] *Gola/ Schmomerus* 2002, § 3a Rn 8.
[630] *Schaffland/ Wiltfang* 2002, § 3a Rn 3.
[631] *Schaffland/ Wiltfang* 2002, § 3a Rn 3.
[632] *Schmitz* 2000, 118f.; Simitis - *Bizer* 2003, § 3a Rn 77ff. So auch *Roßnagel* 2003a, 198 der bei der Interpretation des § 4 Abs. 6 TDDSG auf eine branchenbezogene durchschnittliche Zumutbarkeit abstellen will. Zu beachten ist dabei, daß § 3a BDSG anders als § 4 Abs. 6 TDDSG als Zielvorgabe ausgestaltet ist.
[633] Simitis - *Bizer* 2003, § 3a Rn 79f.
[634] So im Zusammenhang mit § 4 Abs. 6 TDDSG *Roßnagel* 2003a, 197f.

Sinn und Zweck möglichst kostengünstige datenschutzfreundliche Angebote zu machen, würde dadurch konterkariert. Im übrigen hat der Gesetzgeber gerade eine andere Formulierung gewählt als im TDDSG und MDStV. Kostengesichtspunkte nicht in den Vordergrund der Entscheidung für ein System zu stellen, bedeutet gleichzeitig aber auch nicht, sie komplett außer acht zu lassen, was ebenso praxisfern wäre. Die Berücksichtigung des Schutzzweckes erscheint zusätzlich geboten und entspricht auch Sinn und Zweck der Norm.

4.5 Datenschutzaudit nach § 9a BDSG

Regelungsgegenstand des § 9a BDSG ist unter anderem die Verbesserung des Datenschutzes durch Einführung eines sogenannten Auditverfahrens, das in § 17 MDStV seine Entsprechung findet. Kernziele sind die Stärkung der Selbstverantwortung und die Stimulierung von Wettbewerb sowie die Verringerung des Vollzugsdefizits.[635] Es geht konkret darum, daß Anbieter von Datenverarbeitungssystemen und datenverarbeitende Stellen zur Verbesserung des Datenschutzes und der Datensicherheit ihr Datenschutzkonzept und ihre technischen Einrichtungen durch unabhängig zugelassene Gutachter prüfen und bewerten lassen können.[636] Die Veröffentlichung des Ergebnisses ist als Mittel des Wettbewerbs möglich, um sich positiv gegenüber Mitbewerbern abzugrenzen. Da der Paragraph in Satz 2 auf ein besonderes Gesetz verweist, das Näheres regeln soll und dessen Ausarbeitung zur Zeit noch nicht abgeschlossen ist, gibt es de lege lata noch keine datenschutzfördernde bundesgesetzliche Datenschutzaudit-Vorschrift.[637] Ein Vorschlag für ein solches Gesetz wurde kürzlich vom *Bundesverband der Datenschutzbeauftragten Deutschlands e. V.* vorgelegt.[638] Seitens des Parlaments gibt es derzeit noch keine Initiativen.[639] Insofern soll auch der Auffassung der Bundesregierung widersprochen werden, die davon ausgeht, daß die Regelung des § 9a BDSG bereits jetzt - also auch ohne Ausführungsgesetz, einen Anreiz zur Optimierung der datenschutzrechtlichen Praxis in Unternehmen und Behörden schaffen wird.[640]

4.6 § 38a BDSG als Selbstregulierung

Die im BDSG 2001 ebenfalls neu hinzugefügte Vorschrift des § 38a BDSG hat ihren Ursprung in Art. 27 EG DSRL.[641] In der Praxis spielt sie bisher keine Rolle.

---

[635] *Roßnagel* 2000b, 35ff.; *Christians* 2000, 15.
[636] *Gola*, NJW 2000, 3756f., der neben den Vorteilen zum Beispiel der Förderung des Systems der Selbstkontrolle auch aufzeigt, daß insbesondere für kleinere Unternehmen erhebliche Aufwendungen und Kosten zukommen, denen diese sich aufgrund des Drucks des Marktes nur schwer entziehen könnten.
[637] Dazu aber in Kapitel 4.9.1.4 zum Auditverfahren nach dem Landesdatenschutzgesetz Schleswig-Holstein und in Kapitel 5.4.2 zur Situation de lege ferenda.
[638] *Bundesverband der Datenschutzbeauftragten Deutschlands e. V.*, DuD 2003, 700ff.
[639] Siehe zum aktuellen Stand *Bäumler*, DuD 2004, 84.
[640] *Gola/ Klug*, NJW 2001, 3754.
[641] *Gola/ Schomerus* 2002, § 38a Rn 1; *Abel* 2002, 3/38.1; *Klug* 2002, 246.

Seit Inkrafttreten des Gesetzes scheiterten mögliche datenschutzfördernde Maßnahmen nach § 38a BDSG daran, daß es weder ein Berufsverband noch eine andere Vereinigung geschafft hat, der zuständigen Aufsichtsbehörde Verhaltensregeln der Durchführung von datenschutzrechtlichen Regeln zu unterbreiten. Das liegt vor allem daran, daß die Ausarbeitung des Paragraphen nicht sehr konkret ist, wie auch der Bundesdatenschutzbeauftragte kritisiert.[642] In § 38a BDSG wird nicht deutlich gemacht, ob die Regeln einer solchen Ausarbeitung gesetzeskonform sein müssen, ob sie das Gesetz nur ergänzen oder es ersetzen sollen. Überhaupt ist unklar, wie weit der Prüfungsmaßstab der Aufsichtsbehörde gehen soll. Im übrigen fehlt der Vorschrift ein Vollzugselement; die Aufsichtsbehörde hat selbst bei Verstoß gegen die selbst auferlegten Regeln durch einen Beteiligten, keine Kompetenz einzuschreiten.[643] Eine solche Kompetenz wäre aber zweckmäßig, um den Berufsverbänden einen Anreiz zur Unterbreitung von Verhaltensregeln zu geben. Der Bundesdatenschutzbeauftragte interpretiert, daß nur verbands- beziehungsweise betriebsinterne Sanktionen möglich seien.[644]

Die vielen Unsicherheiten im Gesetz haben insgesamt zur Folge, daß bisher noch keine Berufsgruppe die datenschutzfördernden Möglichkeiten des § 38a BDSG genutzt hat.

4.7 Transparenz als datenschutzfördernde Technik im BDSG

Schon jetzt gibt es im Bundesdatenschutzgesetz eine Vielzahl von Vorschriften, die Fragen der Transparenz betreffen.

Unter Gesichtspunkten datenschutzfördernder Technik sind allerdings nur solche Transparenzvorschriften interessant, die durch technische Verfahren umgesetzt werden können.[645] Darunter fallen die Meldepflicht datenverarbeitender Stellen in § 4d, § 4e BDSG, die Vorabkontrolle zur Prüfung, welche besonderen Risiken für die Betroffenen entstehen können in § 4d Abs. 5 und 6 BDSG, das Widerspruchsrecht für rechtmäßige Datenverarbeitung in § 20 Abs. 5 beziehungsweise für nicht-öffentliche Stellen in § 35 Abs. 5 BDSG, das Widerspruchsrecht gegen die Verwendung personenbezogener Daten für Zwecke der Direktwerbung in § 28 Abs. 4 BDSG,[646] die Benachrichtigungspflicht bei erstmaliger Speicherung beziehungsweise Übermittlung in §§ 19a, 33 BDSG und weitere Regelungen, unter anderem Auskunfts- und Benachrichtigungspflichten der datenverarbeitenden Stelle.[647] Diese die Transparenz betreffenden Vorschriften könnten also im Einzelfall durch technische Maßnah-

---

[642] *Bundesbeauftragter für den Datenschutz* 2003, 29f.
[643] Auch eine Veröffentlichung des Prüfungsergebnisses der Aufsichtsbehörde ist in § 38a BDSG anders als im Gesetzentwurf der GRÜNEN von 1997 nicht vorgesehen, Simitis - *Bizer* 2003, § 38a Rn 15.
[644] *Bundesbeauftragter für den Datenschutz* 2003, 30.
[645] Eine ausführliche Darstellung zu Transparenzgesichtspunkten im BDSG 2001 findet sich in *Klug* 2002, 109.
[646] Ein Praxisbeispiel zu dieser Vorschrift bei *Petri*, DuD 2002, 729f.
[647] Siehe auch Art. 10 (Information über Datenerhebung), Art. 11 (bei Beginn der Speicherung und vor Weitergabe) und Art. 18ff. EG DSRL (Dokumentationspflichten). *Simitis*, NJW 1997, 285, weist insbesondere darauf hin, wie einflußreich auch die EG DSRL bezüglich der Transparenzvorschriften gewirkt hat.

men gewährleistet werden. Wenn diese Maßnahmen zusätzlich das Recht auf informationelle Selbstbestimmung unterstützen, wie häufig bei Transparenzvorschriften, handelt es sich bei ihnen um datenschutzfördernde Technik.

Auch die Vorschrift des § 4 Abs. 3 BDSG, die die Unterrichtungsverpflichtung festlegt, § 34 Abs. 1 Satz 3 BDSG, der die Auskunftsmöglichkeiten des Betroffenen regelt, § 25 Abs. 4 BDSG, der die verantwortliche Stelle verpflichtet, den Betroffenen über den Zweck von Werbemaßnahmen und ihr Widerspruchsrecht zu informieren, fördern die Transparenz. Auch in diesen Fällen ist vorstellbar, daß es die neuen technischen Möglichkeiten erlauben, diese Vorschriften als datenschutzfördernde Technik zu gestalten. Das gilt auch für § 6b Abs. 2 BDSG, der fordert, die von einer Videokamera gefilmte Person über die Tatsache der Videoüberwachung im Sinne von Transparenz aufzuklären.

Aus der Analyse ergibt sich also, daß die unterschiedlichen Vorschriften mit Bezug zur Transparenz, wenn mit technischen Maßnahmen umgesetzt, im Einzelfall datenschutzfördernde Technik realisieren und insoweit diese auch fördern könnten. Eine weitreichende Förderung datenschutzfördernder Technik oder sogar die Forderung danach, ist aus den gesetzlichen Vorschriften mit Transparenzbezug allerdings nicht herauszulesen. Die P3P Standards, die zu mehr Transparenz im Internet führen, sind unabhängig von gesetzlichen Vorschriften zustande gekommen.[648]

4.8 Weitere Bundesgesetze mit Bestimmungen zur Förderung datenschutzfördernder Technik

Nicht nur im BDSG, auch in anderen Bundesgesetzen wird datenschutzfördernde Technik gefördert. Viele Vorschriften sind denen des BDSG nachempfunden beziehungsweise waren für sie Vorbild. Einige aber gehen weiter als sie und greifen andere Ansätze zur Förderung datenschutzfördernder Technik auf. Hier sind vor allem das Teledienstedatenschutzgesetz (TDDSG), die Teledienstverordnung (TDSV)[649] und das Signaturgesetz (SigG)[650] zu nennen.

4.8.1 Einwilligungsproblematik

Das TDDSG regelt beispielsweise das Zurverfügungstellen von Dateninhalten grundlegend anders als das BDSG. Beim BDSG gibt es nämlich in §§ 20 Abs. 5, 28 Abs. 4 und § 35 Abs. 5 BDSG ein Widerspruchsrecht des Betroffenen gegen eine schon vollzogene Datenverarbeitungsmaßnahme. Das TDDSG zwingt demgegenüber in § 3 Abs. 2 TDDSG die Diensteanbieter schon im Voraus die Einwilligung zur Datenverarbeitung von den Kunden einzuholen; also noch bevor die Daten für andere Zwecke verwandt werden dürfen. Dieses sogenannte Opt-in ist für das informationelle Selbstbestimmungsrecht günstiger. Technisch beziehungs-

---

[648] *Enzmann/ Schulze* 2002, 195.
[649] Die TDSV vom 18.12.2000 basiert auf der Verordnungsermächtigung des § 89 TKG. Sie gilt für die Personen, die geschäftsmäßig Telekommunikationsdienstleistungen anbieten.
[650] Gesetz über Rahmenbedingungen für elektronische Signaturen vom 16.5.2001, BGBl. I S. 876.

weise elektronisch umgesetzt, was nach § 3 Abs. 3 in Verbindung mit § 4 Abs. 2 TDDSG möglich ist, handelt es sich dann um eine datenschutzfördernde Technik. Deren Einsatz ist unter anderem in Identitätsmanagern möglich und sinnvoll. In § 4 TDSV werden die Voraussetzungen für eine Einwilligung im elektronischen Verfahren für geschäftsmäßig tätige Anbieter konkretisiert.

4.8.2 Konkretisierung des Datensparsamkeitsgrundsatzes

§ 4 Abs. 6 TDDSG konkretisiert den aus § 3a BDSG (und ehemals auch § 3 Abs. 4 TDDSG) bekannten Grundsatz der Datenvermeidung und Datensparsamkeit. Auch nach § 4 Abs. 6 TDDSG führt allerdings die Nicht-Einhaltung des Grundsatzes nicht zur Rechtswidrigkeit der Datenverarbeitung. Das TDDSG ist im Sinne des Schutzes der informationellen Selbstbestimmung moderner, da es detaillierter und der durch das Internet veränderten Grundsituation angepaßter ist.

Nach § 5 Abs. 3 SigG kann auf Anregung eines Antragsteller anstelle des Namens ein Pseudonym aufgeführt werden. Diese Vorschrift fördert also den Selbstdatenschutz. Ähnlich ist es mit qualifizierten Zertifikaten, die auch entweder den Namen oder ein Pseudonym des Signaturschlüssel-Inhabers tragen müssen, § 7 Abs. 1 Nr. 1 SigG.

4.8.3 Weitere Ansätze zur Förderung datenschutzfördernder Technik

Noch weitere Vorschriften aus den genannten Bundesgesetzen bieten Möglichkeiten für datenschutzfördernde Technik, beispielsweise die Weiterleitungsproblematik im TDDSG und der TDSV sowie die die Transparenz eher als das BDSG fördernde Unterrichtungspflicht nach § 3 Abs. 5 TDSV. Jedoch ist auch in diesen Vorschriften noch weniger als aus dem BDSG eine Verpflichtung zur Förderung von datenschutzfördernder Technik herauszulesen.

4.9 Implementierung datenschutzfördernder Technik in Landesrecht

Auch auf Landesebene gibt es nicht nur Datenschutzgesetze sondern auch Vorschriften in bereichsspezifischen Gesetzen, zum Beispiel den Polizeigesetzen, die für den Datenschutz Relevanz besitzen. Bis auf einige Ausnahmen, in denen einzelne Landesgesetze, was die Förderung datenschutzfördernder Technik anbelangt, den Bundesgesetzen voraus sind, ist das Bundesrecht mit dem Landesrecht vergleichbar. So werten beispielsweise drei deutsche Landesverfassungen das informationelle Selbstbestimmungsrecht auf, indem sie ein Grundrecht auf Datenschutz festschreiben.[651] Es handelt sich um Art. 11 Verfassung Brandenburg[652], Art. 6 Verfassung Mecklenburg-Vorpommern[653] und Art. 62 Verfassung Niedersachsen[654].

---

[651] Siehe dazu *Kloepfer* 1980, 1ff.
[652] Verfassung des Landes Brandenburg vom 20.8.92, GVBl. I, 298 zuletzt geändert durch Gesetz vom 7.4.1999, GVBl. I, 98.
[653] Verfassung des Landes Mecklenburg-Vorpommern vom 23.5.93, GVOBl 372.
[654] Verfassung des Landes Niedersachsen vom 18.6.1950, NRW. 127, zuletzt geändert durch Gesetz vom

4.9.1 Landesdatenschutzgesetze

4.9.1.1 Datenvermeidung/ Datensparsamkeit

Den aus § 3a BDSG bekannten Grundsatz der Datenvermeidung und Datensparsamkeit kennen auch die meisten Landesdatenschutzgesetze.[655] § 9 Abs. 1 LDSG Baden-Württemberg[656] und § 10 Abs. 2 Satz 1 LDSG Hessen[657] haben den Grundsatz im Rahmen von technisch-organisatorischen Maßnahmen zur Datensicherheit geregelt.[658] Die Länder Brandenburg, Berlin, Hamburg, Mecklenburg-Vorpommern, Niedersachsen, Nordrhein-Westfalen, Rheinland-Pfalz, Saarland und Schleswig-Holstein haben einen anderen Ansatz gewählt. Sie behandeln ähnlich wie auch das BDSG den Grundsatz der Datenvermeidung und Datensparsamkeit als eigenständiges Regelungsprinzip, § 5a LDSG Berlin,[659] § 11c bzw. 11b Abs. 2 LDSG Brandenburg[660], § 7 Abs. 1 LDSG Bremen,[661] § 5 Abs. 4 LDSG Hamburg[662], § 7 Abs. 4 LDSG Niedersachsen,[663] § 4 Abs. 2 LDSG Nordrhein-Westfalen[664], § 5 LDSG Mecklenburg-Vorpommern,[665] § 4 Abs. 1, § 1 Abs. 3 LDSG Rheinland-Pfalz,[666] § 4 Abs. 4 LDSG Saarland[667] und 2 LDSG Schleswig-Holstein. Dabei ist zu berücksichtigen, daß zum Beispiel das LDSG Schleswig-Holstein den Grundsatz nicht als Zielvorgabe, sondern als gesetzliche Verpflichtung strikter formuliert.[668]

4.9.1.2 Grunddatenschutz

Im Sinne eines modernen Grunddatenschutzes, der vor allem von *Ernestus* auf Bundesebene als Modernisierung der Anlage zu § 9 BDSG angeregt wurde,[669] haben Berlin, Hamburg, Mecklenburg-Vorpommern, Nordrhein-Westfalen, Sachsen-Anhalt und Thüringen den Vorstoß unternommen, in § 5 LDSG Berlin, § 8 LDSG Hamburg, § 21 LDSG Mecklenburg-Vorpommern, § 10 LDSG Nordrhein-Westfalen, § 6 LDSG Sachsen-Anhalt[670] und § 9 LDSG

---

[655] 24.11.1992, GV. NRW. 448.
Zur Geschichte und Gesetzgebung dieses Grundsatzes in verschiedenen Landesdatenschutzgesetzen, Roßnagel - *Dix* 2003, 3.5 Rn 31.
[656] LDSG B-W vom 18.9.2000.
[657] HDSG vom 9.2.2000.
[658] Zutritts-, Verfügbarkeits-, Organisations-, Zugriffs-, Benutzer-, Speicherkontrolle usw.
[659] BlnDSG vom 30.7.2001.
[660] BbgDSG vom 9.3.1999.
[661] BremDSG vom 17.12.2002.
[662] HmbDSG vom 18.7.2001.
[663] NDSG vom 15.6.2001.
[664] LDSG NRW vom 9.6.2000.
[665] DSG M-V vom 28.3.2002.
[666] LDSG R-P vom 8.5.2002.
[667] SDSG vom 29.11.2001.
[668] So auch Roßnagel - *Dix*, 3.5 Rn 33.
[669] *Ernestus*, RDV 2000, 147ff.; ders. 1999, 151ff.; ders. RDV 2002, 22ff.
[670] DSG-LSA vom 18.2.2002.

Thüringen[671] die Grundsätze der Vertraulichkeit, Integrität, Verfügbarkeit, Authenzität, Revisionsfähigkeit und Transparenz zu definieren. In dieser Vorgehensweise steckt der Vorteil der größeren Zukunftsoffenheit, da die etwas allgemeinere Formulierung der verschiedenen Schutzziele dazu führt, daß sich die datenverarbeitende Stelle bei der Umsetzung der gesetzlichen Vorgaben am aktuellen Stand der Technik orientieren kann,[672] ohne sich auf eine Technik oder ein Verfahren festzulegen.[673] Die Schnellebigkeit der Gesetze könnte sonst trotz der möglicherweise zwar konkreteren, aber überholten Gesetzesanforderungen verursachen, daß das Recht auf informationelle Selbstbestimmung Schaden nimmt.[674]

4.9.1.3 Gesetzliche Einsatzverpflichtung der öffentlichen Verwaltung

Anders als das BDSG regen einige Landesdatenschutzgesetze die öffentlichen Stellen des Landes an - denn das sind die Adressaten der Landesdatenschutzgesetze -, datenschutzfördernde Produkte zu erwerben.

Dabei handelt es sich nach § 4 Abs. 2 LDSG Schleswig-Holstein um solche Produkte, „deren Vereinbarkeit mit den Vorschriften über den Datenschutz und die Datensicherheit in einem förmlichen Verfahren festgestellt wurde". Ähnlich lautende Vorschriften haben auch Brandenburg und Nordrhein-Westfalen in § 11b Abs. 2 LDSG Brandenburg und § 4 Abs. 2 LDSG Nordrhein-Westfalen implementiert. Auch dort wird die Prüfung im Rahmen eines förmlichen Verfahrens beziehungsweise Datenschutzaudits gefordert. Wenn dieses für das informationstechnische Produkt oder Verfahren positiv ausfällt, soll dieses vorrangig berücksichtigt werden.

Die Vorschrift steht in allen drei Gesetzen in dem Paragraph, der auch die Grundsätze der Datensparsamkeit und Datenvermeidung behandelt.

4.9.1.4 Auditverfahren

Im Zusammenhang mit der Verpflichtung an die Verwaltung, datenschutzfördernde Produkte zu kaufen, steht auch ein Auditverfahren, das staatlicherseits oder durch Private die zu fördernde Technik im Vergleich zu anderen auszeichnet. Das nötige Verfahren ist zum Beispiel für Schleswig-Holstein aufgrund der Verordnungsermächtigung in § 4 Abs. 2 Satz 2 DSG Schleswig-Holstein in der Datenschutzauditverordnung[675] geregelt. Dort wird ausgeführt, wie die Zertifizierung von welchen IT-Produkten ablaufen soll und wer als Sachverständiger in Betracht kommt. In Brandenburg, Bremen, Mecklenburg-Vorpommern und Nordrhein-Westfalen ist eine vergleichbare Verordnung noch nicht erlassen, die Rechtsgrundlage für

---

[671] ThürDSG vom 10.10.2001.
[672] Nedden 2001, 71.
[673] Zur Diskussion, warum § 9 BDSG und die Anlage zu § 9 BDSG veraltet ist, siehe in Kapitel 2.4.4.7.
[674] Nedden 2001, 71.
[675] DSAVO vom 3.4.2001, GVOBl Sch.-H. 4/2001, 51.

eine solche liegt aber in § 11c LDSG Brandenburg, § 7b Abs. 1 LDSG Bremen, § 5 LDSG Mecklenburg-Vorpommern und § 10a LDSG Nordrhein-Westfalen.

4.9.2 Polizeidatenschutz

Hauptaufgabe der Polizei- und Ordnungsbehörden ist es, Maßnahmen zur Gefahrenabwehr durchzuführen.[676] Dies geht aus den Landespolizeigesetzen hervor. Die in der StPO geregelte Strafverfolgung und die Maßnahmen zur Vorbeugung von Straftaten sind zwar Bundesangelegenheiten, die allerdings nach § 161 StPO ebenfalls von Beamten des Polizeidienstes vorgenommen werden können.

Zur Erfüllung dieser Aufgaben ist der Polizei auch die Durchbrechung zweier datenschutzrechtlicher Grundsätze erlaubt.[677] Zum einen ist sie ermächtigt, den Grundsatz der Unmittelbarkeit der Datenbeschaffung zu mißachten. Sie darf also in Ausnahmefällen personenbezogene Daten über Betroffene auch anders als über diese persönlich beschaffen. Zum anderen ist es zur Strafverfolgung und zur Gefahrenabwehr möglich, verdeckte und heimliche Maßnahmen durchzuführen, obwohl diese Vorgehensweise dem Recht auf informationelle Selbstbestimmung diametral entgegensteht.[678] Vor allem der Grundsatz der Transparenz, der unter anderem gerade den Schutz des einzelnen vor heimlicher Beobachtung zum Ziel hat, wird dabei mißachtet. Es soll daher unterstrichen werden, daß beide Aufgaben, sowohl die der Polizei als auch die des Datenschutzes notwendig sind, um die freiheitlich demokratische Grundordnung zu schützen.

Um das Gleichgewicht zwischen beiden Staatsaufgaben zu realisieren, sind vor allem in den Landesdatenschutzgesetzen und in der StPO bereichsspezifische Vorschriften erlassen worden, die dies ermöglichen sollen. In der StPO sind dies §§ 81b, 100c, 489 und 491. § 81b StPO erlaubt es der Polizei, zur Strafverfolgung ohne Genehmigung, Lichtbilder des Beschuldigten aufzunehmen. Eine weitere Ausnahmevorschrift ist § 100c StPO. Auch nach dieser Vorschrift ist ausnahmsweise eine heimliche Vorgehensweise zur Bild- und Tonaufzeichnungen zu Observierungszwecken erlaubt. Die StPO kennt aber auch Vorschriften zugunsten des Datenschutzes. So schreibt § 489 StPO in Abs. 1 die Berichtigungspflicht personenbezogener Daten und in Abs. 2 unter bestimmten Voraussetzungen eine Löschungspflicht vor. Bezüglich der Auskunftserteilung wird in § 491 Abs. 1 BDSG auf das BDSG verwiesen. Auch § 491 Abs. 2 StPO orientiert sich an Vorschriften des BDSG. Würden diese Pflichten technisch verwirklicht, handelte es sich um datenschutzfördernde Technik.

In den Polizeigesetzen der Länder finden sich neben den Vorschriften, die die Durchbrechung von Datenschutzbestimmungen zur Gefahrenabwehr vorsehen,[679] solche, die die Berichti-

---

[676] Für viele *Schoch* 2003, Rn 1.
[677] *Schoch* 2003, Rn 246; *Knemeyer* 2002, Rn 199.
[678] Siehe dazu Roßnagel - *Bäumler* 2003, 8.3 Rn 1ff.
[679] Beispielsweise hat die Polizei in einigen Bundesländern die Befugnis, Daten per Videoaufnahmen bei

gung, Löschung und Sperrung von Daten sowie Datenspeicherung, -veränderung, -nutzung und -übermittlung im Auge haben.[680] Auch in diesen Fällen ist es möglich, datenschutzfördernde Technik einzusetzen.

4.10 Rechtliche Förderung am Beispiel des Privacy Filters

Nicht nur die Videoüberwachung nimmt in Deutschland zu,[681] sondern auch die rechtlichen Regelungen zu dieser Thematik.[682] Der im Rahmen der Gesetzesnovellierung 2001 ergänzte § 6b BDSG ist die erste bundesweite Vorschrift, die explizit den Problemkomplex der Videoüberwachung behandelt.[683] Bei der Beurteilung des Privacy Filters sind zusätzlich auch weitere Datenschutzvorschriften zu prüfen, die mit datenschutzfördernder Technik in Zusammenhang stehen.

4.10.1 Videoüberwachung im Sinne des § 6b BDSG

§ 6b BDSG ist immer dann anwendbar, wenn es sich um Videoüberwachung handelt. Diese liegt ihrerseits immer dann vor, wenn öffentlich zugängliche Räume mit optisch-elektronischen Einrichtungen beobachtet werden.

4.10.1.1 Beobachtung

Der Begriff des Beobachtens war dem BDSG vor der Novellierung 2001 fremd. Er ist vom Gesetzgeber absichtlich als Abgrenzung zum weniger weiten Begriff des Erhebens von Daten nach § 3 Abs. 3 BDSG neu eingeführt worden. Unter § 6b BDSG sollen nämlich nicht nur Maßnahmen gefaßt werden, die personenbezogene Daten erheben, sondern auch die, die dies möglicherweise nur am Rande tun und solche, die - geht man vom Begriff des Beobachtens aus - nicht nur dies, sondern mehr tun.

Von § 6b BDSG sind also auch solche Systeme erfaßt, die mit der Unterstützung von angeschlossenen oder integrierten Computersystemen Daten auch sofort nutzen beziehungsweise verarbeiten können.[684] Es wird in diesem Zusammenhang auch von sogenannten „thinking cameras" gesprochen.[685] Unabhängig von einer Speicherung der Daten, soll die Beobachtung

---

Veranstaltungen und Ansammlungen zu erheben, die nicht unter das Versammlungsgesetz fallen, *Kloepfer/ Breitkreutz*, DVBl 1998, 1153.

[680] *Knemeyer* 2002, Rn 191.
[681] Siehe dazu in Kapitel 2.1.2.3.
[682] *Kloepfer* 2002, § 8 Rn 106.
[683] Abgesehen vom 1989 entstandenen Versammlungsrecht, §§ 12a, 19a VersG. Überwachungsbefugnisse hat auch der Bundesgrenzschutz aufgrund von §§ 26 Abs. 1 Satz 2, 27 Abs. 1 i.V.m. 23 Abs. 1 Nr. 2 und § 28 Abs. 2 Nr. 2 BGSG. Selbstverständlich bestehen die Regelungen zum zivilrechtlichen Bildnisschutz, insbesondere § 22 Kunsturhebergesetz sowie §§ 823, 1004 BGB unabhängig von § 6b BDSG. Auf Landesebene finden sich weitere präventivpolizeiliche Ermächtigungsnormen, siehe *von Zezschwitz*, http://www.datenschutz.hessen.de/o-hilfen/VideoverfassFragen.pdf, 1.
[684] Für viele *Gola/ Schomerus* 2002, § 6b Rn 3.
[685] So zum Beispiel *von Zezschwitz*, http://www.datenschutz.hessen.de/o-hilfen/VideoverfassFragen.pdf, 2; ähnlich auch *Gola/ Schomerus* 2002, § 6b Rn 4.

erfaßt sein, heißt es in der Gesetzesbegründung dazu.[686] Dem Gesetzgeber ging also bei der Novellierung des BDSG davon aus, daß die technische Möglichkeit genutzt werden könnte, Datenbanken an Videoüberwachungssysteme anzuschließen.[687] Das gilt insbesondere für Datenbanken mit biometrischen Daten. Dieser Standpunkt wird auch von der *Artikel 29 - Datenschutzgruppe* vertreten, die aufgrund des Art. 29 EG DSRL als EU Beratungsgremium zu Datenschutzfragen eingerichtet worden ist.[688]

Das bedeutet also, daß unter dem Begriff des Beobachtens jede Tätigkeit zu verstehen ist, die darauf gerichtet ist, Geschehnisse und Personen mit Hilfe dazu geeigneter Geräte und Einrichtungen zu überwachen";[689] egal ob diese von integrierten oder angeschlossenen Computersystemen unterstützt wird oder nicht. Diese Aussage ist unabhängig von der Frage gültig, wie lange beziehungsweise ob überhaupt Daten gespeichert wurden. Allein die Aufnahme von Daten durch analoge oder digitale Systeme begründet also die Anwendbarkeit von § 6b BDSG.[690]

Gestritten wird in der Literatur um die Frage, ob auch die Maßnahmen unter den § 6b BDSG zu subsumieren sind, bei denen nur in begrenztem Maße personenbezogene Daten „beobachtet" werden. Es geht darum, ob schon von einer Beobachtung gesprochen werden kann, wenn keine „offensichtlich" personenbezogenen Daten von der Kamera aufgenommen werden.[691] Eine Unterscheidung zwischen personenbezogenen Daten und Bagatelldaten[692] ohne zuordenbaren Personenbezug kann es bei der Videoüberwachung aber nicht geben, weil auch Bagatelldaten immer personenbeziehbar sein können. Gerade darin besteht ja die besondere Gefahr der Videoüberwachung.[693] Insofern ist in jedem Fall bei der Aufnahme von Daten, die in

---

[686] Siehe *BT-Drs* 14/4329, 38: „Da bereits die Beobachtung selbst erfaßt wird, kommt es nicht auf das Erfordernis einer anschließenden Speicherung des Bildmaterials an, um datenschutzrechtlich relevant zu sein"; Siehe auch http://www.datenschutz-berlin.de/recht/de/ggebung/bdsg_neu/bdsg0300.pdf; http://www.gallner.de/upd.pdf.

[687] *Klug* 2002, 186.

[688] *Artikel 29 Datenschutzgruppe*, EU Dokument 11750/02/DE WP 67, S. 4.

[689] *Duhr/ Naujok/ Peter/ Seiffert*, DuD 2002, 27. Ebenso *Bergmann/ Möhrle/ Herb* 2003, § 6b Rn 18. Etwas anders nur *Simitis - Bizer*, § 6b Rn 37, der darunter folgendes versteht: „Beobachten ist das Ergebnis einer zunächst abwartenden Haltung, die sich jedoch Handlungsmöglichkeiten offenläßt."

[690] *Simitis - Bizer* 2003, § 6b Rn 36 insbesondere Fn 64.

[691] *Wohlfarth*, RDV 2000, 106 mutmaßt, daß vom Beobachtungsbegriff auch solche Maßnahmen erfaßt seien, bei denen gar keine Personenbeziehbarkeit möglich sei. Dem ist zu widersprechen. Ein solcher Vorgang hat keine datenschutzrechtliche Relevanz. Warum der Begriff des Beobachtens so weit ausgelegt werden soll, ist daher nicht ersichtlich. Widersprüchlich daher auch *Berliner Beauftragter für Datenschutz und Informationsfreiheit* 2001, 20f., der auch nicht bedenkt, daß viele auf den ersten Blick nicht personenbeziehbare Daten mit einem nicht unverhältnismäßig großen Aufwand an Zeit, Kosten und Arbeitskraft einer bestimmten Person zugeordnet werden können.

[692] *Roßnagel/ Pfitzmann/ Garstka* 2001, 262, sprechen in diesem Zusammenhang von „ungezieltem Personenbezug".

[693] So auch *Bergmann/ Möhrle/ Herb* 2003, § 6b Rn 20, die sich gegen die Auffassung *Königshofens* (RDV 2001, 221) richten und darlegen, daß es weniger auf den Zweck der Beobachtung als auf die Möglichkeit der Personenbeziehbarkeit ankommt.

der Zukunft personenbeziehbar sein könnten, von einer Beobachtung im Sinne des § 6b BDSG auszugehen. Problematisch ist ebenfalls, ob es beim Begriff der Beobachtung allein auf die subjektive Sicht der Beobachteten ankommt, ob also - überspitzt gesagt - allein eine Attrappe unter den Beobachtungsbegriff fällt, wenn Bürger durch sie veranlaßt werden, ihr Verhalten zu ändern. Dies könnte der Fall sein, wenn man bedenkt, daß in den Ausführungen des *Bundesverfassungsgerichts* im Volkszählungsurteil, unabhängig von der tatsächlichen Überwachung, die Verletzung desRechts auf informationelle Selbstbestimmung bejaht wird.[694] Dem kann jedoch entgegengehalten werden, daß ein Grundrechtsverstoß nicht kenntnisabhängig ist.[695] Im Ergebnis ist diese Diskussion allerdings nicht relevant, da es regelmäßig funktionsfähige, echte Überwachungskameras sind, durch die sich Bürger in ihren Persönlichkeitsrechten gestört fühlen. Die Installation von Videoüberwachungssystemen als Attrappen erzeugt hinsichtlich der Prävention und Repression wenig Mehrwert und selbst die dadurch möglicherweise erzeugte Abschreckungswirkung gegenüber potentiellen Tätern erscheint minimal.[696]

Nicht vom Begriff des Beobachtens umfaßt sind die Daten, die zur künstlerischen Entfaltung oder für familiärere Zwecke aufgenommen werden.[697] Dafür spricht § 1 Abs. 2 Nr. 3 BDSG und die allgemeine Praktikabilität. Es kann nicht von Bürgern erwartet werden, daß bei privaten, künstlerischen oder selbst gewerblichen Videoaufnahmen, die strengen Vorschriften des § 6b BDSG anzuwenden sind. Dieses Ergebnis wird auch von der EG DSRL gestützt, die in Art. 3 Abs. 2 und Erwägungsgrund Nr. 12 davon ausgeht, daß die Verarbeitung von Daten durch natürliche Personen zur Ausübung ausschließlich persönlicher und familiärer Tätigkeit nicht von der EG DSRL umfaßt werden soll.[698]

4.10.1.2 Optisch-elektronische Einrichtung

Überwachungssysteme mit digitaler Kameratechnik zählen zu optisch-elektronischen Einrichtungen im Sinne des § 6b Abs. 1 BDSG.[699]

4.10.1.3 Öffentlich zugänglicher Raum

Für die Anwendbarkeit des § 6b BDSG ist weiter erforderlich, daß die Beobachtung in öffentlich-zugänglichen Räumen geschieht.

---

[694] *Roggan*, NVwZ 2001, 136; ebenso *von Zezschwitz*, http://www.datenschutz.hessen.de/o-hilfen/ VideoverfassFragen.pdf, 5.

[695] *Maske*, NVwZ 2001, 1249.

[696] So im Ergebnis auch *Roggan*, NVwZ 2001, 136.

[697] Simitis - *Bizer* 2003, § 6b Rn 30ff.; *von Zezschwitz*, http://www.datenschutz.hessen.de/o-hilfen/VideoverfassFragen.pdf, 4, sieht auch die allgemeine Gewerbeausübung (Werbefilme, Fotoatelier) nicht vom Begriff des Beobachtens umfaßt. Ganz anderer Ansicht ohne nachvollziehbare Begründung *Duhr/ Naujok/ Peter/ Seiffert*, DuD 2002, 27, die auch private Beobachtung unter § 6b BDSG fassen wollen.

[698] Siehe dazu auch *Artikel 29 Datenschutzgruppe*, EU Dokument 11750/02/DE, WP 67.

[699] *Duhr/ Naujok/ Peter/ Seiffert*, DuD 2002, 5, 27. Auch *Bergmann/ Möhrle / Herb* 2003, § 6b Rn 18.

Zuerst bedeutet dies, daß sich die Vorschrift sowohl auf öffentliche als auch auf nicht-öffentliche Stellen beziehen kann.[700] In diesem Zusammenhang ist zu beachten, daß sich bei der Videoüberwachung durch nicht-öffentliche Stellen, die grundrechtlich geschützten Interessen des Beobachteten und gegebenenfalls die ebenfalls grundrechtlich geschützten Interessen des privaten Beobachters gegenüberstehen. In diesem Fall muß im Wege der mittelbaren Drittwirkung ein schonender Ausgleich im Rahmen einer Interessensabwägung gefunden werden. Bei Videoüberwachung durch öffentliche Stellen kollidieren die Interessen des Staates mit denen von Privaten. Die staatlichen Interessen haben in dieser Konstellation nur dann Vorrang, wenn dessen Sicherheitsinteressen oder die der Allgemeinheit dies erfordern.[701]

Unter öffentlich-zugänglichen Räumen sind die Bereiche zu fassen, „die von einer unbestimmten oder unbestimmbaren Anzahl betriebsfremder Personen betreten werden dürfen", unabhängig davon, ob ein Entgelt für den Zutritt erhoben wird oder nicht[702] und unabhängig davon, wer Eigentümer des Raumes ist.[703]

Der Begriff der öffentlichen Zugänglichkeit bedeutet im Umkehrschluß daher, daß in dem Bereich, der nicht von jedermann ohne besondere Voraussetzung betreten werden kann,[704] Videoüberwachung ohne Datenverarbeitung weiterhin nach dem BDSG nicht verboten ist; selbst wenn sie versteckt durchgeführt wird. Allein über den Persönlichkeitsrechtsschutz im Sinne von Art. 1 und 2 GG kann in diesem Fall eine Beschränkung konstruiert werden.[705] §§ 27ff BDSG greifen nämlich nur dann ein, wenn in nicht-öffentlich-zugänglichen Räumen Datenverarbeitungstechnik eingesetzt wird.[706]

Beispielhaft für öffentlich zugängliche Räume im öffentlichen Bereich seien an dieser Stelle die für den Gemeingebrauch gewidmete Straßen, Wege und Plätze, aber auch Eingangs- und Flurbereiche von Behörden, Schulen oder Schwimmbädern genannt. Öffentlich-zugängliche Räume in Privatbesitz können Kaufhäuser, Tankstellen oder Bankschalterräume sein. Die Gesetzesbegründung erwähnt zusätzlich Bahnsteige, Museumsausstellungs-, Verkaufsräume und Schalterhallen.[707]

---

[700] *Bundesbeauftragter für den Datenschutz* 2003, 29; *Kloepfer* 2002, § 8 Rn 106.
[701] *Höfling* 2000, 29ff.
[702] *Landesbeauftragter für den Datenschutz Niedersachsen* 2003, 31.
[703] *Landesbeauftragter für den Datenschutz Niedersachsen* 2003, 35. Daraus folgt, daß von Behörden durchgeführte Videoüberwachung als staatlicher Eingriff in das Persönlichkeitsrecht zu werten ist, Maunz/ Dürig - *Di Fabio* 2001, Art. 2 Abs. 1 Rn 176.
[704] So die Definition von *Königshofen*, RDV 2001, 220; *Innenministerium Baden-Württemberg* 2002, http://www.rainer-gerling.de/hinweise/hnr40.htm.
[705] *Königshofen*, RDV 2001, 221f.
[706] So zum Beispiel bei der Überwachung von Wohnungseingängen, gegen die das Gericht keine Bedenken hat, solange ein einstimmiger Beschluß der Wohnungseigentümer vorliegt, Kammergericht Berlin NJW 2002, 2798 und AG Frankfurt/ Main Beschluß vom 9.9.2002 - 65 UB II 149/02.
[707] *BT-Drs* 14/4329, 38.

Beim Outsourcing der Überwachungstätigkeit ändert sich die Qualität des Raumes nicht, was bedeutet, daß selbst wenn ein privates Unternehmen die Überwachung einer öffentlichen Stelle übernimmt, die Interessensabwägung nicht wie zwischen zwei Privaten, sondern wie zwischen Staat und Privaten erfolgen muß.[708]

4.10.1.4 Anwendung auf den Privacy Filter

Bezogen auf den in ein Videoüberwachungssystem eingebauten Privacy Filter bedeutet dies, daß das ganze System unter den Begriff der Videoüberwachung nach § 6b BDSG subsumiert werden kann.

Da davon auszugehen ist, daß die Technik des Privacy Filters insbesondere dort eingesetzt wird, wo Gesichter und somit personenbezogene Daten aufgenommen werden - denn vor allem in diesem Fall macht der Einsatz des Privacy Filters Sinn -, handelt es sich um ein Beobachten durch optisch-elektronische Geräte im Sinne des § 6b BDSG. Voraussetzung dafür ist allerdings zusätzlich die Installation des Videoüberwachungssystems in öffentlich zugänglichen Räumen. Wenn ein System mit integriertem Privacy Filter nur in privat-zugängliche Räume videoüberwacht, sind §§ 27ff BDSG, insbesondere § 28 BDSG - allerdings mit einer sehr ähnlichen Erforderlichkeits- und Verhältnismäßigkeitsprüfung - anwendbar.

Dabei muß berücksichtigt werden, daß allein die Tatsache, daß ein System unter den Begriff der Videoüberwachung subsumiert werden kann, noch nichts über die Zulässigkeit des Systems unter datenschutzrechtlichen Gesichtspunkten aussagt. Dies ist allein eine Frage der Abwägung, die im Einzelfall getroffen werden muß.

4.10.2 § 6b Abs. 1 und Abs. 3 BDSG

Die Zulässigkeit der Videoüberwachung, die sowohl die Beobachtung als auch die Verarbeitung von Daten rechtfertigen kann, hängt nach § 6b Abs. 1 BDSG von der Erforderlichkeit bestimmter Zwecke und davon ab, ob ansonsten Anhaltspunkte bestehen, daß schutzwürdige Interessen Dritter entgegenstehen. § 6b Abs. 3 BDSG behandelt die Voraussetzungen, unter denen eine Verarbeitung oder Nutzung über die Beobachtung hinaus zulässig ist.

4.10.2.1 Zweckbestimmungen

Konkret unterscheidet das Gesetz zwischen drei Zweckbestimmungen, der Aufgabenerfüllung öffentlicher Stellen, der Wahrnehmung des Hausrechts sowie, sozusagen als Auffangtatbestand, der Wahrnehmung berechtigter Interessen für konkret festgelegte Zwecke.

Unter die Aufgabenerfüllung öffentlicher Stellen sind gesetzliche Aufgaben aus der Verfassung, aus Gesetzen, aus Verordnungen und aus anderen Rechtsvorschriften zu fassen.[709] Die Formulierung „zur" Aufgabenerfüllung beschreibt, daß die gesetzliche Aufgabenerfüllung

---

[708] Zum Outsourcing *Hoeren* 2003, 357ff.
[709] *BT-Drs* 14/5793, 61.

nicht unmittelbar durch die Videoüberwachung herbeigeführt werden muß, sondern eine Unterstützungsfunktion der Videoüberwachung ausreicht.[710] § 6b Nr. 1 BDSG ist beispielsweise dann einschlägig, wenn es um die Gebäudesicherheit außerhalb von Gebäuden geht. Ansonsten kommt in vielen Fällen § 6b Nr. 2 BDSG als speziellere Vorschrift in Betracht.

Die Wahrung des Hausrechts nach der Zweckbestimmung Nr. 2, die die Überwachung innerhalb eines Gebäudes betrifft, stellt die häufigste Anwendung von Videoüberwachung dar.[711] Ein Einsatz von Videoüberwachungssystemen in Spielkasinos, Kaufhäusern, Geschäften oder Fußballstadien hat regelmäßig die Wahrnehmung des Hausrechts als Grund und soll vor allem Diebstählen und Sachbeschädigungen vorbeugen.[712] Sie dient somit nicht nur präventiven, sondern auch repressiven Zwecken, zum Beispiel dem der Beweissicherung.[713]

Auf die dritte Zweckbestimmung wird zurückgegriffen, wenn vor Beginn der Überwachung konkrete Zwecke formuliert wurden. Dabei werden wirtschaftliche und ideelle Interessen anerkannt, die sich aus der konkreten Sachlage ergeben.[714] Beispiele sind die Überwachung von Kunden an Bankautomaten in Bankfilialen[715] oder die Kameranutzung bestimmte Forschungsprojekte.[716] Die dritte Zweckbestimmung des § 6b BDSG ist als Auffangtatbestand eng auszulegen.[717]

4.10.2.2 Erforderlichkeit

Entscheidend für die Zulässigkeit der Videoüberwachung nach § 6b BDSG ist, daß einer der drei Zweckbestimmungen eine Erforderlichkeit begründet. Erforderlichkeit ist dann gegeben, wenn der verfolgte, beabsichtigte Zweck nicht mit einem anderen zumutbaren Mittel, das weniger in die Rechte der Betroffenen eingreift, erreicht werden kann. Da § 6b BDSG gesetzestechnisch eine Ausnahme zum datenschutzrechtlichen Grundsatz des Verbots der Datenerhebung, -verarbeitung und -nutzung darstellt, muß die Erforderlichkeit eng ausgelegt werden. Im Rahmen dieser Prüfung müssen sowohl § 3a BDSG als auch andere technische Gestaltungsmöglichkeiten auf ihre Anwendbarkeit hin überprüft werden.[718] Auch in sachlicher und räumlicher Hinsicht ist notwendig, daß sich die Videoüberwachung beschränkt.[719] Es gilt außerdem einzuschätzen, „ob eine flächendeckende Einführung der Überwachungstechnik

---

[710] Simitis - *Bizer* 2003, § 6b Rn 46.
[711] So auch *Landesbeauftragter für den Datenschutz Niedersachsen* 2003, 30.
[712] *Berliner Beauftragter für Datenschutz und Informationsfreiheit* 2001, 21.
[713] Simitis - *Bizer* 2003, § 6b Rn 50.
[714] von Zezschwitz, http://www.datenschutz.hessen.de/o-hilfen/VideoverfassFragen.pdf, 10 mit weiteren Nachweisen in Fn 45f.
[715] *Berliner Beauftragter für Datenschutz und Informationsfreiheit* 2001, 21.
[716] *Gola/ Schomerus* 2002, § 6b Rn 18.
[717] Unter Hinweis auf den Gesetzgebungsprozeß, Simitis - *Bizer* 2003, § 6b Rn 51.
[718] Simitis - *Bizer* 2003, § 6b Rn 59; *Bergmann/ Möhrle / Herb* 2003, § 6b Rn 27.
[719] *Bergmann/ Möhrle / Herb* 2003, § 6b Rn 27.

erforderlich ist oder ob ein Einsatz an Schwerpunkten oder zu bestimmten Zeiten ausreicht"[720] beziehungsweise ob bestimmte technische Funktionen, wie zum Beispiel ein Heranzoomen, im konkreten Fall der Überwachung notwendig sind.

Bei der Abwägung spielt nämlich eine Rolle, was für ein Ort aufgenomen wurde.[721] Es macht einen großen Unterschied, ob es sich um ein Kaufhaus oder eine Tankstelle handelt, wo man mit der Überwachung rechnen könnte oder um einen Freizeitbereich, wo jeder Mensch unbekümmert und unbeobachtet handeln können sollte. Weiterhin ist zu fragen, wie intensiv die Überwachung stattfindet. Im Rahmen einer Erforderlichkeitsprüfung ist weiterhin zu fragen, wie viele „unschuldige" Personen von der Maßnahme betroffen sind.

4.10.2.3 Abwägung

Selbst wenn die Erforderlichkeit gegeben ist, kann eine Zulässigkeit der Videoüberwachung an dem überwiegenden schutzwürdigen Interessen der Betroffenen scheitern. Dabei ist zu beachten, daß diese Verhältnismäßigkeitsabwägung nach noch strikteren Kriterien zu bewerten ist, wenn es sich um Videoüberwachung in nicht-öffentlich zugänglichen Räumen handelt.[722] Gleichzeitig wächst die Bedeutung der Schutzwürdigkeit „mit zunehmender Bedeutung der individuellen Entfaltungsmöglichkeit im öffentlichen Raum".[723] Anhaltspunkte für ein solches Übergewicht reichen im übrigen aus, um zur Unzulässigkeit zu gelangen.[724]

Die Abwägung geschieht für jeden Einzelfall unter Berücksichtigung aller verfassungsrechtlich geschützten Personen und ihrer Interessen.[725] Von erheblich belastendem Gewicht ist eine Videoüberwachung, wenn sie ununterbrochen einen Raum unter Kontrolle hält und die Betroffenen nicht ausweichen können.[726]

4.10.2.4 Verarbeitung und Nutzung

Im Rahmen von § 6b Abs. 3 BDSG, der dann einschlägig ist, wenn zu der Beobachtung auch eine Verarbeitung oder Nutzung hinzukommt, ist eine Erforderlichkeits- und eine Verhältnismäßigkeitsprüfung ebenfalls notwendig. Aus der Zulässigkeit der Beobachtung nach § 6b Abs. 1 BDSG läßt sich noch keine Zulässigkeit von Verarbeitung und Nutzung ablesen.[727] Die Zulässigkeit der Verarbeitung und Nutzung ist daher erneut zu untersuchen, wobei berücksichtigt werden muß, daß gegenüber einer reinen Beobachtung ein intensiverer Eingriff vorliegt.

---

[720] *Landesbeauftragter für den Datenschutz Niedersachsen* 2003, 35.
[721] *Landesbeauftragter für den Datenschutz Niedersachsen* 2003, 36.
[722] *Landesbeauftragter für den Datenschutz Niedersachsen* 2003, 17.
[723] Simitis - *Bizer* 2003, § 6b Rn 60.
[724] Simitis - *Bizer* 2003, § 6b Rn 61.
[725] Duhr/ Naujok/ Peter/ *Seiffert*, DuD 2002, 28. Beispiele aus der Rechtsprechung bei Simitis - *Bizer* 2003, § 6b Rn 64.
[726] Siehe dazu *LG Braunschweig*, NJW 1988, 2457f.
[727] Bergmann/ Möhrle / Herb 2003, § 6b Rn 42.

4.10.2.5 Anwendung auf den Privacy Filter

Für die Technik des Privacy Filters kommen je nach Anwendung alle drei Zweckbestimmungen in Betracht. Es ist vorstellbar, daß der Privacy Filter sowohl außerhalb von Gebäuden, also möglicherweise zur Aufgabenerfüllung öffentlicher Stellen als auch innerhalb von Gebäuden zur Wahrnehmung des Hausrechts oder zur Wahrnehmung anderer berechtigter Interessen eingesetzt wird.

Da es bezüglich der Erforderlichkeit und der Verhältnismäßigkeit sowohl bei § 6b Abs. 1 als auch Abs. 3 BDSG auf den Einzelfall ankommt, muß die Beurteilung der Zulässigkeit beim Privacy Filter vom zugrundeliegenden Sachverhalt abhängig gemacht werden. Zu beachten ist, daß beim Privacy Filter biometrische Daten aufgenommen und verarbeitet werden. Dabei fällt positiv ins Gewicht, daß die Daten schnell verarbeitet und wieder gelöscht werden, so daß sie für Dritte, also Datenspäher, nicht zu erkennen sind. Bei der Abwägung kommt dem System vor allem seine Eigenschaft als datenschutzfördernde Technik zugute. Die Daten werden zwar, damit sie verschleiert werden können, im Sinne des BDSG verarbeitet, aber nur mit dem Ziel, daß dadurch die Personenbeziehbarkeit ausgeschlossen werden kann. Nur in Ausnahmefällen, wenn ein Verdacht beispielsweise auf eine Straftat vorliegt, kann eine berechtigte Stelle, zum Beispiel die Staatsanwaltschaft, den Zuordnungsschlüssel für die pseudonymisierten Daten erhalten.

4.10.3 § 6b BDSG und Transparenz

Nach § 6b Abs. 2 BDSG ist es wichtig, den Betroffenen mitzuteilen, was im Rahmen des Videoüberwachungssystems mit den Daten geschieht. Das bedeutet, daß aus Sicht des Rechts auf informationelle Selbstbestimmung den betroffenen Personen sowohl Positives als auch Negatives deutlich gemacht werden muß.[728] Der Hinweis auf die Verschleierung der Daten durch das System des Privacy Filters könnte insofern positive Auswirkungen auf die Akzeptanz des Überwachungssystems haben.

4.10.4 Andere Datenschutzvorschriften

Im Rahmen des Prüfung des Privacy Filters als datenschutzfördernde Technik ist noch an die Anwendung weiterer Vorschriften zu denken:

4.10.4.1 § 3a BDSG

Im BDSG gilt auch für die Videoüberwachung nach § 6b BDSG der Grundsatz der Datenvermeidung und Datensparsamkeit nach § 3a BDSG.

Im Fall des Einsatzes des Privacy Filters ist dieser Grundsatz im Sinne der in § 3a BDSG enthaltenen Zielvorgabe umgesetzt;[729] der Privacy Filter wählt nämlich die Verschleierung als

---

[728] Es handelt sich hier nicht um Datentransparenz, da Transparenz nicht technisch realisiert wird.
[729] Siehe dazu in Kapitel 4.4.5.5.

Möglichkeit, das Ziel der Datenvermeidung und Datensparsamkeit zu erreichen. Dies ist eine Lösung, die die Technik normativ nicht blockiert, da die Möglichkeit für technische Weiterentwicklung offen bleibt.

Im Zusammenhang mit § 3a BDSG ist auch der Vorbehalt des Möglichen und des angemessenen Aufwands zu berücksichtigen,[730] der darauf abzielt, die Interessen des Datenschutzes mit den Interessen der Anbieter auszugleichen. Der Zweck der Videoüberwachung bleibt beim Privacy Filter gewahrt, ohne daß gleichzeitig das Recht auf informationelle Selbstbestimmung der überwachten Personen verletzt wird, was durch die Pseudonymisierung der Daten technisch möglich wird. Bei der Prüfung des Vorbehalts des angemessenen Aufwands muß der finanzielle Aspekt eines neuen Systems, also die Kosten für die Anschaffung, Installation und Wartung des Privacy Filters, neben dessen Leistungsfähigkeit beachtet werden.

Im Rahmen einer behördlichen Entscheidung über den Einsatz des Privacy Filters kommt eine Ermessensreduzierung auf Null zugunsten des datenschutzfördernden Produkts dann in Betracht, wenn die Kosten für den Privacy Filter verglichen mit den Kosten für vergleichbare Überwachungssystemen bei mindestens gleicher Funktionalität geringer oder gleich hoch sind. Das bedeutet, daß sich die Zahl rechtmäßiger Ermessensentscheidungen, die die Behörde treffen kann, auf eine einzige verdichtet. Die Behörde hätte in einem solchen Fall die Pflicht, den Privacy Filter zu erwerben und zu installieren. Die Nicht-Anschaffung des Privacy Filters wäre dann rechtswidrig und sein Einsatz einklagbar.

Neben dem Privacy Filter gibt es andere Systeme, die eine datensparsame Videoüberwachung ermöglichen. Diese Systeme beginnen erst in dem Zeitpunkt Bilder aufzunehmen, wenn durch eine Lichtschranke ein Signal ausgelöst wird. Dies verhindert die Aufnahme von personenbezogenen Daten, die nicht im überwachten Gefahrenbereich liegen. Einen ähnlichen Effekt kann man erzielen, wenn der Aufnahmewinkel nur auf den sicherheitsrelevanten Bereich beschränkt wird. Es sind auch Systeme vorstellbar, bei denen nur zu besonderen, möglicherweise zu protokollierenden Anlässen ein „Reinzoomen" erlaubt ist[731] oder die Kamera nur während bestimmter Uhrzeiten eingeschaltet wird.[732] Im *Tätigkeitsbericht des Bundesdatenschutzbeauftragten für die Jahre 2001/ 2002* wird das Produkt des Privacy Filters als datenschutzfördernde Technik beschrieben. Der Bundesdatenschutzbeauftragte zeigt sich dabei beeindruckt von dessen Qualität als datensparsames Videoüberwachungssystem.[733]

In der Diskussion um die besondere Datensparsamkeit des Privacy Filters darf nicht vergessen werden, daß eine komplette Datenvermeidung die Persönlichkeitsrechte noch besser schützen

---

[730] Siehe dazu in Kapitel 4.4.6.3.

[731] Beispiele aus Simitis - *Bizer* 2003, § 6b Rn 60. Siehe auch *Artikel 29 Datenschutzgruppe*, EU Dokument 11750/02/DE WP 67, S. 18.

[732] *Landesbeauftragter für den Datenschutz Niedersachsen* 2003, 35.

[733] *Bundesbeauftragter für den Datenschutz* 2003, 36. Eine Möglichkeit im Sinne des Privacy Filters erwähnt auch der *Landesbeauftragter für den Datenschutz Niedersachsen* 2003, 35.

würde. Beim System des Privacy Filters werden ja nicht nur in den Fällen, in denen der Verdacht auf eine Straftat vorliegt, die Gesichter dekodiert und somit personenbeziehbar. Auch im Fall, daß Personen unabhängig von ihrem Gesicht, das ja verschleiert ist, besonders auffällig sind, ist eine Personenbeziehbarkeit denkbar. So zum Beispiel bei Personen mit einer körperlichen Behinderung, seien es Rollstuhlfahrer oder Kranke mit Krücken, oder aber bei auffälliger Kleidung, beispielsweise Punks oder Skinheads, bei denen unabhängig vom Gesicht eine Gruppenzuordenbarkeit möglich ist.

4.10.4.2 § 9 BDSG

Durch § 9 BDSG wird nach heutigem Recht der Privacy Filter nicht wesentlich gefördert. § 9 BDSG fordert zwar, daß alle datenverarbeitenden Stellen auch die technischen Maßnahmen treffen sollen, die erforderlich sind, um die Ausführung der Vorschrift dieses Gesetzes zu gewährleisten. Das bedeutet im Zusammenhang mit § 3a BDSG, daß eine Pflicht für datenverarbeitenden Stellen aus § 9 BDSG erwächst, die Grundsätze der Datenvermeidung und Datensparsamkeit zusätzlich zu den Vorschriften aus dem Anhang zu § 9 BDSG zu beachten. Ein faktisch stärkerer Druck für die Durchsetzung von § 3a BDSG entsteht daraus allerdings nicht. Im übrigen hat der Privacy Filter den Grundsatz der Datenvermeidung und Datensparsamkeit schon umgesetzt.

4.10.4.3 Weitere bundesrechtlichen Vorschriften

Im Rahmen der Prüfung des Privacy Filters unter Gesichtspunkten datenschutzfördernder Technik spielen bisher weder § 9a BDSG noch § 38a BDSG eine Rolle.[734] Die Tatsache, daß nach § 87 Abs. 1 Nr. 6 BetrVG der Betriebsrat gefragt werden muß, bevor ein Videoüberwachungssystem am Arbeitsplatz installiert wird,[735] spricht nicht notwendigerweise für die Benutzung des Privacy Filters. Die Benutzung des Privacy Filters könnte den Betriebsrat allerdings eher für die Installation eines Videoüberwachungssystems einnehmen.

4.10.4.4 Landesrecht

Landesrechtliche Vorschriften, insbesondere aus Schleswig-Holstein, bieten die Möglichkeit eines Produktauditverfahrens, das mit einem Datenschutz-Gütesiegel abschließt.[736] Auf diese Weise kann sich das Produkt des Privacy Filters gegenüber Konkurrenzprodukten mit geringerer oder ganz ohne datenschutzfördernde Wirkung abheben.[737] Eine positiv verlaufenden Auditierung nach schleswig-holsteinischem Recht kann sogar die Wirkung haben, daß in ei-

---

[734] Siehe zu den jeweiligen Vorschriften in Kapitel 4.4.6.3 ausführlicher.
[735] Siehe dazu Gola/ Schomerus 2002, § 6b Rn 20f.; *Kloepfer* 2002, § 8 Fn 107.
[736] Zu einem Vorschlag für ein bundesweites Verfahren, siehe in Kapitel 5.4.2.2.
[737] Ein Auditverfahren auf Bundesebene steht noch aus und scheint sich trotz anderslautender Versprechungen noch nicht einmal in der konkreten Planung zu befinden.

nigen anderen Bundesländern die dortigen öffentlichen Stellen das Produkt des Privacy Filters bevorzugt erwerben müssen.[738]

---

[738] Siehe in diesem Zusammenhang DuD Report, ULD Schleswig Holstein, DuD 2003, 716.

5 Rechtliche Förderung „de lege ferenda"

Da die Förderung datenschutzfördernder Technik bisher nicht in ausreichendem Maß stattfindet, um die Ziele datenschutzfördernder Technik zu erreichen, ist nach Mitteln und Wegen zu suchen, die datenschutzfördernde Technik in Zukunft de lege ferenda - nach noch zu erlassendem Recht - tatsächlich und substantiell fördern.

Wenn es um die Frage der Modernisierung des Datenschutzrechts geht, muß allerdings folgendes bedacht werden; die Erörterung der für die Förderung datenschutzfördernder Technik wünschenswert erachteten Rechtslage, deren Ziel es sein muß, den verbesserungswürdigen gegenwärtigen Rechtszustand abzulösen,[739] ist nicht alleine zu betrachten.[740] Eine Novelle des BDSG müßte auch andere wichtige Instrumente neben dem der datenschutzfördernden Technik miteinbeziehen. Diese werden nämlich zusätzlich benötigt, um auch in Zukunft die Persönlichkeitsrechte der Bürger in ausreichendem Maße zu schützen.[741] Anders gesagt, bietet datenschutzfördernde Technik nicht für alle Datenschutzmißstände Lösungen an. Die Möglichkeiten mit Hilfe des Instruments der datenschutzfördernden Technik sollte allerdings voll ausgenutzt werden.

5.1 Risiken und Herausforderungen bei der Rechtsetzung

Neues Recht zu schaffen ist mit Risiken und Herausforderungen verbunden. Damit sind im Zusammenhang mit datenschutzfördernder Technik an dieser Stelle nicht die Risiken und Herausforderungen gemeint, die entstehen, wenn eine Förderung unterbleibt.[742] Es geht vielmehr um die Frage, was bei der Umsetzung des Konzepts der datenschutzfördernden Technik beachtet werden muß.

5.1.1 Gleichgewicht zwischen Grunddatenschutz und Selbstdatenschutz

Bei der Umsetzung datenschutzfördernder Technik ist es wichtig, die Balance zwischen Grunddatenschutz und Selbstdatenschutz zu finden.[743] Durch die Implementierung datenschutzfördernder Technik in Systeme besteht die Gefahr, daß das schwach ausgeprägte Problembewußtsein der Bürger bezüglich des Datenschutzes weiter geschwächt wird.[744] Auf der einen Seite könnte daher eine „Bevormundung" der Bürger in Datenschutzfragen im Sinne

---

[739] Zu der Definition von „de lege ferenda" *Avenarius* 1990, 109.
[740] So auch OECD Dokument DSTI/ICCP/REG(2001)1/FINAL, 25.
[741] Roßnagel - *Hansen* 2003, 3.3 Rn 136.
[742] Siehe in Kapitel 3.1 und auch *Arbeitskreis Technik der Konferenz der Datenschutzbeauftragten des Bundes und der Länder*, DuD 1997, 709ff.; *Borking*, DuD 1998, 838ff.
[743] So auch *Bizer/ Fox*, DuD 1997, 502, nach denen die Suche nach der Balance zwischen laisser-faire und staatlicher Kontrolle die Geschichte des Datenschutzrechts durchziehe.
[744] Siehe schon in Kapitel 3.1. Außerdem *Weber*, DuD 1998, 643; „Als Unternehmen interessiert o-tel-o inwieweit Kunden auf anonymes Telefonieren, z.B. Prepaid-Karten wert legen. Die Befragten brachten eher (entrüstet) den Begriff mit kriminellem Verhalten in Verbindung als mit Schutz ihrer Persönlichkeitsrechts."

des Grunddatenschutzes geboten scheinen. Dies gilt auch vor dem Hintergrund, daß viele der Techniken so komplex sind, daß es schwierig ist, sie dem Durchschnittsanwender verständlich zu machen. Auf der anderen Seite sollte es im Sinne von Selbstdatenschutz allen Nutzern möglich sein, selbst zu entscheiden, wie intensiv sich jeder schützen möchte.

In diesem Zusammenhang steht auch die Forderung, der Staat solle Beratung und Hilfe zum Selbstdatenschutz anbieten,[745] damit jeder Bürger über seine Möglichkeiten informiert wird und eine diskriminierungsfreie Entscheidung treffen kann. Dies könne auch durch verpflichtende Unterrichtungsvereinbarungen, beispielsweise durch eine Benachrichtigung bei jeder Verwendung durch die verantwortliche Stelle, umgesetzt werden. Eine Gefahr besteht dabei darin, daß die Bürger die Möglichkeiten des Selbstdatenschutzes nur in unterschiedlicher Intensität ausschöpfen und sich dadurch der Graben zwischen den privilegierten, weil technisch versierten, und den weniger kompetenten Informationsnutzern zunehmend vertieft.[746] Auch darf der Selbstdatenschutz nicht isoliert gesehen, sondern muß im Zusammenhang eines Gesamtkonzepts ergänzend zum Systemdatenschutz und zu normativen Ansätzen eingesetzt werden.[747]

Berücksichtigt man die Naivität bezüglich Datenschutzfragen und zusätzlich das weiter wachsende Kommunikationsbedürfnis der meisten Anwender, kann behauptet werden, daß zu viel Selbstdatenschutz in vielen Fällen zu wenig Grunddatenschutz des einzelnen Anwenders bedeuten kann.[748] Im Rahmen der Vorschläge zur Förderung datenschutzfördernder Technik gilt es, beides zu realisieren. Die Bürger sollen sowohl selber über den Grad des Schutzes ihrer informationellen Selbstbestimmung entscheiden können und zu einem verbesserten Datenschutzverständnis erzogen werden als auch vom Staat einen Standard geboten bekommen, der die Datenschutzgrundbedürfnisse für alle gewährleistet.

5.1.2 Akzeptanz

Um dieser Naivität der Nutzer entgegenzuwirken und ein besseres Ausnutzen der Selbstdatenschutzmöglichkeiten zu gewährleisten, ist es im Rahmen des neu zu schaffenden Rechts besonders wichtig, das Problembewußtsein bezüglich Datenschutzfragen zu schärfen und die Akzeptanz für datenschutzfördernde Produkte zu erhöhen.

Das Engagement für ein verstärktes Problembewußtsein im Datenschutz und das für eine erhöhte Akzeptanz von datenschutzfördernden Produkten liegen nahe beieinander und bedingen einander. Letzteres kann sowohl durch die Verbesserung der Benutzerfreundlichkeit der Pro-

---

[745] *Bäumler* 1999a, 7.
[746] *Hoffmann-Riem*, AöR 1998, 537; ähnlich *Schrader* 1998, 207. In Anlehnung an den Ausdruck des „digital divide", der die Tatsache beschreibt, daß die Gesellschaft in Menschen, welche elektronische Informations- und Kommunikationstechnologien nutzen und solche, die es nicht tun (können), eingeteilt werden kann, könnte man hier von „Datenschutz divide" sprechen.
[747] *Roßnagel/ Pfitzmann/ Garstka* 2001, 148.
[748] Roßnagel - *Hansen* 2003, 3.3 Rn 123ff.; *Roßnagel* 2001a, 32; *Federrath/ Pfitzmann* 2001, 253.

dukte geschehen, die vom Gesetzgeber jedenfalls angeregt werden sollte, als auch durch Aufklärung und Werbung. Nur wenn Datenschutzfragen nämlich in der gesellschaftlichen Diskussion wahrgenommen werden, kann auch damit gerechnet werden, daß die zu schaffenden Gesetze eingehalten beziehungsweise durchgesetzt werden. Eine Rechtsordnung gegen das Wertegefühl seiner Bürger zu gestalten, kann nicht gut gehen. Andersherum ist es allerdings durch Initiativen in einem gewissen Rahmen möglich, die Stimmung einer Gesellschaft bezüglich einer Idee zu verändern. Der Umweltschutz ist dafür ein gutes Beispiel.

5.1.3 Weltpolitische Lage

Auch die weltpolitische Lage hat auf den Datenschutz und seine Rechtsetzung Einfluß. Nach den terroristischen Anschlägen in den U.S.A. am 11.9.2001 ist eine veränderte gesellschaftliche Stimmung zugunsten eines verstärkten Sicherheitsbedürfnisses der Bürger entstanden. Die veränderte Lage hat zu einem Zuwachs an Sicherheitsmaßnahmen in vielen Ländern der Erde geführt. Zugunsten von innenpolitischen Maßnahmen im Kampf gegen den internationalen Terrorismus und zum Schutz der Bürger schränkten viele Regierungen Freiheitsrechte ihrer Bürger ein. Eingeschränkt wurde im Rahmen dessen auch das Recht auf informationelle Selbstbestimmung und mit ihm der Datenschutz.[749] Die sonst sehr aktiven Bürgerrechtsbewegungen waren mit ihren Bedenken gegenüber den verstärkten Sicherheitsvorkehrung des Staates bisher vergleichsweise zurückhaltend.[750]

Das neue Regelungskonzept der datenschutzfördernden Technik schafft zum einen technische und rechtliche Voraussetzungen, die Sicherheitsmaßnahmen möglich machen, um Risikovorsorge und Strafaufklärung zu betreiben, zum anderen entsteht durch das Konzept ein stabiler Rahmen, der Unbeteiligte vor unnötigen Sicherheitsmaßnahmen schützt.[751] Daher darf die Idee datenschutzfördernder Technik aufgrund der neuen politischen Notwendigkeiten nicht aufgegeben werden. Im Gegenteil, da datenschutzfördernde Technik sowohl das Persönlichkeitsrecht schützen als auch zugleich moderne Technologie nutzen, damit überflüssige Daten faktisch nicht erhoben werden können, gilt es gerade jetzt verstärkt, sie zu fördern.

5.1.4 Rechtswissenschaftliche Technikfolgenforschung

Bei der Rechtsetzung ist auf jeden Fall auch den Hinweisen rechtswissenschaftlichen Technikfolgenforschung Beachtung zu schenken.[752] Im Hinblick auf die Folgen neuer Technologie für spätere Generationen ist daher zu überlegen, wie neu zu schaffendes Recht aussehen könn-

---

[749] Für die U.S.A.: *Ministry of Public Management, Home Affairs, Posts and Telecommunications of Japan* 2003, 316f. Zu der Frage, ob Sicherheit gegen Freiheit lediglich einzutauschen ist oder ob es ein Nebeneinander beider Prinzipien geben kann, ausführlich *Roßnagel* 2003c, 17ff.

[750] *Kloepfer* 2002, § 8 Rn 5 „Kampf gegen Terrorismus und Kriminalität muß zur Reduzierung des Datenschutzes führen", siehe auch das neue Terrorismusbekämpfungsgesetz vom 9.1.2002, BGBl. I S. 361 beziehungsweise *BT-Drs* 14/7386.

[751] So auch *Roßnagel* 2003c, 29.

[752] Siehe in Kapitel 2.4.3.

te, damit Risiken so gut wie möglich miteinkalkuliert beziehungsweise vermieden werden können. Die Expertenantworten auf die Frage, wie Technik durch Recht in die richtige Bahn gelenkt werden kann und welche Rechtsinstrumente die geeignetsten sind, müssen daher berücksichtigt werden.

5.1.5 Technikhersteller als Adressaten

Datenschutzrecht soll nicht nur als Abschwächung der negativen Technikfolgen eingesetzt werden, sondern soll vor allem im Vorfeld positiv auf die Technikentwicklung im Sinne des Datenschutzes Einfluß nehmen. Ein Weg in die richtige Richtung würde beschritten, wenn nicht nur die datenverarbeitenden Stellen sondern auch die Technikhersteller als maßgebliche Produzenten der Technik Adressaten von Datenschutzvorschriften würden.[753] Die *Artikel 29 Datenschutzgruppe* fordert in diesem Sinne, „daß die Mitgliedstaaten im Hinblick auf die Tätigkeit von Herstellern, Dienstleistungsanbietern und Vertriebshändlern sowie Softwareentwicklern", Leitlinien für die Entwicklung von Technologie, Software und technische Geräte herausgeben.[754]

5.1.6 Mißbrauch von Technik

Zuletzt ist die Tatsache zu beachten, daß Technik generell, und im besonderen auch datenschutzfördernde Technik, mißbraucht werden kann. Beispiele aus Indonesien oder China, wo intelligente Überwachungssysteme, die ursprünglich für eine verbesserte Verkehrsplanung entwickelt wurden, zu gravierenden Menschenrechtsverletzungen geführt haben,[755] beweisen diesen Mißbrauch. Fraglich ist daher, ob die Förderung von bestimmter Technik, aus diesem Grund nicht besser unterlassen werden sollte.

Ein möglicher Mißbrauch datenschutzfördernder Technik darf aus zwei Gründen nicht dazu führen, daß solche Technik nicht weiter gefördert wird. Erstens ist es schwer vorstellbar, daß datenschutzfördernde Technik, die explizit zum Schutz der Persönlichkeitsrechte entwickelt wurde, derart mißbraucht werden kann, daß Menschenrechtsverletzungen entstehen. Zweitens, selbst wenn dies einmal der Fall sein sollte, wird es nicht möglich sein, die technische Entwicklung aufzuhalten. Statt dessen sollte lieber versucht werden, die Technik im positiven Sinn zu beeinflussen und für andere mißbräuchliche Anwendungen unbrauchbar zu machen.[756]

---

[753] *Roßnagel/ Pfitzmann/ Garstka* 2001, 36.
[754] *Artikel 29 Datenschutzgruppe*, EU Dokument 11750/02/DE WP67.
[755] *Gundermann/ Köhntopp*, http://123.koehntopp.de/marit/pub/biometrie/GuKo_99Biometrie.pdf, 2.
[756] Roßnagel - *Hansen* 2003, 3.3 Rn 127ff. Zum Mißbrauch von biometrischen Verfahren, siehe *Köhntopp* 1999, 180f.

5.2 Konzepte für die rechtliche Förderung datenschutzfördernder Technik

Die Aussagen des *Bundesverfassungsgerichts* im Volkszählungsurteil bezüglich des Schutzes von Persönlichkeitsrechten haben ihre Gültigkeit bis heute nicht verloren. Auch in Zukunft wird es wichtig sein, ein Minimum an Datenschutzgrundversorgung zu gewährleisten (Grunddatenschutz), im übrigen aber jedem die Möglichkeit selbst zu überlassen, wie viel oder wenig er von sich preisgeben möchte (Selbstdatenschutz). In beiden Fällen muß zusätzlich Datentransparenz gewährleistet werden, nicht nur um das Wissen über datenschutzfördernde Technik zu erhöhen, sondern auch um die Aufmerksamkeit gegenüber Themen mit Datenschutz- und Technikbezug zu stärken. Dieses muß bei der Rechtsetzung beachtet werden.

5.2.1 Vorschläge aus der Literatur

Nur wenige Personen haben sich bisher explizit mit der Frage der Umsetzung von datenschutzfördernder Technik auseinandergesetzt. Erwähnenswert erscheint in diesem Zusammenhang insbesondere das Gutachten zur Modernisierung des Datenschutzrechts sowie das OECD Inventory of Privacy Enhancing Technologies.[757]

5.2.1.1 Gutachten zur Modernisierung des Datenschutzrechts

Im Gutachten zur Modernisierung des Datenschutzrechts[758] fordern seine Autoren unter anderem auch die Förderung von datenschutzfördernder Technik, durch die ihrer Ansicht nach die Ziele des Datenschutzrechts erfüllt werden könnten.[759] *Roßnagel, Pfitzmann* und *Garstka* schlagen drei Maßnahmen zu deren Erreichung vor. Zuerst sollen die Produkthersteller verpflichtet werden, ihre Produkte, bevor sie auf den Markt gebracht werden, auf gewisse Standards hin zu überprüfen. Dann soll eine Produktzertifizierung eingeführt werden, mit der die Hersteller werben können. Drittens sollen die verantwortlichen Stellen beim Kauf verpflichtet werden, datenschutzfördernde Produkte gegenüber anderen Produkten, die nicht so datenschutzfreundlich sind, vorzuziehen.[760] Auch für eine verstärkte Selbstregulierung als zusätzliches Mittel, den Herausforderungen des modernen Datenschutzes zu begegnen, wird im Gutachten plädiert.[761]

5.2.1.2 OECD „Inventory of PETs"

Auch international liegt der Wille, datenschutzfördernde Technik zu fördern, im Trend. Die OECD fordert die rasche Umsetzung ihrer 1980 in ihren Richtlinien verabschiedeten Grundsätze, insbesondere unter dem Gesichtspunkt des sich schnell vollziehenden technischen

---

[757] OECD Dokument DSTI/ ICCP/ REG(2001)1/FINAL, 1ff.
[758] *Roßnagel/ Pfitzmann/ Garstka* 2001, 1ff.
[759] *Roßnagel/ Pfitzmann/ Garstka* 2001, 143.
[760] *Roßnagel/ Pfitzmann/ Garstka* 2001, 143ff.
[761] *Roßnagel/ Pfitzmann/ Garstka* 2001, 153ff.

Wandels der Gesellschaft. Adressat dieser Forderung sind, was beachtenswert ist, nicht nur die nationalen Gesetzgeber respektive deren Regierungen, sondern auch die Industrie und die Verbraucher.[762]

Nach dem Inventory of PETs, das vor allem Untersuchungen im Zusammenhang mit dem Internet dokumentiert, wird von den Regierungen verlangt, daß sie die Nutzer datenschutzfördernder Technik in ihrem Engagement für mehr Datenschutz eher bestärken als sie zu behindern. Es müsse sichergestellt sein, daß die Nutzung von datenschutzfördernder Technik als legitimes und förderungswürdiges Ausschöpfen der Grundrechte angesehen würde. Die Unterstützung der Regierungen solle nicht nur gegenüber den Nutzern datenschutzfördernder Technik, sondern auch gegenüber Website-Anbietern gelten, die datenschutzfördernde Technik auf ihren Seiten integrierten.

Damit die Idee datenschutzfördernder Technik weiter verbreitet würde, sollten sich nach der OECD Studie auch die Privaten mit bestimmten Maßnahmen engagieren. Mit datenschutzfördernder Technik arbeitende Unternehmen sollten verstärkt untersuchen, inwieweit Nutzer diese Technik annehmen und inwieweit die Persönlichkeitsrechte dadurch besser geschützt würden. In Zusammenarbeit mit den Regierungen könnten Verbraucherorganisationen und Verbände zusätzlich die Verbraucher über die Nutzung von datenschutzfördernder Technik aufklären. Gleichzeitig sollten Technikunternehmen darüber nachdenken, wie datenschutzfördernde Technik in ihre Produkte eingebaut werden könnte.

5.2.2 Vorbilder anderer Rechtssysteme und Landesrecht

Beim Entwurf von neuem Recht können auch Vorbilder anderer Rechtssysteme beziehungsweise Landesrecht hilfreich sein.

Vor allem bezogen auf die Problematik der Selbstregulierung ist der Blick über die Grenzen in andere Staaten nützlich. Trotz der meist sehr unterschiedlichen Rechtssysteme können dort Anregungen auch für das Bundesdatenschutzgesetz gesammelt werden. So nimmt in den U.S.A. die Regelungsform der Selbstregulierung einen großen Stellenwert ein und wird häufiger beschritten als der Weg der gesetzlichen Verpflichtung.[763] Das japanische System kennt eine etwas abgeschwächte Form der Selbstregulierung, die durch Ministerien eingeleitet werden.[764] Auch in Kanada gab es lange Zeit kein Datenschutzgesetz im europäischen Sinne. Erst seit 2001 ist ein Gesetz in Kraft, das ebenfalls inhaltlich die Datenschutzregeln der Selbstregulierung der kanadischen Wirtschaft übernommen hat.[765]

---

[762] OECD Dokument DSTI/ ICCP/ REG(2001)1/FINAL, 6.
[763] *Grimm/ Roßnagel*, DuD 2000, 447ff.
[764] Ausführlicher über nationale Unterschiede, *Roßnagel/ Grimm* 2002, 18ff.; speziell zu Japan *Roßnagel/ Scholz*, DuD 2000, 454.
[765] Roßnagel - *Roßnagel* 2003, 3.6 Rn 91ff.

Einige Bundesländer haben in ihren Datenschutzgesetzen im Gegensatz zum BDSG andere beziehungsweise mehr Ideen zu datenschutzfördernder Technik umgesetzt. Allen voran sei hier das Schleswig-holsteinische Landesdatenschutzgesetz und seine Regelungen zum Auditverfahren erwähnt. Übernehmenswert könnte auch die modernere Gestaltung der technisch und organisatorischen Datenschutzmaßnahmen im Sinne eines modernisierten § 9 BDSG in einigen Landesdatenschutzgesetzen sein.[766]

5.2.3 Unterschiedliche Arten von Rechtsquellen

Im Rahmen der Rechtsetzung gibt es mehrere Wege, auf die Herausforderungen der modernen Informations- und Kommunikationsgesellschaft zu reagieren. Unterschiedliche Arten von Rechtsquellen haben unterschiedliche Vor- und Nachteile.

Die rechtliche Förderung datenschutzfördernder Technik kann durch Rechtsquellen erfolgen, die explizit bestimmte technische Maßnahmen fordern. Auch Anreizsysteme, deren Ziel es ist, staatliche Einmischung so weit wie möglich zu minimieren und Marktkräfte auszunutzen, sowie bestimmte Formen der Selbstregulierung, die auch die Verantwortung für die Regulierung auf Private verschieben, basieren auf Rechtsvorschriften. Letzteres bedeutet insofern, daß die Idee des Datenschutz durch Technik kein Abschied von normativen Konzepten komplett, sondern nur von ihrer Ausschließlichkeit darstellt.[767] Dem Konzept der regulierten Selbstregulierung und auch den Anreizmechanismen liegen verstärkt wirtschaftliche Überlegungen zugrunde.

Es muß damit gerechnet werden, daß sich die Technik in den nächsten Jahren und Jahrzehnten weiterhin mit hohem Tempo weiterentwickelt. Die in Rechtsform gegossenen Lösungen sollten daher die Fähigkeit haben, auch auf zukünftige technische Entwicklungen zu passen. Dabei ist zu bedenken, daß Vorschriften zu technischen Fragen, immer nur eine Annäherung an die Realität bedeuten können. Recht muß also allgemein und zukunftsoffen gehalten werden, ohne dabei zu wenig konkret formuliert zu werden.

5.2.3.1 Gesetze

Neben der Möglichkeit, klassische Parlamentsgesetze zu ändern beziehungsweise neu zu verabschieden, kommen insbesondere für die durch die Technik gestellten neuen Anforderungen auch andere Rechtsquellen der Legislative, wie Maßnahmegesetze, Moratoriumsgesetze und experimentelle Gesetze in Betracht.[768]

Mit Maßnahmegesetzen kann der Gesetzgeber auf Einzelfälle reagieren, was diese Gesetze insofern für spezielle Anforderungen durch die Technik passend erscheinen läßt.[769] Im Fall

---

[766] Siehe in Kapitel 4.9.1.2.
[767] So auch *Simitis*, DuD 2000, 725: „Technische Vorkehrungen helfen zwar, den Datenschutz einzuhalten, bestimmen aber nicht seine Voraussetzungen."
[768] *Ossenbühl* 2001, 48f.
[769] *Ossenbühl* 2001, 49.

der von der Literatur vorgeschlagenen Moratoriumsgesetzen könnte der Gesetzgeber für eine gewisse Zeit eine bestimmte Technologie durch Gesetz verbieten, um gleichzeitig von Seiten des Staates im Rahmen einer Technikfolgenabschätzung Chancen und Nutzen dieser Technologie abzuwägen.[770] Experimentelle Gesetze „zielen auf die materielle Rationalisierung der Gesetzgebung durch die Erweiterung der Erfahrungen in bezug auf die rechtsetzungsrelevanten Daten über die Wirkungsweisen und Wirkungen von Rechtsetzungsakten, indem sie zum Zwecke der nachfolgenden Implementation die Auswirkungen einer geplanten Regelung im Vorfeld ihres auf Dauer angelegten Erlasses planmäßig und rational zu erfassen suchen".[771] Diese Art von Gesetzen hat es im Vorfeld der Telekommunikationsgesetzgebung im Bereich des Kabel- und Satellitenrundfunks gegeben.[772]

Technik kann auch im Rahmen von Beschaffenheitsanforderungen und Grenzwerten in Gesetze integriert werden. Um Wissens- und Bewertungsprobleme zu umgehen, kann das Gesetz auch „technische Standards" einführen, die mit Hilfe von unbestimmten Rechtsbegriffen arbeiten.[773]

Die Gesetzestechnik der Zielvorgaben wie sie schon jetzt in § 3a BDSG gebraucht wird („haben sich an dem Ziel auszurichten"), könnte ein probates Mittel darstellen, technische Anforderungen in Gesetze zu integrieren. Denn „es kann nicht Aufgabe des Gesetzgebers sein, die spezifischen technischen Vorkehrungen möglichst exakt anzugeben und sie gleich im einzelnen zu beschreiben. Schon deshalb, weil ein solcher Versuch, von allen anderen Schwierigkeiten einmal abgesehen, Fragilität und Vergänglichkeit der gesetzlichen Regelungen um ein Vielfaches steigern würden."[774] Gerade was die technische Entwicklung anbelangt, ist es daher notwendig, mehr als eine Gestaltungsvariante anzubieten. In der Literatur wird in diesem Zusammenhang auch von einem „Korridor von Möglichkeiten" gesprochen, in dem sich die Gestaltungsvarianten bewegen können.[775]

5.2.3.2 Zielfestlegungen

Anders als die Zielvorgaben, die die Intention haben, auf ein Ziel zu verpflichten, aber den Weg dorthin offenlassen, stellen Zielfestlegungen nur Rechtsnormen in Aussicht. Zielfestlegungen sind daher eher politische Akte als tatsächliche Rechtsnormen. Außer einer begrenzten politischen Selbstbindung der Regierung, erzeugen sie allein eine faktische Wirkung,[776] dienen also als „formalisierte Drohgebärde",[777] die dadurch verstärkt wird, daß ihrer Nichtbe-

---

[770] *Wahl* 1990, 22.
[771] *Horn* 1989, 23.
[772] *Ossenbühl* 2001, 49.
[773] *Roßnagel* 1999, 210f; mehr dazu in Kapitel 5.
[774] *Simitis*, DuD 2000, 725.
[775] *Bizer* 1998b, 49.
[776] *Roßnagel/ Pfitzmann/ Garstka* 2001, 157.
[777] *Jekewitz*, DÖV 1990, 57.

folgung in der Zukunft durch den Erlaß entsprechender Rechtsnormen „sanktioniert" werden könnte.[778] Regelungsgegenstand könnten im Datenschutzrecht nur Datenschutz-Vorsorgemaßnahmen sein. Weitergehende Maßnahmen würden wegen ihrer Unverbindlichkeit im Widerspruch mit der staatlichen Schutzpflicht stehen.[779] Zielfeststellungen könnten Vorschläge zur Verbesserung des Datenschutzes beinhalten, die freiwillig von Technikherstellern und verantwortlichen Stellen erfüllt werden können. Sie geben einen politischen Rahmen für Investitionsentscheidungen vor, damit sich Unternehmen auf möglicherweise später zu verabschiedende Gesetze mit ähnlichem Inhalt schon langfristig einstellen können.[780] Aus Sicht der Regierung wirken Zielfestlegungen normvorbereitend oder normvermeidend, da eine Verabschiedung einer entsprechenden Gesetzesnorm wegen freiwilliger Erfüllung überflüssig wird beziehungsweise werden könnte.[781] Fortschritte können so „in die Zukunft hineinstrukturiert" werden.[782]

Das Regelungsinstrument der Zielfestlegung ist seit 1986 im Abfallrecht, im heutigen § 25 Abs. 1 KrW/AbfG, implementiert und dient der Vermeidung, Verringerung und Verwertung von Abfällen.

5.2.3.3 Rechtsverordnungen

Die Exekutive hat außerdem die Möglichkeit, Rechtsverordnungen zu erlassen, wenn sie durch ein Gesetz dazu ermächtigt wurde. Rechtsverordnungen haben gegenüber Gesetzen den Vorteil, daß sie relativ schnell zustande kommen. Genauso wie Gesetze sind Rechtsverordnungen Rechtsquellen, aus denen allgemeinverbindliches Recht fließt. Sie dienen dazu, fachorientierte und sachbezogene Anordnungen ohne oder nur mit geringem Entscheidungsgehalt zu treffen und entlasten dadurch die Legislative.[783] Vor allem die Langwierigkeit des Gesetzgebungsprozesses hat dazu geführt, daß Rechtsverordnungen in den letzten Jahren, insbesondere in den Bereichen, in denen Flexibilität und technische Sachkunde erforderlich sind, an Bedeutung gewonnen haben.[784] Aufgrund schlechter Erfahrungen mit Rechtsverordnungen in den dreißiger Jahren des letzten Jahrhunderts,[785] ist die Rechtsverordnung des Grundgesetzes nach Art. 80 allerdings nur „abgeleitete Rechtsquelle" und streng von der formalgesetzlichen Grundlage abhängig.[786] Aus dem Bestimmtheitserfordernis folgt, daß „Tendenz und Pro-

---

[778] *Roßnagel/ Pfitzmann/ Garstka* 2001, 157 mit Verweis auf UGB-KOM-E 1998, 508.
[779] *Roßnagel/ Pfitzmann/ Garstka* 2001, 157.
[780] *Roßnagel/ Pfitzmann/ Garstka* 2001, 157.
[781] *Roßnagel/ Pfitzmann/ Garstka* 2001, 157.
[782] *Roßnagel/ Pfitzmann/ Garstka* 2001, 157.
[783] *Ossenbühl* 2002, § 6 Rn 13.
[784] *Ossenbühl* 2002, § 6 Rn 13.
[785] Gemeint ist insbesondere die sogenannte Diktaturverordnung auf der Grundlage des Art. 48 Abs. 2 Weimarer Reichsverfassung.
[786] *Ossenbühl* 2002, § 6 Rn 15ff.

gramm" so genau umrissen sein müssen, daß schon aus dem Ermächtigungsgesetz erkennbar und vorhersehbar ist, was dem Bürger gegenüber zulässig sein soll.[787]

5.2.3.4 Verwaltungsvorschriften

Ein anderes Instrument der Exekutive, die Verwaltungsvorschriften, bildet noch einmal eine eigene Kategorie. Verwaltungsvorschriften können im Gegensatz zu Gesetzen und Rechtsverordnungen jederzeit geändert werden und erzeugen mangels Allgemeinverbindlichkeit keine Außenwirkung.[788] So kann die Exekutive vorläufige Regeln kontinuierlich weiterschreiben, „bis sich ein gesicherter Bestand an technischem Wissen angesammelt hat, der weitere konkretere Ausformungen von technischen Regeln und Anforderungen ermöglicht".[789] Problematisch sind Verwaltungsvorschriften deshalb, da die Ministerien, die sie erlassen, meist auf den Sachverstand Dritter angewiesen sind und es sich daher oft gar nicht mehr um Bestimmungen der Exekutive handelt, was allerdings der Qualität nicht schaden muß. Ein im Rahmen von Verwaltungsvorschriften üblicher Verweis auf das Ergebnis von Sachverständigenkommissionen oder den „Stand der Technik" ist zudem unpräzise und nur schlecht beziehungsweise gar nicht einklagbar oder sonst vollziehbar.[790] Dennoch gibt es Fälle, in denen die Verwaltungsvorschrift aufgrund ihrer Flexibilität sinnvoll ist. Da sie einheitliche Maßstäbe in Behören gewährleistet, vergrößert sie auch die Rechtssicherheit.

5.3 Möglichkeiten der rechtlichen Förderung durch gesetzliche Forderung bestimmter vor allem technischer Maßnahmen

Um datenschutzfördernde Technik ihrerseits zu fördern, ist im Rahmen von Gesetzen an die folgenden Änderungen beziehungsweise Neuregelungen zu denken; Die Grundsätze der Datenvermeidung und Datensparsamkeit müssen gestärkt, die Vorschrift des § 9 BDSG und das Schadensersatzrecht modernisiert und Prüf- und Aufklärungspflichten der Hersteller im Gesetz installiert werden. Alle Maßnahmen sollten die Notwendigkeit für eine Verbesserung von Transparenz, Akzeptanz und Benutzerfreundlichkeit des Datenschutzes berücksichtigen.

Die Möglichkeiten der rechtlichen Förderung datenschutzfördernder Technik, die durch Anreizsysteme erreicht werden können, sollen, obwohl auch sie im Zusammenhang mit Gesetzesänderungen stehen, separat behandelt werden. Das gleiche gilt für die Regelungen, durch die Selbstregulierung gefördert werden könnte.

5.3.1 Verschärfung des § 3a BDSG

Bisher formuliert § 3a BDSG den Grundsatz der Datenvermeidung und Datensparsamkeit nur als Zielvorgabe anstatt als Verpflichtung. Dies hat zur Folge, daß der Grundsatz in der Praxis

---

[787] *Ossenbühl* 2002, § 6 Rn 17 und Fn 56 mit Hinweisen auf die Rechtsprechung.
[788] Allgemein zu Verwaltungsvorschriften *Ossenbühl* 2002, § 6 Rn 30ff.
[789] *Ossenbühl* 2001, 51.
[790] *Ossenbühl* 2001, 51.

bisher nur eine untergeordnete Rolle spielt. In den Datenschutzbehörden werden bei einer Zulässigkeitsprüfung von bestimmten den Datenschutz verletzenden Maßnahmen statt dessen vorrangig §§ 13f. und 28 BDSG zur Argumentationsunterstützung angewendet. Um die wichtige datenschutzfördernde Technik der Datenvermeidung und Datensparsamkeit zu fördern, ist daher eine Verschärfung des § 3a BDSG insbesondere bezüglich seiner Durchsetzungsfähigkeit geboten.[791]

Je nachdem in welcher Anwendung personenbezogene Daten eingespart oder vermieden werden könnten, würde durch eine Verschärfung des § 3a BDSG der Grunddatenschutz beziehungsweise der Selbstdatenschutz gestärkt. Eine Verschärfung der Kontroll- und Durchsetzungsmöglichkeiten beim § 3a BDSG würde außerdem sowohl die Forschung und Entwicklung datenschutzfördernder Technik voranbringen, da neue datensparsamere Produkte rechtlich verpflichtender würden, als auch von vornherein die informationelle Selbstbestimmung der Bürger schützen. In diesem Zusammenhang kann gleichzeitig auch die Verpflichtung der datenverarbeitenden Stelle gefordert werden, Verfahren der Anonymisierung und der Pseudonymisierung zu nutzen.[792]

Den bisher als Zielvorgabe gestalteten Grundsatz des § 3a BDSG in einer Neufassung zu einer Zielfestlegung zu verändern, bietet keine ausreichende Verbesserung. Zum einen würde diese Maßnahme eine grundlegende Änderung des Paragraphentextes und der gesetzgeberischen Strategie bedeuten, zum anderen ist ohnehin fraglich, ob durch eine Zielfestlegung der Druck auf die datenverarbeitenden Stellen erhöht wird, Daten tatsächlich datensparsam beziehungsweise datenvermeidend zu erheben, zu verarbeiten oder zu nutzen.

Mehr Erfolg verspricht der Weg, die Vollzugsfähigkeit des § 3a BDSG zu erhöhen, indem in § 38 Abs. 5 BDSG festgelegt wird, daß bei einem Verstoß gegen den Grundsatz der Datenvermeidung und Datensparsamkeit gegenüber nicht-öffentlichen datenverarbeitenden Stellen eine Anordnung in Form eines Verwaltungsakts von der Aufsichtsbehörde erlassen werden kann mit dem Inhalt, bestimmte Daten zu vermeiden beziehungsweise zu sparen. Die Nicht-Befolgung des Verwaltungsakts kann dann auch ein Verwaltungsvollstreckungsverfahren, zum Beispiel die Anordnung von Zwangsgeld, zur Folge haben. Dies gilt allerdings nur für nicht-öffentliche Stellen, da öffentliche datenverarbeitende Stellen ohnehin an das Gesetz gebunden sind, da gegenüber diesen das Recht auf informationelle Selbstbestimmung selbstexekutiv wirkt.[793] Ein Verstoß gegen einen reformierten § 3a BDSG durch eine öffentliche

---

[791] *Weichert*, 2000a, 184, der fordert, daß die Zulassung anonymer Verkehrsformen, deren rechtliche Absicherung und die normativen Gebote zu Datensparsamkeit durch die staatliche Förderung der Entwicklung und des Einsatzes solcher Techniken ergänzt werden müsse. Auch *Jacob*, DuD 2000, 11, der rechtliche Vorgaben fordert, die den Einsatz von Datenvermeidung und Datensparsamkeit forcierten.

[792] So auch Roßnagel - *Ernestus* 2003, 2.3 Rn 60.

[793] AK-GG - *Podlech* 2001, Art. 2 Abs. 2 Rn 84. So auch *von Schmeling*, DuD 2002, 351f., die darauf hinweist, daß eine öffentliche datenverarbeitende Stelle von der für sie zuständigen Behörde zu datenschutzgerechterem Handeln durch Empfehlungen, Beratungen, Beanstandungen mit der Bitte um Stellungnahme

Stelle hätte auch zur Folge, daß sich der Bundesdatenschutzbeauftragte nach § 24 Abs. 5 BDSG mit Vorschlägen zur Verbesserung des Datenschutzes einmischen beziehungsweise nach § 25 BDSG bestimmte Mängel bei der Verarbeitung oder Nutzung beanstanden und eine Stellungnahme einfordern kann. Falls in § 38 Abs. 5 BDSG für nicht-öffentliche Stellen eine solche Klausel integriert würde, wäre allerdings die Konsequenz, daß Rechtsstreitigkeiten zwischen der Aufsichtsbehörde und der betroffenen datenverarbeitenden Stelle zunehmen würden. Auf solche ist die Aufsichtsbehörde aber personell nicht eingestellt. Die Rechtsstreitigkeiten, die gegenüber der öffentlichen Hand Schadensersatz forderten, wären zudem nicht überschaubar. Wenn beispielsweise die kontrollierende Stelle eine Stillegungsverfügung eines angeblich datenschutzfördernden Systems aufgrund mangelnder Datensparsamkeit erlassen würde und es zum Rechtsstreit käme, den die Aufsichtsbehörde verliert, hätte das finanziell sehr negative Auswirkungen.

In Betracht kommt daher statt der Befugnis der Aufsichtsbehörde, einen Verwaltungsakt zu erlassen, die Möglichkeit einen Bußgeldtatbestand in das BDSG einzuführen, der die Nichtbefolgung des Grundsatzes der Datenvermeidung und Datensparsamkeit ahndet. Nach den Vorbilder des § 43 Abs. 1 BDSG könnte es dort in Zukunft heißen:

„Ordnungswidrig handelt, wer vorsätzlich oder fahrlässig entgegen § 3a BDSG personenbezogene Daten weder vermeidet noch einspart, obwohl die technische Möglichkeit dazu besteht und eine Einwilligung der betroffenen Person nicht vorliegt".[794]

Vorteilhaft gegenüber der Verwaltungsaktslösung ist, daß im Rahmen von Prozessen keine vergleichbar hohen Schadensersatzforderungen auf die den Bußgeldbescheid erlassene Behörde zukommen können. Zwar kommt auch bei Bußgeldbescheiden die Anfechtung in Betracht, schlimmstenfalls allerdings führt dies zur Rücknahme des Bußgeldbescheids, nicht zu hohen Schadensersatzforderung, beispielsweise aufgrund einer rechtswidrigen Untersagungsverfügung. Gegenüber der Situation de lege lata bietet ein auf § 3a BDSG verweisender Bußgeldtatbestand eine höhere Abschreckungswirkung. Dies gilt auch, wenn man bedenkt, daß in der bisherigen Praxis von den verschiedenen Landesdatenschutzbeauftragten nur sehr wenige Bußgeldverfahren eingeleitet wurden,[795] da es anstatt Bußgeldverfahren einzuleiten, bisher eher üblich war, Datenschutz-Mißstände in den jeweiligen Tätigkeitsberichten der Länder zu brandmarken.[796] Dieses Mittel kann unterstützend auch weiterhin angewendet werden.

---

sowie durch Unterrichtung der zuständigen Aufsichtsbehörde gebracht werden kann.

[794] Wichtig ist, daß der Bußgeldtatbestand so präzise formuliert ist, daß man ihn auch vollziehen kann, um tatsächliche und verfassungsrechtliche Schwierigkeiten zu vermeiden. Je präziser die Formulierung des Tatbestands allerdings ist, desto schwieriger wird es, die Technikneutralität der Gesetzesvorschrift weiterhin zu gewährleisten. Zum Begriff der Technikneutralität auch Roßnagel - *Burkert* 2003, 2.3 Rn 99.

[795] Dazu Simitis - *Ehmann* 2003, § 43 Rn 86ff.; *von Lewinski*, RDV 2003, 131.

[796] Simitis - *Ehmann* 2003, § 43 Rn 8.

Ein durch einen Bußgeldtatbestand verschärfter § 3a BDSG böte daher erstmalig die notwendige Kontrollmöglichkeit und könnte zusätzlich auch präventive Wirkung entfalten.[797] Die Gefahr, daß durch diese Gesetzesänderung eine übermäßige Bevormundung des Staates gegenüber Unternehmen hinsichtlich der Auswahl der Technik entsteht, ist dabei gering. Im übrigen sind die Grundsätze der Gleichbehandlung und Verhältnismäßigkeit zu wahren, die einer solchen Bevormundung entgegenstehen. Die notwendige Verschärfung des Grundsatzes der Datenvermeidung und Datensparsamkeit durch die Aufnahme des Grundsatzes in den Bußgeldkatalog stellt außerdem einen guten Kompromiß zwischen Selbstdatenschutz und Grunddatenschutz dar.

Fraglich ist allerdings noch, wann ein solcher bußgeldbewährter Verstoß gegen den Grundsatz der Datenvermeidung und Datensparsamkeit vorliegt. Da diese Entscheidung abhängig von der auf dem Markt vorhandenen Technik ist, kann festgestellt werden, daß diejenige Technik vorzugswürdig ist, die im Vergleich zur bisher verwendeten und nun geprüften Technik die an sie gestellten Aufgaben gleichermaßen erfüllt, wobei sie weniger oder gar keine personenbezogenen Daten verarbeitet. Zusätzlich sollte sie in der Anschaffung und Wartung ähnlich wirtschaftlich sein. Bereits zertifizierte Produkte könnten im Rahmen einer solchen Prüfung Indizwirkung haben.

Um die Frage zu beantworten, unter welchen Umständen ein Verstoß gegen § 3a BDSG vorliegt, wäre es hilfreich, wenn die für diese Feststellung zuständige Behörde auch datenschutzrechtliches und technisches Fachwissen besäße. De lege lata ist mangels spezieller Vorschriften im BDSG nach § 36 Abs. 2 Nr. 2 OWiG das fachlich zuständige Ministerium, in den Ländern nach § 36 Abs. 1 Nr. 2 OWiG die jeweils obersten Landesbehörden, sachlich zuständig. Ob das für den Datenschutz fachlich zuständige Innenministerium oder die vergleichbaren Ministerien auf Länderebene ausreichend datenschutzrechtliche und technische Qualifikation besitzen, ist zumindest anzuzweifeln. Nach § 36 Abs. 1 Nr. 1 OWiG beziehungsweise auf Landesebene nach § 36 Abs. 2 OWiG kann die Kompetenz aber auf eine andere Verwaltungsbehörde, beispielsweise den Datenschutzbeauftragten, übertragen werden. Dies erscheint aufgrund der dort vorhandenen Fachkompetenz sinnvoller[798] und ist auch auf Landesebene schon vielfach geschehen.[799]

Ein Zusatz in der vorgeschlagenen Ergänzung in § 43 Abs. 1 BDSG, der besonders sensible Daten[800] betrifft, könnte den Schutz der informationellen Selbstbestimmung noch verbessern. Unter sensiblen Daten sind die in § 3 Abs. 9 BDSG genannten „Angaben über die rassistische

---

[797] In diesem Sinne auch *Bizer/Fox*, DuD 1997, 502.
[798] Siehe in diesem Zusammenhang auch *Simitis*, DuD 2000, 723, der mehr Kompetenz bei den betrieblichen Datenschutzbeauftragten vermutet.
[799] Nach *Gola/Schomerus* 2002, § 43 Rn 31 zum Beispiel in Hamburg, Nordrhein-Westfalen und Schleswig-Holstein.
[800] Simitis - *Simitis* 2003, § 3 Rn 257 spricht von sensitiven Daten.

und ethnische Herkunft, politische Meinungen, religiöse oder philosophische Überzeugungen, Gewerkschaftszugehörigkeit, Gesundheit oder Sexualleben" gemeint. In Anlehnung an den Gesetzentwurf der GRÜNEN von 1997[801] könnte daher ein Zusatz lauten: „Dieses gilt insbesondere für sensible Daten im Sinne des § 3 Abs. 9 BDSG". Diese Forderung findet sich im übrigen im Ansatz auch im OECD Inventory of PETs.

Um die Datentransparenz und den Selbstdatenschutz zu fördern, wäre auch ein weiterer Satz in § 3a BDSG nach dem Vorbild des Gesetzentwurfs der GRÜNEN von 1997 ratsam. „Die das Angebot der anonymen oder unter Pseudonym erbrachten Leistung in Anspruch nehmende Person ist durch die datenverarbeitende Stelle über diese Möglichkeit zu informieren."[802] Diese Ergänzung, die in § 3a BDSG integriert werden könnte, verbessert vor allem die Informiertheit des Verbrauchers über anonyme und pseudonyme Leistungen der datenverarbeitende Stelle, was eine wichtige Voraussetzung ist, diese tatsächlich zu nutzen und somit Daten zu vermeiden oder zu sparen. Durch diesen Zusatz wird auch die Datentransparenz erhöht.

5.3.2 Modernisierung des § 9 BDSG

Ein modernisierter § 9 BDSG könnte vor allem den Grunddatenschutz und diesen ermöglichende Technik fördern.

Die Aufgabe von § 9 BDSG sollte es trotz seiner Modernisierung weiterhin bleiben, organisatorische und technische - und eben nicht rechtliche - Maßnahmen zu treffen, um die Ausführung der Vorschriften des BDSG zu gewährleisten. Es ist allerdings sinnvoll, die Maßnahmen nach dem Vorbild einiger Landesdatenschutzgesetze[803] ins Gesetz zu inkorporieren, damit deutlicher wird, daß sie, wie die anderen Vorschriften auch, nicht optional, sondern bindend sind und auf diese Weise eher Beachtung finden.[804]

Die Dynamisierungsklausel in § 9 BDSG, die fordert, daß die datenverarbeitenden Stellen die Maßnahmen zu treffen haben, die erforderlich sind, um die Ausführungen der Vorschriften des BDSG - und somit auch den Schutz der informationellen Selbstbestimmung - zu gewährleisten, unterstreicht die Tatsache, daß Technik sich weiterentwickelt und Datenschutzmaßnahmen nicht statisch sind.[805] Es ist die Absicht des Gesetzes, sich nicht auf bestimmte Technik festzulegen und für die Zukunft keine Technikstände zu fixieren. Ein modernisierter § 9 BDSG sollte daher versuchen, an „fortentwicklungsfähigen und -bedürftigen Technikentwicklungsprozessen" anzuknüpfen.[806]

---

[801] Gesetzentwurf BÜNDNIS 90/ DIE GRÜNEN 1997, *BT-Drs* 13/9082, § 16.
[802] Gesetzentwurf BÜNDNIS 90/ DIE GRÜNEN 1997, *BT-Drs* 13/9082, § 16.
[803] Beispiele dieser Landesdatenschutzgesetze siehe in Kapitel 4.9.1.2.
[804] Gesetzentwurf BÜNDNIS 90/ DIE GRÜNEN 1997, *BT-Drs* 13/9082, Begründung zu § 14.
[805] Simitis - *Ernestus/ Geiger* 2003, § 9 Rn 15.
[806] Nedden 2001, 71.

In einem neuen § 9 BDSG müßten in diesem Sinne die Bewertungskriterien modernisiert werden. Ein auf diese Weise modernisierter Ansatz ist - dem Vorschlag des Arbeitskreis Technik der *Konferenz der Datenschutzbeauftragten von Bund und Ländern* folgend - in folgende Landesdatenschutzgesetze schon umgesetzt: § 5 LDSG Berlin, § 8 LDSG Hamburg, § 21 LDSG Mecklenburg-Vorpommern, § 10 LDSG Nordrhein-Westfalen, § 6 LDSG Sachsen-Anhalt, § 9 LDSG Thüringen. Dem Ansatz liegt die Überlegung zugrunde, daß sowohl für die Sicherheit der Daten als auch für die technischen Datenschutzmaßnahmen dieselben Begrifflichkeiten benutzt werden[807] und daher auch dieselben Bewertungskriterien greifen sollten. Dadurch wird ein größeres Maß an Klarheit[808] erreicht, das vor allem auch die Rechtsicherheit stärkt.[809] Im einzelnen handelt es sich um die Eigenschaften der Vertraulichkeit[810], der Integrität[811], der Verfügbarkeit[812], und der Transparenz[813]. Die gleichzeitig genannten Eigenschaften der Authenzität[814] und der Revisionsfähigkeit[815] betreffen hauptsächlich Fragen der Datensicherheit.[816] Durch die neue Begrifflichkeit läßt sich technischer Datenschutz nicht nur an der technischen Komponente, sondern auch an den Eigenschaften der Daten selber festmachen.[817] Erst wenn die Daten transparent, vertraulich, integer und verfügbar sind und es auch bleiben, kann von einem Schutz des Rechts auf informationelle Selbstbestimmung gesprochen werden. Selbst wenn sich diese Modernisierung des § 9 BDSG primär auf Datensicherheitsmaßnahmen konzentrierte, hätte sie auf diese Weise auch auf andere datenschutzrelevante Vorgänge einen großen Einfluß.

---

[807] *Ernestus*, RDV 2000, 149.

[808] *Jacob*, DuD 2000, 10.

[809] *Ernestus*, RDV 2000, 148f.; *ders.*, RDV 2002, 25; *ders.* 1999, 151ff.; ebenso *Bundesbeauftragter für den Datenschutz* 2001, BT-Drs 14/5555, 32f.

[810] Vertraulichkeit personenbezogener Daten besteht nur dann, wenn sichergegangen werden kann, daß die Daten nur den Befugten zur Kenntnis gelangen. Vertraulichkeit bietet somit Schutz vor unbefugter Preisgabe von Information.

[811] Integrität bedeutet, daß weder Daten verfälscht werden noch Programme, Hardware und sonstige Mittel unbemerkt fehlerhafte Ergebnisse erzeugen. Integrität bietet somit Schutz vor unbefugter Veränderung von Information.

[812] Verfügbarkeit bedeutet, daß Daten zeitgerecht für eine ordnungsgemäße Verarbeitung zur Verfügung stehen. Verfügbarkeit bietet somit Schutz vor unbefugter Vorenthaltung von Information oder Betriebsmitteln.

[813] Transparenz bedeutet in diesem Zusammenhang, daß bei der Verarbeitung personenbezogener Daten die Verfahrensweisen so vollständig, aktuell und in einer Weise dokumentiert sind, daß sie in zumutbarer Zeit nachvollzogen werden können. Nach der Legaldefinition in § 9 des Gesetzentwurfs von BÜNDNIS 90/ DIE GRÜNEN 1997, *BT-Drs* 13/9082, ist Transparenz „Öffentlichkeit und Nachvollziehbarkeit für die betroffenen Personen und für die Datenschutzkontrolle".

[814] Authenzität bedeutet, daß personenbezogene Daten jederzeit dem rechtmäßigen Urheber zugeordnet werden können.

[815] Revisionsfähigkeit oder Prüfbarkeit bedeutet, daß festgestellt werden kann, wer wann welche personenbezogenen Daten in welcher Weise verarbeitet hat. Die Revisionsfähigkeit ist aufgrund von Art. 16 und 17 EG DSRL zum Katalog in der Anlage zu § 9 BDSG zur Sicherstellung der Transparenz hinzugefügt worden, *Ernestus*, RDV 2000, 148.

[816] Siehe zu den einzelnen Begriffen auch schon in Kapitel 2.4.4.7.

Ein weiteres Mittel, den technischen Wandel rechtlich besser als bisher mit zu berücksichtigen, stellen auch Technischen Anweisungen dar. Bei ihnen handelt es sich um Verwaltungsvorschriften, die vom Bundeskabinett auf Vorschlag eines Fachministers beschlossen werden. TA Luft und TA Lärm sind Beispiele für Technische Anweisungen, die die Formulierung „Stand der Technik" in § 3 Abs. 6 BImSchG durch die Festlegung von Grenzwerten konkretisieren. Durch diese gesetzgeberische Maßnahme ist es möglich, mit der technischen Entwicklung Schritt zu halten. Gleichzeitig wird durch die Technischen Anweisungen die Rechtssicherheit insofern sichergestellt, als daß in allen Behörden dieselben Maßstäbe gelten. Auch das LDSG Mecklenburg-Vorpommern enthält in der offiziellen Kommentierung Erläuterungen zu § 21 Abs. 1, in dem unter anderem technische Maßnahmen nach dem „Stand der Technik" Bundes- und Landesdatenschutzrecht sicherstellen sollen.[818]

In ähnliche Richtung geht der Vorschlag, sich bezüglich einer regelmäßigen und zügigen Aktualisierung des unbestimmten Rechtsbegriffs „Stand der Technik" bzw. „Stand der technischen Entwicklung" an § 87 TKG zu orientieren.[819] § 87 TKG regt die Erstellung eines Anforderungskataloges für das Betreiben von Telekommunikations- und Datenverarbeitungssystemen an, „um eine nach dem Stand der Technik und internationalen Maßstäben angemessene Standardsicherheit zu erreichen". An der Erstellung des Katalogs sollen Experten, Verbraucherverbände, Interessensvertretungen der Hersteller und die datenverarbeitenden Stellen beteiligt werden. Ein ähnliches Konzept wäre auch für § 9 BDSG denkbar, um den Anschluß an neue technische Entwicklungen nicht zu verpassen und Bedingungen für die Förderung von datenschutzfördernder Technik festzuschreiben.

5.3.3 Aufklärungspflichten des Herstellers

Im geplanten Verbraucherinformationsgesetz soll der Staat mehr über Datenschutzfragen, insbesondere über Risiken, die durch bestimmte Produkte entstehen können, aufklären.[820] Die Nutzer müssen wissen, welche Gefahren existieren und wie sie sich vor diesen schützen können.[821] Mehr Information und Transparenz kann nicht nur datenschutzfördernde Technik unterstützen, sondern auch das informationelle Selbstbestimmungsrecht der Bürger schützen helfen.

Die Pflicht über Datenschutzbelange aufzuklären, sollte also nicht nur den Staat und die datenverarbeitende Stelle treffen.[822] Gerade auch die Hersteller, die zu den Produkten eine viel engere Beziehung haben, sollten über die Risiken ihrer Waren und Dienstleistungen unter

---

[817] Roßnagel - *Ernestus* 2003, 3.2 Rn 60.
[818] *Landesbeauftragter für den Datenschutz Mecklenburg-Vorpommern* 2002, http://www.lfd.m-v.de/ges_ver/erldsg/erldsgmv02.html.
[819] *Jacob*, DuD 2000, 10.
[820] *Roßnagel/ Pfitzmann/ Garstka* 2001, 150f.
[821] *Roßnagel/ Pfitzmann/ Garstka* 2001, 144.
[822] Siehe dazu auch den Vorschlag im letzten Absatz von in Kapitel 5.3.1.

Datenschutzgesichtspunkten aufklären. Der Professorenentwurf für ein Umweltgesetzbuch kann hier als Vorbild dienen. Dort wird vom Hersteller gefordert „durch Kennzeichnung und Warnhinweise auf die Umweltrisiken hinzuweisen, die durch das Produkt verursacht werden".[823] Die Hersteller mehr als bisher in die Pflicht zu nehmen, fordert auch die OECD.[824] Ein modernisierter Datenschutz könnte daher Produkthersteller verpflichten, ihre Produkte in datenschutzrechtlicher und -technischer Sicht zu dokumentieren. Zusätzlich könnten Hersteller verpflichtet werden, auf datenschutzfördernde Eigenschaften hinzuweisen und Empfehlungen für eine datenschutzgerechte Nutzung ihrer Produkte auszusprechen.[825] Es müßte dabei allerdings sichergestellt sein, daß Betriebsgeheimnisse, zum Beispiel Programmiercodes, nicht offengelegt werden müssen. Eine ungefähre Umschreibung der Produkte durch die Hersteller müßte daher ausreichen. Wenn ein Hersteller seine Produktionsüberprüfung und Aufklärungspflicht vernachlässigt, kann dies unter Umständen eine Sorgfaltspflichtverletzung darstellen.[826]

Um den Herstellerfirmen über die finanzielle Gefahr der Folgen einer Sorgfaltspflichtverletzung hinaus diese mit zusätzlicher Arbeit verbundene Aufklärungspflicht als Notwendigkeit für einen verbesserten Datenschutz verständlich zu machen, kann auch auf den steigenden Einfluß von Verbraucherverbänden verwiesen werden. Diese werden die erhöhte Transparenz der Produkte begrüßen. Falls das Unternehmen datenschutzfördernde Technik anbietet, kann es im Rahmen der Produktinformation darauf ausführlich verweisen, wodurch auch ein Wettbewerbsvorteil gegenüber der Konkurrenz entstehen kann. Im übrigen sollte, um die Hersteller nicht über Gebühr zu belasten, die Art und Weise der Durchführung, der Form und des Inhalts der Dokumentation ihnen überlassen bleiben.[827] Nur in bestimmten Bereichen, zum Beispiel dort, wo die informationelle Selbstbestimmung in besonderer Weise betroffen ist, könnte der Gesetzgeber der Regierung durch Rechtsverordnung erlauben, konkretere Vorschriften festzulegen.[828]

5.3.4 Prüfpflichten des Herstellers

Das Gutachten zur Modernisierung des Datenschutzes schlägt neben der Einführung von Aufklärungspflichten vor, die Hersteller von Informationstechnik, das heißt von Hardware, Software und automatischen Verfahren, zu verpflichten, bei der Gestaltung ihrer Produkte, bestimmte Produktanforderungen zu erfüllen.[829]

---

[823] *Kloepfer/ Rehbinder/ Schmidt-Aßmmann* 1991, 43.
[824] OECD Dokument DSTI/ ICCP/ REG(2001)1/FINAL, 6.
[825] *Roßnagel/ Pfitzmann/ Garstka* 2001, 147.
[826] *Roßnagel/ Pfitzmann/ Garstka* 2001, 144.
[827] *Roßnagel/ Pfitzmann/ Garstka* 2001, 144; Roßnagel - *Roßnagel* 2003, 3.7 Rn 72.
[828] So auch der Vorschlag von *Roßnagel/ Pfitzmann/ Garstka* 2001, 144.
[829] *Roßnagel/ Pfitzmann/ Garstka* 2001, 145. So auch Roßnagel - *Roßnagel* 2003, 3.7 Rn 70f.

Vorbildhaft sind im Umweltrecht die Regelungen zur Produktverantwortung der Entwickler, Hersteller und „Inverkehrbringer" in §§ 22 ff KrW/ AbfG.[830] Noch expliziter fordert § 10 Abs. 1 des Professorenentwurfs zum Umweltgesetzbuch die Hersteller auf, in einer Umweltbelastungsanalyse die Auswirkungen ihres Produkts auf Umwelt und Mensch zu ermitteln, zu dokumentieren und sogar bei ihrer Entscheidung zu berücksichtigen.[831] Auf den Datenschutz übertragen bedeutet das, daß anders als bisher nicht nur die datenverarbeitenden Stellen in Verantwortung genommen würden, siehe §§ 7f. BDSG beziehungsweise Art. 23 EG DSRL, sondern schon einen Schritt vorher, die Hersteller von datenschutzrelevanter Informationstechnik. Das hat zur Folge, daß schon die Hersteller über datenschutzfördernde Technik nachdenken und angeregt würden, diese zu entwickeln.

Die Hersteller sollten außerdem aufgrund der unternehmerischen Produktverantwortung verpflichtet werden, bestimmte, für die Gewährleistung des Rechts auf informationelle Selbstbestimmung wichtige Kriterien zu überprüfen und Mindeststandards sicherzustellen. Ein detaillierter Katalog an Anforderungen müßte vom Gesetzgeber erstellt werden. Zunächst einmal sollten die Produkte die gesetzlichen Anforderungen in § 3a BDSG und einem modernisierten § 9 BDSG erfüllen, soweit sie sich auf Hersteller- und nicht nur auf Anwenderpflichten beziehen lassen. Weitere Kriterien könnten eine einfache Bedienbarkeit beziehungsweise Anwenderfreundlichkeit sein,[832] ebenso wie die Forderung schon werkseitig, datenschutzfreundliche Voreinstellungen zu wählen[833] oder durch bestimmte Maßnahmen den Selbstdatenschutz zu fördern.[834]

Allein das Inverkehrbringen eines Produkts bedeutet für den Hersteller allerdings noch nicht, daß ihn eine Erfüllungspflicht hinsichtlich der Mindeststandards trifft. Werden allerdings bestimmte Kriterien nicht erfüllt, könnte das zu einer Sorgfaltspflichtverletzung führen.[835] Jeder Hersteller von Informationstechnik also, der die Datenschutz-Mindeststandards vernachlässigt, könnte dann bei einer Verletzung der informationellen Selbstbestimmung auf dem Zivilrechtsweg nach § 823 Abs. 1 BGB wegen einer Sorgfaltspflichtverletzung verklagt

---

[830] Siehe auch *Beckmann*, UPR 1996, 41ff., der am Beispiel des Gesetzes zur Förderung der Kreislaufwirtschaft und Sicherung der umweltverträglichen Beseitigung von Abfällen (KrW/AbfG) die verfassungsrechtlichen Probleme der modernen Regelungen zur Produktverantwortung analysiert.

[831] Siehe dazu in *Bundesministerium für Umwelt, Naturschutz und Reaktorsicherheit* 1998, 679f. Der Wortlaut von § 10 Abs. 1 des Professorenentwurfs für ein Umweltgesetzbuch lautet: „Der Hersteller oder gewerbliche Verwender hat vor Einführung eines neuen Herstellungs- oder Verwendungsverfahrens oder eines neuen Produkts die Auswirkungen des Verfahrens oder Produkts auf die Umwelt, einschließlich verfügbarer Alternativen, und der durch sie entstehenden Reststoffe oder Abfälle sowie des Energiebedarfs nach Maßgabe näherer Bestimmungen zu ermitteln, zu dokumentieren und bei seiner Entscheidung zu berücksichtigen", *Kloepfer/ Rehbinder/ Schmidt-Aßmann* 1991, 43.

[832] Auch *Nedden* 2001, 72, fordert die Verankerung der Anwenderfreundlichkeit als eigenständige Gestaltungsvorgabe.

[833] *Roßnagel* 2001a, 24.

[834] So und noch weitergehender Roßnagel - *Roßnagel* 2003, 3.7 Rn 71.

[835] *Roßnagel/ Pfitzmann/ Garstka* 2001, 145f.; als Vorbild wird dort § 118 des Entwurfs des UGB genannt, UGB-KOM-E 1998, 671, 679.

werden. Mögliche Rechtsfolgen sind Schadensersatz, Beseitigung der Störung oder Unterlassung auch zukünftiger Störung nach § 1004 analog, Widerruf, Gegendarstellung gemäß Landespressegesetzen oder Schmerzensgeld in richterlicher Ergänzung des § 847 BGB a. F. abgeleitet aus Art. 1 und 2 GG[836].

Ein Anspruch nach § 823 Abs. 1 BGB aufgrund von Nicht-Erfüllung der Datenschutz-Mindeststandards durch den Produkthersteller hätte nicht nur den Vorteil, daß die Verbraucher und ihre informationelle Selbstbestimmung geschützt würden, sondern auch, daß die Gerichte durch ihre Rechtsprechung sowohl das Thema Datenschutz in die Öffentlichkeit trügen als auch Beurteilungskriterien für Datenschutzverletzungen entwickelten. Dies unterstützt den Gedanken des Selbstdatenschutzes, da die Nutzer mit ihren zivilrechtlichen Klagen die Datenschutzqualität von Produkten selber einfordern könnten. Die Exekutive ist an diesem Prozeß nicht beteiligt und die Behörden würden somit nicht mit der Beurteilung der Einhaltung von Datenschutzvorschriften befaßt werden.

Es ist voraussehbar, daß die Herstellerfirmen in einer solchen Prüfpflicht ein zusätzliches Risiko, vor allem für ihre internationale Wettbewerbsfähigkeit sehen und Sorge haben, dadurch zusätzliche Arbeitskräfte im Unternehmen für Datenschutzfragen zu binden. Den Vorbehalten von Herstellerseite muß entgegengehalten werden, daß eine solche Regelung notwendig ist, um das Recht auf informationelle Selbstbestimmung zu gewährleisten. Im übrigen kann durch einen verbesserten Datenschutz auch die Wettbewerbsfähigkeit des Produkts steigen.[837]

5.3.5 Schadensersatzvorschriften

Eine Verschärfung der Schadensersatzvorschriften im BDSG könnte dazu führen, daß die Einhaltung der Datenschutzvorschriften von öffentlichen und privaten datenverarbeitenden Stellen ernster genommen wird. Eine solche Verschärfung ist erforderlich, um den bisher nicht in ausreichendem Maß beachteten Schadensersatzvorschriften Nachdruck zu verleihen. Datenschutzvorschriften mit Schadensersatzdrohungen durchzusetzen, widerspricht zwar insofern Sinn und Zweck des Datenschutzes, als daß durch die Datenschutzvorschriften im Grunde jeder Schaden von vornherein vermieden werden sollte anstatt Schäden im Nachhinein auszugleichen.[838] Allerdings ist insbesondere für die Vorschriften, die den Grunddatenschutz, den Selbstdatenschutz oder die Datentransparenz im Blick haben, die Präventivfunktion von Schadensersatzvorschriften zu berücksichtigen. Würden datenverarbeitende Stellen diese Vorschriften mehr Beachtung schenken beziehungsweise würden sie für deren Nicht-Beachtung bestraft, würde datenschutzfördernde Technik ihrerseits gefördert.

---

[836] *BVerfG* NJW 1973, 1221.
[837] Siehe dazu in Kapitel 5.4.1.
[838] So zutreffend Simitis - *Simitis* 2003, § 7 Rn 6.

Insgesamt ist also erforderlich, daß die Schadensersatzvorschriften des BDSG leichter anzuwenden sind, so daß auch die Präventivfunktion des Schadensersatzrechts angemessen zur Geltung kommen kann. Im Detail bedeutet das, daß §§ 7f. BDSG derart verändert werden sollten, daß auch Nichtvermögensschäden durch private datenverarbeitende Stellen ersetzt werden, daß die Feststellung der Rechtswidrigkeit, der in Datenschutzfragen kritischsten anspruchsbegründenden Voraussetzung, vereinfacht wird und daß Pauschalen für Schadensersatz eingeführt werden.

5.3.5.1 Ersatz von Nichtvermögensschäden

Abgesehen von den in Zukunft denkbaren, im Zusammenhang mit den Prüfpflichten von Herstellern genannten Anspruchsmöglichkeiten, kennt das derzeitige BDSG bisher nur die selten angewendeten Schadensersatzvorschriften §§ 7, 8 BDSG.[839] Diese bieten bei Verletzungen von Vorschriften des BDSG einen Schadensersatzanspruch für Vermögensschäden gegenüber den datenverarbeitenden Stellen. Subsidiär gelten im übrigen § 823 Abs. 1 BGB beziehungsweise § 823 Abs. 2 BGB in Verbindung mit Art. 1 und 2 GG.[840] Für Nichtvermögensschäden gibt es in § 8 Abs. 2 BDSG nur bei Verstoß durch öffentliche datenverarbeitende Stellen eine Anspruchsgrundlage, die bisher ebenfalls nur selten angewendet wurde.[841] Falls es durch die Datenverarbeitung nicht-öffentlicher Stellen zu einem Nichtvermögensschaden kommen sollte, muß auf eine analoge Anwendung von § 847 BGB a. F. beziehungsweise auf den Schutzauftrag nach Art. 1 und 2 Abs. 1 GG zurückgegriffen werden[842] und daß, obwohl Nichtvermögensschäden bei der Verarbeitung personenbezogener Daten das eigentliche Risiko darstellen.[843] § 8 Abs. 1 und 2 BDSG im Wortlaut derart zu ändern, daß auch nicht-öffentliche Stellen, die im Rahmen der Datenverarbeitung eine Persönlichkeitsrechtsverletzung verursachen, Schadensanspruch an die Betroffenen zu zahlen haben, ist sowohl eine konsequentere Umsetzung von Art. 23 EG DSRL als auch notwendig, um die informationelle Selbstbestimmung schützen zu können.[844]

---

[839] Die seltene Anwendung läßt sich dadurch erklären, daß es nur in wenigen Fällen zu einem vermögensmäßigen Nachteil aufgrund rechtswidriger Datenverarbeitung kommt, *Niedermeier/ Schröcker*, RDV 2002, 219.

[840] Zu allem Simitis - *Simitis* 2003, § 7 Rn 32f.; siehe auch BGH, Urteil vom 5.12.1995 - VI ZR 332/94, RDV 1996, 132. Allerdings gibt es auch im Rahmen des Deliktsrechts Schwierigkeiten, die Rechtsgutsverletzung basierend auf der rechtswidrigen Datenverarbeitung und der Ersatzfähigkeit eines etwaigen materiellen Schadens nachzuweisen. *Niedermeier/ Schröcker*, RDV 2002, 220, es sei denn, man wendet die Grundsätze der Beweislastumkehr analog der mit dem Datenverarbeitung vergleichbaren Produzentenhaftung an.

[841] Zur Frage der Ersatzfähigkeit immaterieller Schäden ausführlich in *Niedermeier/ Schröcker*, RDV 2002, 217ff., die vertreten, daß § 7 Abs. 1 BDSG aufgrund richtlinienkonformer Auslegung auch bei rechtswidriger Datenverarbeitung durch nicht-öffentliche datenverarbeitenden Stellen immaterielle Schäden ersetzen müsste.

[842] *Gola/ Schomerus* 2002, § 7 Rn 19; Simitis - *Simitis* 2003, § 7 Rn 32f., 57, 61.

[843] So auch *Roßnagel*, RDV 2002, 69; Simitis - *Simitis* 2003, § 7 Rn 5.

[844] Simitis - *Simitis* 2003, § 7 Rn 5, 32f. *Niedermeier/ Schröcker*, RDV 2002, 223 sehen in der Offenheit der Formulierung von Art. 23 EG DSRL eher die Auslegungsfähigkeit für den nationalen Gesetzgeber.

5.3.5.2 Indizwirkung der Rechtswidrigkeit

Da der Betroffene im Fall einer unzulässigen oder unrichtigen Erhebung, Verarbeitung oder Nutzung personenbezogener Daten im Zweifel keinen oder nur beschränkten Einblick in die Datenverarbeitungsvorgänge eines Unternehmens hat und somit mit der Verschuldensbeweisführung überfordert wäre, ist es sinnvoll, wie nach § 7 Satz 2 BDSG die Feststellung einer Rechtsgutverletzung für den Betroffenen derart zu erleichtern, daß sie im Sinne einer Beweislastumkehr nur in dem Fall vorgesehen wird, in dem die datenverarbeitende Stelle die gebotene Sorgfalt nicht beachtet hat.[845] Das hat zur Folge, daß bei rechtswidrigem Umgang mit den Daten, zunächst zugunsten des Betroffenen, schuldhaftes Verhalten unterstellt wird.[846] Es reicht für die Anspruchsbegründung also aus, daß der Betroffene nachweist, daß der Umgang mit seinen Daten unrichtig oder unzulässig, also rechtswidrig, war.[847]

Um diese Feststellung der Unrichtigkeit beziehungsweise Unzulässigkeit der Datenverarbeitung zu vereinfachen, könnte diese - jedenfalls bei öffentlichen Stellen - schon dann als gegeben angesehen werden, wenn eine Beanstandung der Datenverarbeitung bei der betreffenden datenverarbeitenden Stelle durch die Aufsichtsbehörde nach § 25 BDSG vorliegt.[848] Da bei nicht-öffentlichen Stellen eine solche Beanstandung nicht vorgesehen ist, könnte man dort im Sinne des Betroffenen von einer Unrichtigkeit oder Unzulässigkeit ausgehen, wenn die Aufsichtsbehörde nach § 38 Abs. 5 BDSG eine Untersagung bestimmter Verfahren angeordnet hat oder das Gesetz insofern ergänzen, als daß eine Beanstandungsmöglichkeit durch die Aufsichtsbehörde möglich ist. Eine solche Vereinfachung des Nachweises der unzulässigen beziehungsweise unrichtigen Datenverarbeitung für den Betroffenen hätte zur Folge, daß ein von der Aufsichtsbehörde festgestellter datenschutzrechtlicher Verstoß von einem Gericht[849] bei einer Schadensersatzklage nur schwer zu übergehen wäre, da es sich um eine Art Gutachten einer fachspezifischen öffentlichen Behörde handelt.[850]

Sowohl die erleichterte Beweisführung im Rahmen der Rechtswidrigkeitsprüfung als auch die Indizwirkung der Rechtswidrigkeit auf das Verschulden haben insofern eine positive Wirkung auf den Datenschutz, als daß Schadensersatzansprüche aus Datenschutzrecht leichter zu begründen wären.

Eine noch explizitere Förderung datenschutzfördernder Technik ist dann möglich, wenn sich die datenverarbeitenden Stellen von der Haftung nicht nur dann befreien kann, wenn sie ge-

---

[845] *Niedermeier/ Schröcker*, RDV 2002, 218. Auch bei Anwendung des Deliktsrechts plädieren *Niedermeier/ Schröcker*, RDV 2002, 221 für eine analoge Anwendung der Beweislastumkehr der Produzentenhaftung.
[846] *Gola/ Schomerus* 2002, § 7 Rn 9.
[847] *Abel* 2003, § 7.
[848] So auch *Weichert* 2000a, 174. Siehe dazu auch *von Schmeling*, DuD 2002, 351f.
[849] Bei reiner Beteiligung von öffentlichen Stellen kommt auch das Verwaltungsgericht als Ausgangsinstanz in Betracht, wenn jedenfalls keine Sonderzuweisung greift.
[850] So auch *Weichert* 2000a, 174.

mäß dem Erwägungsgrund 55 EG DSRL nachweist, daß ein Fehlverhalten der betroffenen Person oder ein Fall höherer Gewalt vorliegt, sondern auch wenn sie mit Erfolg an einem Auditverfahren teilgenommen hat.[851]

5.3.5.3 Schadenspauschalen

Da die Höhe des Schadens oft schwer zu bemessen ist, könnte man bei jedem Verstoß gegen Datenschutzgesetze zur Vereinfachung Schadenspauschalen erheben. Selbst wenn man diese sehr niedrig ansetzt, könnten sie eine große Wirkung zeigen, da Unternehmen, die rechtswidrig Daten verarbeiten, regelmäßig einer großen Zahl von Ansprüchen ausgesetzt wären. Die Abschreckungswirkung würde dadurch nicht verfehlt. Ähnlich wie bei anderen Ansprüchen führen Schadensersatzprozesse zu einem nicht zu unterschätzendem Imageschaden und einem hohen Aufwand an Rechtsverteidigung.[852] Einzige Voraussetzung für eine solche von der datenverarbeitenden Stelle zu zahlende Pauschale wäre der Nachweis eine Verletzung des Datenschutzrechts dem Grunde nach. Eine solche Schadensersatzpauschale müßte in den Datenschutzgesetzen festgeschrieben werden.

5.4 Möglichkeiten der rechtlichen Förderung durch Schaffung von Anreizsystemen

Im Gegensatz zu Gesetzesänderungen, die im Auge haben, datenschutzfördernde Technik durch gesetzliche Bestimmungen als Verpflichtung zu gestalten, ist es Sinn und Zweck von Anreizsystemen, datenschutzfördernde Technik attraktiver zu machen, und zwar nicht nur für die Verbraucher, sondern insbesondere auch für Hersteller und Entwickler, die solche Systeme designen sollen. Anreizsysteme folgen daher der Idee, daß eine Verordnung von Datenschutz und der dadurch erzeugte Druck nicht immer der richtige Weg sein muß.[853]

Anreizsysteme für den Datenschutz, insbesondere für datenschutzfördernde Technik, zu entwickeln, setzt voraus, daß durch sie ein Wettbewerbsvorteil für deren Hersteller entsteht. Denn ein Anreizsystem funktioniert nur, wenn dadurch auch eine verbesserte Nachfrage für die Datenschutzprodukte generiert wird.[854] Von dieser höheren Nachfrage hängt die Zukunftsfähigkeit von technischen Lösungen im Datenschutzrecht ab.[855]

5.4.1 Datenschutz und datenschutzfördernde Technik als Wettbewerbsvorteil

Information ist durch die sich entwickelnde Informations- und Kommunikationsgesellschaft neben Arbeit, Kapital und Rohstoffen zu einem zusätzlichen Produktions- und Wirtschaftsgut geworden.[856] Auch Datenschutz, also der Schutz des Produktions- und Wirtschaftsguts Infor-

---

[851] Roßnagel, RDV 2002, 69; Roßnagel/ Pfitzmann/ Garstka 2001, 182.
[852] von Lewinski, RDV 2003, 132.
[853] Bäumler, 2002b, 111.
[854] Bäumler, 2002b, 111.
[855] Roßnagel - Burkert 2003, 2.3 Rn 101.
[856] Büllesbach, RDV 1997, 239f.

mation, ist in den letzten Jahren zu einem Wirtschaftsfaktor geworden.[857] Wenn es darum geht, Private zu einem hohen Datenschutzniveau im Umgang mit personenbezogenen Daten zu motivieren, ist es daher auch unerläßlich, existierende Marktmechanismen zu bemühen.[858] Die Behauptung, Datenschutz und insbesondere datenschutzfördernde Technik stelle einen Wettbewerbsvorteil dar, ist bisher noch nicht wissenschaftlich bewiesen.[859] Mehrere Faktoren sprechen allerdings dafür, daß datenschutzfördernde Technik für die Unternehmen, die diese einsetzen, zu einem Wettbewerbsvorteil führt.[860] Zum einen spielt die Tatsache eine Rolle, daß das Vertrauen der Nutzer eine wichtige Voraussetzung für das Funktionieren des Electronic Commerce ist, in dessen Rahmen datenschutzfördernde Technik oft integriert ist. Zum anderen könnte durch die Förderung dieser Technik in Deutschland ein Standortvorteil entstehen, der seinerseits einen Wettbewerbsvorteil gegenüber anderen Märkten darstellt.[861]

Die Tatsache, daß die EG DSRL in vieler Hinsicht in anderen Ländern wie Argentinien, Australien und Kanada als Vorbild für die dortige Gesetzgebung genommen wurde, zeigt, daß auch der Standort davon profitieren kann, wenn der eigene Gesetzgeber Vorreiter bei innovativen Prozessen ist,[862] wenn nämlich Gesetze andere Länder sich bezüglich bestimmter Regeln den eigenen Bestimmungen angleichen. Ein Standortvorteil würde sich insbesondere auch dann entwickeln, wenn sich eine zukunftsorientierte, die Datenschutzinteressen der Nutzer respektierende Praxis des Datenschutzes in bestimmten Anwendungsfeldern, zum Beispiel dem E-Commerce, entwickeln und allgemein durchsetzen würde.[863]

Eine weitere Schwierigkeit im Rahmen der Wettbewerbsfähigkeit ergibt sich bei der Anerkennung von Standards für datenschutzfördernde Technik. Um für Unternehmen wirtschaftlich interessant zu sein, müßten Produkte in der Zeit der Globalisierung nach international anerkannten Standards konstruiert werden. Ein deutscher Alleingang ohne international ver-

---

[857] *Büllesbach*, RDV 1997, 240;
[858] *Bizer/ Fox*, DuD 1997, 502; *Bizer/ Petri*, DuD 2001, 97.
[859] Dazu *Hoeren* 2000, 263, ökonomische Analyse müßte sich mit zwei Faktoren auseinandersetzen, die beide den Gewinn eines jeden Unternehmens bestimmen: Kosten und Umsatz. Kosten fallen sicherlich an, wenn datenschutzfördernde Techniken eingesetzt werden. Fraglich ist, ob sich diese aufgrund des höheren Umsatzes „rechnen". Nach *Hoeren* hat Datenschutz einen nachweisbaren Einfluß auf Vertrauensgüter. Das sind Güter, deren Qualität nicht abschließend von Kunden beurteilt werden können. Schwieriger wird der Nachweis beim Vertrieb von Produktionsgütern, läßt man einmal den E-Commerce außen vor. Aber auch da läßt sich argumentieren, daß Datenschutz, zumindest für die Personen, die in moderner datenschutzunfreundlicher Technik eine Gefahr sehen, eher gekauft werden und ein Unternehmen, das datenschutzfreundliche oder gar datenschutzfördernde Technik herstellt, daher mit einem höheren Umsatz rechnen kann.
[860] *Tauss/ Özdemir* 2001, 232, nehmen an, daß Datenschutz zum entscheidenden Wettbewerbsvorteil der Informations- und Kommunikationsmöglichkeiten der Zukunft wird. Siehe insbesondere auch alle Beiträge in *Bäumler, H./ von Mutius, A.* (Hrsg.), Datenschutz als Wettbewerbsvorteil, Braunschweig, 2002.
[861] *Büllesbach*, RDV 1997, 239; *Bäumler*, DuD 2002, 325.
[862] Pressemitteilung in www.datenschutzzentrum.de vom März 2003. Auch die U.S.A. haben sich mit der Wirkung der EG DSRL beschäftigt, schreibt *Büllesbach*, RDV 1997, 243.
[863] *Jacob*, RDV 2002, 2.

einheitlichte Standards könnte für die Wettbewerbsfähigkeit der Wirtschaft negative Auswirkungen haben.[864] Hinzu kommt die Schwierigkeit, die die föderale Struktur der Bundesrepublik mit sich bringt, nämlich die uneinheitliche Gesetzeslage in den Bundesländern.[865] Datenschutzfördernde Technik weltweit zu standardisieren, ist allerdings nicht nur zeitintensiv, sondern auch schwer durchsetzbar.[866] Insofern entpuppt sich der Vorteil des Internets, unabhängig von nationalen Grenzen agieren zu können, bezüglich der rechtlichen Gestaltung und der Anerkennung von Standards als Nachteil.[867] Ein anderer Weg wäre es, doch im nationalen Alleingang Standards zu verabschieden, in der Hoffnung, ähnlich wie im Umweltschutz Vorreiter einer „Bewegung" zu werden, an die sich andere zu einem späteren Zeitpunkt anschließen. Das hätte den Vorteil, daß man anderen Ländern, die sich erst später den Datenschutzstandards unterwürfen, dann technisch voraus wäre. Aufgrund der Möglichkeiten des Internets wiederum und der Idee, daß jeder Nutzer für seinen eigenen Datenschutz im Rahmen des Selbstdatenschutzes verantwortlich ist, könnten überall auf der Welt die in Deutschland standardisierten Technik angewendet werden und sich somit datenschutzfördernde Technik auch außerhalb Deutschlands durchsetzen.[868] Auch wenn selbst ein deutsches Engagement für sinnvoll erachtet wird, wäre eine europaweite Lösung eines Audits ohne Frage erfolgsversprechender, insbesondere unter dem Gesichtspunkt der schon heute in einem hohen Maße verwobenen Volkswirtschaften.

Die Behauptung, daß das Vertrauen der Nutzer die Wettbewerbsfähigkeit von Unternehmen verbessere und eine Grundvoraussetzung für einen gut funktionierenden Electronic Commerce sei, ist durch Umfragen belegt.[869] Es ist auch nachvollziehbar, daß das Vertrauen in die Unternehmen wächst, die sich bemühen, das informationelle Selbstbestimmungsrecht ihrer Kunden beziehungsweise Nutzer zu schützen. Ein gut funktionierender Electronic Commerce ist ein wichtiger Wettbewerbsfaktor, der zu einem Wettbewerbsvorteil führen kann.[870] Allerdings ist nicht nur im Rahmen von Electronic Commerce, sondern auch bei anderen technischen Verfahren die Beachtung der Persönlichkeitsrechte der Nutzer ein nicht zu unterschätzender Wettbewerbsvorteil für Hersteller und Entwickler von datenschutzfördernder Technik.[871]

---

[864] *Büllesbach* 2002, 53.
[865] *Münch*, RDV 2003, 226f.
[866] *Nedden* 2001, 72; *Roßnagel* 2001a, 34f.; *Müller* 1998, 173.
[867] *Roßnagel* 2001a, 20.
[868] So auch *Roßnagel/Scholz*, MMR 2000, 722; *Roßnagel*, DuD 1999, 253ff.
[869] Siehe *Bizer*, DuD 2001, 250.
[870] *Grimm/ Löhndorf/ Roßnagel* 2000, 133ff: Gegenseitiges Vertrauen ist essentiell um sowohl Wettbewerbsfähigkeit als auch E-Commerce zu gewährleisten.
[871] *Mosdorf* 1998, 24, der behauptet, die Produktaktivität der großen Hersteller bezüglich datenschutzfördernder Technik entstehe nur, wenn ein Datenschutzaudit eingeführt werde.

Die Einführung von Anreizsystemen würde sicherlich in Zukunft auch dazu führen, daß viele Verbraucher Datenschutz als Vorteil erkennen. Das kann nicht nur damit erklärt werden, daß die Vergabe der Auditauszeichnungen von den Verbrauchern mitverfolgt würde, sondern auch da die Verbraucher angeregt würden, für sich persönlich auf einen höheren Datenschutzstandard zu achten.[872] Durch die zunehmende Sensibilisierung der Verbraucher auf diesem Gebiet wird Datenschutz nämlich zu einem Auswahlkriterium, das im Wettbewerb eine immer größere Rolle spielt. Unternehmen reagieren dann ihrerseits auf Verbraucherwünsche, so daß der Schutz von Kundendaten die Wettbewerbsfähigkeit eines Systems beeinflußt. So kann das Schutzniveau der Verbraucher vom Unternehmensmarketing auch gezielt als Qualitätsmerkmal eingesetzt werden.[873] Ein Akzeptanzverlust aufgrund von Datenschutzlücken, insbesondere wenn dies in den Medien verbreitet wird, stellt auf der anderen Seite für die Verbraucher ein großen Vertrauensbruch in das System dar, der sich nur langfristig und kostspielig wieder herstellen läßt.[874]

Der Gesetzgeber könnte auch Wettbewerbsvorteile schaffen, indem die im Rahmen eines Verfahrens- oder Produktaudits zertifizierten Unternehmen, Erleichterungen im Schadensersatzrecht gewährt bekommen, beispielsweise durch eine Exkulpationsmöglichkeit im Rahmen von § 7 BDSG.[875] Eine solche Regelung darf allerdings nicht zur Folge haben, daß das Prinzip der Freiwilligkeit mißachtet wird und sich für einige Unternehmen ein faktischer Zwang zur Teilnahme an Auditverfahren ergibt.[876]

Im Hinblick auf einen Wettbewerbsvorteil darf datenschutzfördernde Technik weder in der Herstellung noch in der Anwendung sehr teuer sein.[877] Denn bei der Verkaufsentscheidung spielt der Preis neben anderen Merkmalen einen entscheidende Rolle. Zu bedenken ist dabei für die Unternehmen, daß im Zuge der Datenvermeidung und Datensparsamkeit weniger Daten anfallen. Daraus folgt, daß Unternehmen für die nicht anfallenden Daten auch keine Verantwortung mehr tragen müssen, was zum einen bedeutet, daß Kosten für die Speicherung und Pflege der Daten entfällt und zum anderen die Unternehmen nicht Gefahr laufen, verwaltungstechnisch aufwendige Auskünfte, zum Beispiel in Ermittlungsverfahren, geben zu müssen.[878]

Es ist zwar richtig, darüber nachzudenken, ob der Markt aus sich heraus Datenschutzprodukte anbietet, es allerdings dem Markt zu überlassen, ob Datenschutz beziehungsweise daten-

---

[872] *Bäumler*, 2002b, 106; *Büllesbach*, RDV 1997, 239; *ders.* RDV 2000, 1; *ders.* 2002, 45.
[873] *Büllesbach* 2002, 53f. Nachteilig dabei ist, daß das Unternehmen die personenbezogenen Daten dazu nutzen kann, die Kundeninteressen zu ermitteln, *Walz*, DuD 1998, 154.
[874] *Walz*, DuD 1998, 154.
[875] So auch *Roßnagel*, RDV 2002, 66.
[876] So auch *Gesellschaft für Datenschutz und Datensicherung*, RDV 1999, 188; *Gola*, NJW 2000, 3575. Siehe zur Freiwilligkeit auch in Kapitel 5.4.2.
[877] *Königshofen* 2002, 61.
[878] Roßnagel - *Hansen* 2003, 3.3 Rn 3; *Federrath/ Pfitzmann* 2001, 258.

schutzfördernde Technik überhaupt angeboten werden, kann nicht der richtige Ansatz sein. Selbst wenn Datenschutzprodukte einen Wettbewerbsvorteil bieten, ist es Aufgabe des Staates Marktdefizite, zum Beispiel den Mangel an Information zu beseitigen und Marktmechanismen zu stärken. Auditsysteme können dabei eine wichtige Rolle spielen.

5.4.2 Auditverfahren

Die Idee des Audits[879] für den Datenschutz tauchte das erste Mal im Zusammenhang eines von der Forschungsgruppe *provet* erarbeiteten Gutachtens „Vorschläge zur Regelung von Datenschutz und Rechtssicherheit in Online-Multimedia-Anwendungen" für das *Bundesministerium für Bildung, Wissenschaft, Forschung und Technologie* auf.[880] Als Vorbild für das Datenschutzaudit gilt das Umweltaudit, das aufgrund der EG-Verordnung Nr. 1836/93 seit 1995 in der Europäischen Gemeinschaft Anwendung findet.[881]

Das Datenschutzaudit verfolgt die Ziele, die Selbstverantwortung des Datenverarbeiters für den Datenschutz zu fördern, dem Vollzugsdefizit im Datenschutzrecht entgegenzuwirken[882] und mit der Zeit insgesamt die Qualität des Datenschutzes zu verbessern.[883] Denn nicht nur die Risiken für die informationelle Selbstbestimmung ändern sich, sondern auch die Mittel, mit denen die Risiken bekämpft werden können. Insofern darf es sich auch bei den Audits nicht um eine einmalige, sondern um eine kontinuierliche Evaluierung handeln, die sich immer wieder den neuen, vor allem technischen, Herausforderungen stellt.[884]

Ein sehr wichtiger Verfahrensgrundsätze des Auditverfahrens ist die Freiwilligkeit.[885] Freiwilligkeit ist notwendig, um genug Raum für die Formulierung anspruchsvoller Vorgaben zu lassen.[886] Eine Verpflichtung - gleich welcher Art - widerspräche nämlich der Grundidee des Auditsystems.[887] Das Prinzip der Freiwilligkeit unterstreicht außerdem, daß das Auditverfahren ein marktwirtschaftliches Instrument ist, an dem sich zu beteiligen, keiner gezwungen wird.[888]

---

[879] Grundlegend *Roßnagel* 2000b, 1ff. und *Roßnagel*, http://www.iid.de/iukdg/gus/DASA.html.
[880] *Roßnagel*, DuD 1997, 506 beziehungsweise *provet* 1996, § 11 des vorgeschlagenen Multimedia-Datenschutz-Gesetzes.
[881] Ausführlich zum Umweltaudit *Schottelius* 1997. Siehe auch zur Vorbildfunktion in Roßnagel - *Roßnagel* 2003, 3.7 Rn 83ff.
[882] Durch das Auditverfahren kann das existierende Vollzugsdefizit nur reduziert werden, schreibt der *Arbeitskreis „Datenschutzbeauftragte" im Verband der Metallindustrie Baden Württemberg*, DuD 1999, 281.
[883] *Roßnagel*, DuD 1997, 507; *ders.* 2000b, 38.
[884] *Roßnagel*, RDV 2002, 67.
[885] So auch *Arbeitskreis „Datenschutzbeauftragte" im Verband der Metallindustrie Baden Württemberg*, DuD 1999, 283.
[886] *Roßnagel* 1998, 72; Roßnagel - *ders.* 2003, 3.7 Rn 79.
[887] *Roßnagel*, DuD 1997, 509; Roßnagel - *ders.* 2003, 3.7 Rn 79.
[888] *Roßnagel*, DuD 2000, 232. Nach einer Untersuchung von *Petri*, DuD 2001, 150, verstößt ein Auditverfahren nach dem Vorbild Schleswig-Holsteins nicht gegen Wettbewerbs- oder Vergaberecht.

Die Einführung eines solchen Auditverfahrens bringt selbstverständlich einen relativ hohen Verwaltungsaufwand mit sich, dessen bestmögliche Reduzierung Ziel eines jeden Auditierungssystems sein muß.[889] Eine gewisse Regulierung muß aber in Kauf genommen werden, um zu gewährleisten, daß die Vergleichbarkeit der Ergebnisse und eine Transparenz der Bewertung und Rechtssicherheit für die Werberegeln gegeben sind.[890] Auch die datenverarbeitenden Stellen müssen gewisse Verfahrenskosten in Kauf nehmen, für die sie allerdings nach Marktprinzipien durch höheren Absatz und damit idealerweise auch höheren Gewinn entschädigt werden können.

Unter Auditverfahren werden sowohl Verfahrens- als auch Produktauditverfahren verstanden. Bei beiden endet die Prüfung mit einem Zertifikat, das das auditierte Unternehmen ermächtigt, damit für sich beziehungsweise für ein bestimmtes Produkt gegenüber Kunden, Vertragspartnern, Mitarbeitern, Banken, Versicherungen, Anteilseignern, und der Presse zu werben.[891] Das Zertifikat hilft außerdem sich von Konkurrenten positiv abzuheben.[892] Die Nachfrage nach einem erweiterten Schutz der informationellen Selbstbestimmung vorausgesetzt, verbessert sich - angeregt durch die Werbung der Zertifikate - die Reputation der Produkte beziehungsweise des Unternehmens. Für die Gesellschaft insgesamt entsteht dadurch außerdem ein stetig wachsendes Datenschutzniveau.[893] Denn durch das Auditverfahren wird nicht nur datenschutzfördernde Technik etabliert, sondern auch ihre Entwicklung vorangebracht.[894] Die Gefahr eines „Datenschutz-Dumpings", welches dann entsteht, wenn es zu viele unterschiedliche Verfahren gibt oder zu viele Unternehmen und Produkt mit Zertifikaten ausgezeichnet sind, muß dabei allerdings vermieden werden.[895]

Das deutsche Recht kennt ein Datenschutzaudit in § 9a BDSG.[896] Danach können „Anbieter von Datenverarbeitungssystemen und -programmen und datenverarbeitende Stellen" ihr Datenschutzkonzept durch unabhängige Gutachter prüfen lassen. Das gleiche gilt auch für „technischen Einrichtungen" eines Unternehmens. Das bedeutet, daß also sowohl an ein Verfah-

---

[889] So auch *Arbeitskreis „Datenschutzbeauftragte" im Verband der Metallindustrie Baden Württemberg*, DuD 1999, 282.

[890] *Roßnagel*, RDV 2002, 67.

[891] Nach *Bäumler* 2002b, 108, zielen Audits auf die Organisation des Datenschutzes in einem Betrieb oder in einer Behörde beziehungsweise, im Falle von Gütesiegeln zur Kennzeichnung von Produkten. Dies entspricht auch § 9a BDSG 2001, der beide Arten von Audits nennt.

[892] *Roßnagel* 2002a, 119.

[893] *Kladroba*, DuD 2002, 335.

[894] *Arbeitskreis „Datenschutzbeauftragte" im Verband der Metallindustrie Baden Württemberg*, DuD 1999, 281.

[895] *Bizer/Fox*, DuD 1997, 502.

[896] Schon seit 1997 in § 17, seit 2001 in § 21 MDStV: „Zur Verbesserung von Datenschutz und Datensicherheit können Anbieter von Mediendiensten ihr Datenschutzkonzept sowie ihre technischen Einrichtungen durch unabhängige und zugelassene Gutachter prüfen und bewerten sowie das Ergebnis der Prüfung veröffentlichen lassen. Die näheren Anforderungen an die Prüfung und Bewertung, das Verfahren sowie die Auswahl und Zulassung der Gutachter werden durch besonderes Gesetz geregelt." Als Vorbild diente der

rens- wie auch an ein Produktaudit gedacht wurde. Trotz dieses Paragraphen wurden allerdings auf Bundesebene bisher keine Zertifizierungen vorgenommen. Es fehlt nämlich an einem notwendigen Ausführungsgesetz, das Einzelheiten zur Prüfung und Bewertung der Einrichtungen sowie zu dem Verfahren und zur Auswahl und Zulassung der Gutachter regeln soll. Ähnlich ist es auch mit den Vorschriften der Landesdatenschutzgesetze in Brandenburg, Bremen, Nordrhein-Westfalen, Mecklenburg-Vorpommern, die zwar ebenfalls ein Audit fordern, aber bisher auch kein Ausführungsgesetz verabschiedet haben.[897] Orientierung kann der Gesetzgeber in Schleswig-Holsteinischen Landesvorschriften finden, insbesondere in der auf § 4 Abs. 2 LDSG Schleswig-Holstein beruhenden Gütesiegelverordnung[898] sowie für das Behördenaudit in den Anwendungsbestimmungen des Unabhängigen Landeszentrums für Datenschutz zur Durchführung eines Datenschutzaudits nach § 43 Abs. 2 LDSG.[899] Die Einschränkungen des Landesdatenschutzrechts, das eigentlich nur für Landesbehörden gilt, wurde insofern geschickt erweitert, indem das Verfahrensaudit zum Behördenaudit umfunktioniert wurde und indem das Produktaudit für alle Produkte gilt, die in einer Behörde einsetzbar sind, was eben nicht bedeutet, daß sie dort tatsächlich eingesetzt werden müssen.[900]

5.4.2.1 Verfahrensaudit

Anders als das Umweltaudit kann sich das Datenschutzaudit aufgrund der weltweiten Vernetzung nicht an dem Managementsystem eines bestimmten Unternehmensstandorts orientieren.[901] Das Verfahrensaudit sollte sich daher darauf konzentrieren, die Einhaltung der Datenschutzvorschriften in Unternehmen und darüber hinaus die Funktionsfähigkeit und Zweckmäßigkeit des unternehmensinternen Datenschutzmanagementsystems mit seinen Zuständigkeiten, Befugnissen, Maßnahmen und Instrumenten zu überprüfen.[902]

Es soll prozeßbezogen sein und einen dynamischen Lernprozeß in Gang setzen.[903] Gedacht ist an eine wiederkehrende innere und externe Überprüfung und Verbesserung eines Unternehmens bezüglich dessen Fähigkeit auf die technischen Änderungen der Informations- und Kommunikationsgesellschaft mit sinnvollen Konzepten zum Schutz der informationellen

---

1996 von der Forschungsgruppe *provet* entworfene § 11 MMG.
[897] Siehe dazu in Kapitel 4.9.1.4.
[898] Landesverordnung über ein Datenschutzaudit (Datenschutzauditverordnung - DSAVO) vom 3.4.2001, GVOBl Schl.-H. 4/2001, S. 51, GS Schl.-H. II, Gl. Nr. 204-4-2.
[899] Amtsblatt Schl.-H. 13/2001, S. 196-200
[900] Siehe ausführlich zum Behörden- und Produktaudit in Schleswig-Holstein in *Golembiewski* 2002, 107ff., *Hansen/ Probst* 2002, 163ff. und *Diek* 2002, 157ff.
[901] *Roßnagel*, DuD 1997, 510.
[902] *Roßnagel*, DuD 1997, 509. Siehe dazu auch das Datenschutzaudit in Japan als Vergleich, *Roßnagel*, DuD 2000, 157.
[903] *Roßnagel* 1998, 71.

Selbstbestimmung zu reagieren.[904] Anstatt einer einmaligen Lösung sollen durch regelmäßig stattfindende Prüfung neue Datenschutzlösungen generiert werden.[905] Mehrere Vorteile sind für die Unternehmen denkbar, wenn sie sich an einem Verfahrensaudit beteiligen. Abgesehen von der Tatsache, daß sie sich dadurch mit Datenschutzfragen befassen und ihnen gegenüber aufgeschlossener werden, kann eine systematische Prozeßanalyse Schwachstellen im Unternehmen hervorheben und diesem helfen, seine Fehler zu erkennen und dafür Lösungen zu suchen.[906] Die oben beschriebene positive Wirkung nach außen von Auditverfahren generell gilt natürlich auch für das Verfahrensaudit.

Im einzelnen könnte ein solches Audit folgende Inhalte haben;[907] Das Unternehmen sollte, nachdem es sich für eine aktive Datenschutzpolitik entschieden und innerhalb einer Datenschutz-Bestandsaufnahme mehrere Schwachstellen ausgemacht hat, ein Datenschutzprogramm aufsetzen, das bestimmte Maßnahmen für die Förderung der informationellen Selbstbestimmung vorsieht. Das Unternehmen sollte außerdem im Rahmen eines Datenschutzmanagementsystems Verfahren, Mittel und Abläufe zur Verwirklichung der Datenschutzpolitik festlegen. Sowohl das Datenschutzprogramm als auch das Managementsystem sollten regelmäßig überprüft und gegebenenfalls aktualisiert werden. Akteure der Prüfung sind zunächst Experten im eigenen Unternehmen. Daher ist es für größere Unternehmen einfacher Elemente des Datenschutzaudits in schon bestehende Managementsysteme zu integrieren als für kleinere Unternehmen, die dafür keine Kapazitäten haben.[908] Größere Unternehmen sollten sich allerdings auch verpflichtet fühlen, mit gutem Vorbild voranzugehen; von kleineren Unternehmen werden Kunden, Anteilseigner, Banken und andere „Stakeholder" ein Verfahrensaudit auch nicht erwarten; die Möglichkeit für bestimmte Produkte ein Produktaudit durchzuführen, bleibt kleineren Unternehmen natürlich unbenommen. Im übrigen könnten staatliche Förderprogramme aufgesetzt werden, um auch kleineren Unternehmen, eine Beteiligung zu ermöglichen.[909]

Das Ergebnis der internen Überprüfung kann und sollte nach dessen Beendigung in einer für die Öffentlichkeit bestimmten Datenschutzerklärung veröffentlicht werden, die ihrerseits von einer unabhängigen Stelle geprüft und zertifiziert wird. Falls diese Überprüfung positiv ausfällt, kann mit dem Zertifikat dann geworben werden.[910] Externe staatlich anerkannte Experten würden durch ihre Validierung der Datenschutzerklärung ein Höchstmaß an Glaubwür-

---

[904] *Roßnagel* 1998, 70; Roßnagel - *ders.* 2003, 3.7 Rn 68.
[905] *Roßnagel* 2002a, 120; Roßnagel - *ders.* 2003, 3.7 Rn 66.
[906] *Arbeitskreis „Datenschutzbeauftragte" im Verband der Metallindustrie Baden Württemberg,* DuD 1999, 282.
[907] Nach *Roßnagel* 1998, 75f.
[908] *Roßnagel* 2002c, 139; *Gola,* NJW 2000, 3575.
[909] Siehe dazu *Roßnagel* 2000b, 36.
[910] Roßnagel - *Roßnagel* 2003, 3.7 Rn 68.

digkeit schaffen.[911] Anders ist es in den U.S.A., wo es Firmen gibt, die ganz unabhängig von staatlicher Überprüfung Siegel anbieten.[912] Ein solches Vorgehen sollte in Deutschland nicht möglich sein; eine staatliche Kontrolle macht die Prüfung inhaltlich nicht nur glaubhafter, sondern hilft auch, falsche Siegel vom Markt fernzuhalten.

Im Rahmen des Verfahrensaudits ist also immer nach zwei Maßstäben zu prüfen; zum einen ist aufgrund eines objektiven Maßstabs zu fragen, ob das überprüfte System die Anforderungen des Datenschutzrechts erfüllt, und zum anderen, aufgrund eines subjektiven Maßstabs, ob eine Verbesserung der Bemühungen für den Datenschutz erreicht werden konnte.[913] Mehr als eine Ja-Nein Entscheidung entweder für die Erteilung eines Zertifikats oder dagegen, ist im Rahmen des Auditverfahrens eigentlich nicht vorgesehen. Man könnte allerdings daran denken, die Zertifikate mit Schulnoten zu versehen. So wäre eine Differenzierung im Sinne eines „Ratings" möglich.[914] Notwendig ist dabei allerdings, daß das gefundene Ergebnis nachprüfbar ist,[915] was im Rahmen eines zwar marktgesteuerten, aber wenig transparenten Datenschutzratings nicht gegeben wäre. Die Einhaltung der Qualitätsmanagementkriterien nach ISO 9.000 würden die datenschutzspezifische Qualitätsverbesserung auch nicht leisten können. Datenschutzratings sollten daher nur ergänzend wirken.[916]

In den Fällen, in denen das System zu komplex ist, um es datenschutzrechtlich überprüfen zu können oder in Fällen, in denen sich die Technik so schnell verändert, daß eine Überprüfung innerhalb kürzester Zeit nicht mehr aktuell wäre, muß nach anderen Möglichkeiten der Auditierung gesucht werden. Hier bieten sich Softwareprogramme an, mit deren Hilfe bestimmte Verfahren überprüft werden, und zwar in der Weise daß Technik durch Technik geprüft wird. Als Beispiel sei die Software „USE-IT" vom *Bundesamt für die Sicherheit in der Informationstechnik (BSI)*[917] und die Internet-Kontrolle der *Fachhochschule Bonn-Rhein-Sieg* genannt.[918]

5.4.2.2 Produktaudit

Im Unterschied zum Verfahrensaudit, das Managementsysteme unter Datenschutzgesichtspunkten überprüft, geht es beim Produktaudit darum, ein bestimmtes Produkt zu untersuchen und zu zertifizieren. Ein mit einem Datenschutzsiegel ausgezeichnetes Produkt signalisiert,

---

[911] *Roßnagel* 1998, 76.
[912] Zum Beispiel die Firma Truste, siehe dazu *Fuhrmann* 2001, 216f.
[913] *Roßnagel*, DuD 1997, 510f., ders. 1998, 73; ders., RDV 2002, 67.
[914] Siehe *Kladroba*, DuD 2002, 335ff.
[915] Arbeitskreis „Datenschutzbeauftragte" im Verband der Metallindustrie Baden Württemberg, DuD 1999, 281.
[916] So auch *Roßnagel*, DuD 1997, 509.
[917] http://www.bsi.de/aufgaben/projekte/useitool/useit.htm.
[918] Siehe dazu auch http://www.bindview.com.

daß mit diesem Produkt Datenschutz gewährleistet werden kann[919] beziehungsweise daß das Produkt ohne erheblichen Aufwand datenschutzgerecht eingesetzt werden kann. Insofern unterscheidet sich das Datenschutz-Produktaudit auch von dem vom *BSI* durchgeführten Prüfverfahren zur IT-Sicherheit, das an IT-Produkte ebenfalls Siegel vergeben hat.[920] Unter dem Datenschutz Produktbegriff sind Hardware, Software und automatisierte Verfahren zu fassen.[921] Produkte können also sowohl Waren aber auch Dienstleistungen sein.[922] Eine von einigen geforderte Zusammenlegung des Produktauditverfahrens mit dem Verfahren der Common Criteria, ISO 15408, die aus den Anforderungen des *BSI* und Bestimmungen anderer Nationen hervorgegangen sind,[923] erscheint nicht zuletzt wegen der unterschiedlichen Materie wenig sinnvoll. Es macht nämlich einen großen Unterschied, ob ein Produkt die informationelle Selbstbestimmung schützt und dafür ausgezeichnet wird oder den Schutz der Datensicherheit zum Ziel hat.

Ein weiterer Unterschied zum Verfahrensaudit, das eine kontinuierliche Überprüfung der Datenschutzleistungen fordert, liegt beim Produktaudit darin, daß es nur eine Momentaufnahme darstellen kann und auch darstellen soll. Es kann sich beispielsweise um eine Prüfung einer bestimmten Version eines Produkts handeln.[924] Nur diese Produktversion hat dann auch einen Anspruch darauf, ein Gütesiegel zu tragen. Die Gültigkeit des Gütesiegels muß aufgrund der sich schnell verändernden technischen Möglichkeiten allerdings nach kurzer Zeit wieder überprüft werden. Wegen der schnellen Entwicklung im Bereich der Informations- und Kommunikationstechnik erscheint es ratsam, die Produktzertifizierung schon entwicklungsbegleitend zu bedenken, damit zum frühstmöglichen Zeitpunkt datenschutzfördernde und andere datenschutzgerechte Technik in die Produkte integriert wird.[925]

Auf Antrag des Herstellers oder Anbieters wird das in Frage kommende Produkt von dafür staatlich anerkannten Gutachtern untersucht. Wenn es bestimmten, vorher festzulegenden Eigenschaften entspricht, kann nach erneuter Überprüfung durch eine öffentliche Stelle, diese dem Produkt für eine bestimmte Zeit, in Schleswig-Holstein sind es zwei Jahre, ein Gütesiegel verleihen. Die Begutachtung wird unter rechtlichen und technischen Gesichtspunkten durchzuführen sein und sich an relevanten Vorschriften des BDSG, vor allem an § 3a und § 9 BDSG sowie an Gesichtspunkten der informationellen Selbstbestimmung der Betroffenen orientieren. Das *ULD Schleswig-Holstein* hat für die Begutachtung einen eigenen Kriterienkatalog entwickelt. Neben der Forderung, Vorschriften der Datenvermeidung und Datenspar-

---

[919] *Hansen/ Probst* 2002, 163.
[920] *Münch*, RDV 2003, 223.
[921] *Roßnagel* 2002c, 141.
[922] *Petri*, DuD 2001, 150.
[923] *Münch*, RDV 2003, 224.
[924] *Roßnagel* 2002a, 122. Auch die Forschungsgruppe *quid, Wedde/ Schröder* 2001, 37, fordert daher, daß das Gütesiegel zeitlich begrenzt wird.
[925] *Roßnagel/ Pfitzmann/ Garstka* 2001, 146.

samkeit einzuhalten und die Rechte der Betroffenen zu gewährleisten, soll der Kriterienkatalog die Datensicherheit und die Revisionsfähigkeit der Datenverarbeitung sicherstellen und zusätzlich über produktspezifische Anforderungen wie Sperr-, Protokollier- und Löschungspflichten für das Produkt einen Denkanstoß geben.[926] Außerdem wird in Schleswig-Holstein der Technik eine besondere Aufmerksamkeit geschenkt. Die Bewertung des Produkts fällt um so besser aus je eher die Datenschutzziele durch gut durchdachte und umgesetzte Technik sichergestellt werden und je weniger zusätzliche organisatorische Maßnahmen durch den Anwender notwendig sind.[927] Weitere im Rahmen des Katalogs des *ULD Schleswig-Holstein* zu beachtende Punkte sind Organisation, Produktbeschreibung und die Realisierung von Nutzerrechten.[928] Eine gewisse Standardisierung der Kriterienkataloge ist für eine Vergleichbarkeit der Produkte unter Datenschutzgesichtspunkten sinnvoll.[929]

Auf die Fragen, wer die Produkte begutachten soll, wer die Gutachter auswählt und wer deren Arbeit bewertet, gibt es mehrere gangbare Vorschläge. Entscheidet man sich für unabhängige private Gutachter, könnte die Auswahl der Gutachter beispielsweise durch die Industrie- und Handelskammer vorgenommen werden.[930] Eine andere Möglichkeit wäre es, die Zulassung der Gutachter analog § 36 GewO zu regeln.[931] Nach dem Vorbild des Schleswig-Holsteinischen Produktauditverfahrens könnten die Gütesiegel durch den Bundesdatenschutzbeauftragten vergeben werden.

Sinn und Zweck des Produktaudits ist es nicht nur die Verbraucher und ihre informationelle Selbstbestimmung durch das Anreizsystem besser zu schützen, sondern sie auch darüber zu informieren, welches Produkt datenschutzgerecht beziehungsweise datenschutzfördernd ist. Weiterhin soll ihnen im Sinne des Selbstdatenschutzes durch Marktmechanismen die Möglichkeit gegeben werden, selbst zu entscheiden, ob sie dieses Produkt anderen weniger datenschutzfreundlichen Produkten vorziehen. Das Gütesiegel als Zertifikat des Produktaudits soll also auch ein verläßliches Unterscheidungsmerkmal für die Marktnachfrage nach Datenschutzprodukten sein.[932] Es eröffnet gleichzeitig den ausgezeichneten Datenverarbeitern eine hervorragende Möglichkeit, mit ihren Produkten zu werben,[933] vorausgesetzt, daß das Gütesiegel in der Gesellschaft positiv belegt ist, so daß Werbung damit auch erfolgversprechend ist. Der Prüfverfahren führt auch zu einer besseren Kontrolle der Produkte unter Datenschutzgesichtspunkten.

---

[926] *Hansen/ Probst* 2002, 167ff.
[927] *Hansen/ Probst* 2002, 171.
[928] *Hansen/ Probst* 2002, 172.
[929] *Schläger/ Stutz*, DuD 2003, 406ff., die einen bestimmten Kriterienkatalog für Online-Dienste vorschlagen.
[930] *Roßnagel/ Pfitzmann/ Garstka* 2001, 146.
[931] *Roßnagel* 2002c, 141.
[932] *Roßnagel* 2002c, 141.
[933] *Bäumler* 2002b, 109.

Beispiele von Gütesiegeln sind das *Gütesiegel für Qualität im betrieblichen Datenschutz (quid!)*[934] und das von *TeleTrusT*[935]. Zu erwähnen sind auch Gütesiegel aus den Niederlanden.[936]

5.4.2.3 Vorbild- und Marktfunktion der öffentlichen Verwaltung

Zusätzlich zu werbewirksamen Gütesiegeln auditierter Produkte und zu Zertifikaten auditierter Unternehmen könnte datenschutzfördernde Technik durch die öffentliche Verwaltung gefördert werden, indem sie diese Produkte bevorzugt kauft und nutzt. Der Verwaltung käme dann sowohl eine Vorbildfunktion gegenüber anderen datenverarbeitenden Stellen zu als auch eine Marktfunktion als Käuferin dieser Produkte.[937] Behörden könnten so bei Bürgern und Behörden ein Nachahmungseffekt bewirken. Dies wiederum fördert zusätzlich den Absatz der auditierten Produkte.[938] Vergleichbare Vorschriften finden sich in Landesabfallgesetzen.[939] Das KrW/AbfG auf Bundesebene verpflichtet die zuständigen Stellen lediglich zu prüfen, ob und in welchem Umfang sie „bei der Gestaltung von Arbeitsabläufen, der Beschaffung oder Verwendung von Material und Gebrauchsgütern, bei Bauvorhaben und sonstigen Aufträgen, Erzeugnisse einsetzen können, die sich durch Langlebigkeit, Reparaturfreundlichkeit und Wiederverwendbarkeit oder Verwertbarkeit auszeichnen, im Vergleich zu anderen Erzeugnissen zu weniger oder zu schadstoffärmeren Abfällen führen oder aus Abfällen zur Verwertung hergestellt worden sind". Einen ähnlichen Vorschlag gab es schon in § 51 des Entwurfs für ein Umweltgesetzbuch. Aus wirtschaftlichen und haushaltsrechtlichen Gründen ist eine Verwenderpflicht allerdings abhängig davon, ob datenschutzgerechte Produkte tatsächlich auch für den avisierten Zweck geeignet sind und daß durch ihre Anschaffung keine unzumutbaren Mehrkosten entstehen.

Nicht nur datenschutzgerechte Produkte könnten auf diese Weise gefördert werden. Man könnte sogar überlegen, Firmen bei der öffentlichen Auftragsvergabe vorrangig zu berücksichtigen, die erfolgreich an einem Verfahrensaudit teilgenommen haben, zumindest wenn es um Aufträge zur Verarbeitung personenbezogener Daten geht.[940]

In einigen Bundesländern gibt es bereits Vorschriften, die öffentliche datenverarbeitende Stellen dazu anhalten, auditierte Produkte bevorzugt zu erwerben,[941] § 11b Abs. 2 LDSG Bran-

---

[934] *Wedde/ Schröder* 2001, 26f.; *Rösser*, DuD 2003, 401ff.
[935] Zu *TeleTrusT*, einem Verein zur Förderung der Vertrauenswürdigkeit von Informations- und Kommunikationstechnik, der schon 1989 gegründet wurde, schon *Wolsing* 2000, 401.
[936] *Hansen/ Probst* 2002. 178; http://www.cbpweb.nl/en/structuur/en_pag_audit.htm.
[937] *Roßnagel/ Pfitzmann/ Garstka* 2001, 147; *Bizer* 1999, 55f., der von der Lokomotivfunktion der öffentlichen Verwaltung spricht.
[938] So auch *Roßnagel/ Pfitzmann/ Garstka* 2001, 147.
[939] *Roßnagel/ Pfitzmann/ Garstka* 2001, 147.
[940] *Petri*, DuD 2001, 150; *Roßnagel*, RDV 2002, 66; *Roßnagel* 2002c, 140. Zu vergaberechtlichen Fragen siehe in Kapitel 5.6.
[941] Ein Vergleich einiger landesrechtlichen Vorschriften bietet *Bizer/ Petri*, DuD 2001, 98f.

denburg, § 7b LDSG Bremen, § 5 Abs. 2 LDSG Mecklenburg-Vorpommern, § 4 Abs. 2 LDSG Nordrhein-Westfalen, § 4 Abs. 2 Satz 2 LDSG Schleswig-Holstein. So sind in Schleswig-Holstein tatsächlich Datenschutzgütesiegel Vergabekriterium einer zentralen Landesbeschaffungsstelle.[942] Eine vergleichbare Vorschrift wäre auch für das Bundesdatenschutzgesetz passend für die Bundesverwaltung denkbar.

5.5 Möglichkeiten der rechtlichen Förderung durch regulierte Selbstregulierung

Neben der Möglichkeit, datenschutzfördernde Technik durch gesetzliche Forderungen bestimmter vor allem technischer Maßnahmen oder durch Anreizsysteme zu fördern, kann auch darüber nachgedacht werden, Selbstregulierungsmechanismen zu stärken.

Unter Selbstregulierung im Datenschutz versteht man die Möglichkeit für Unternehmen, sich aus eigenem Antrieb oder auf gesetzliche Initiative hin zusammenzuschließen, um gemeinsam bestimmte Mindeststandards für den Schutz der informationellen Selbstbestimmung durchzusetzen.[943] Selbstregulierung kann also ebenso wie die Schaffung beziehungsweise Änderung von Gesetzen oder Verordnungen dazu beitragen, datenschutzfördernde Technik zu fördern, indem diese Technik durch die Selbstregulierung in Branchen oder Berufsverbänden aber auch in einzelnen Unternehmen in ihr Bewußtsein gelangen. Gerade für datenschutzfördernde Technik ist es wichtig, daß die Wirtschaft so früh wie möglich den Datenschutz in die Systeme integriert. Die im Vergleich zur Implementierung schwächere, weil nachträgliche Kontrolle der Systeme könnte zur Durchsetzung datenschutzfördernder Technik auf diese Weise nämlich zu einem gewissen Grad vernachlässigt werden.

Anders als in anderen Ländern stellt sich in Deutschland bei der Suche nach einem verbesserten Datenschutz durch Selbstregulierungsmaßnahmen nicht die Frage, ob eine Selbstregulierung ohne staatliche, das heißt gesetzesrechtliche, Unterstützung realistischerweise möglich erscheint. Es geht also nicht darum, ob eine radikale Umstellung des Systems dazu führen kann, daß die Industrie in Zukunft ohne gesetzlichen Druck diese neue Form der Regulierung annehmen könnte.[944] Ein solches System, das die gesetzliche Regulierung durch Selbstregulierung der Wirtschaft ersetzt, ist rechtlich nicht möglich. Es verstieße nämlich gegen das Grundgesetz, da es sich bei der Materie des Datenschutzes nicht um einen rechtlich ungeregelten oder irrelevanten Bereich handeln darf.[945] Der Gesetzgeber darf seine Schutzpflicht für die betroffenen Grundrechte der Bürger nicht vernachlässigen, ist also verpflichtet, diesen rechtlich relevanten Bereich des Datenschutzes selber bezüglich Verfahren und Ergebnis zu

---

[942] DuD 2003, 716.
[943] Dazu auch OECD Dokument DSTI/ICCP/REG(2001)6/FINAL, 4.
[944] So auch Roßnagel - *Roßnagel* 2003, 3.6 Rn 11ff.
[945] Roßnagel - *Roßnagel* 2003, 3.6 Rn 1ff. grenzt die Selbstregulierung daher zu Recht gegenüber der Selbstkontrolle ab, die nur den selbstkontrollierten Vollzug von Vorschriften umfaßt.

regeln.[946] Im übrigen verlangt auch die EG DSRL in Art. 27 eine verbindliche gesetzliche Lösung des Gesetzgebers.[947] Verfassungsrechtlich ist es also geboten, daß der Staat die grundsätzlichen Entscheidungen selbst fällt, während Verbände und andere gesellschaftliche Gruppen, diese dann nur konkretisieren können und sollen.[948] Motor muß daher in der Bundesrepublik Deutschland der Gesetzgeber bleiben, während sich um die Ausgestaltung andere Akteure mit möglicherweise mehr Sachverstand und Spezialwissen kümmern könnten. Anders ist es in den U.S.A., wo der Staat erst dann eingreift, wenn entweder die Wirtschaft gar nicht tätig wird oder Bestimmungen der Politik (Policies) nicht umgesetzt werden.[949] Nach australischem Vorbild, wo zwischen Politik und Wirtschaft relatives Einvernehmen herrscht,[950] ist es deshalb für Deutschland sinnvoll, kein reines, sondern ein vermittelndes oder reguliertes[951] Selbstregulierungsmodell einzuführen, das Elemente der Selbstverpflichtung der Industrie mit Anregungen durch den Gesetzgeber verbindet. In Australien basiert die Selbstregulierung nämlich auf gesetzlichen Vorgaben. In diese Richtung geht im übrigen auch die Entwicklung von internationalem Recht, zum Beispiel im Europarat, der EG und der OECD.[952]

Die Vereinbarungen können nicht für sich in Anspruch nehmen, daß sie die Marktwirtschaft verkörpern. Auch die Selbstverpflichtung, bestimmte Standards einzuhalten, widerspricht dem klassischen freien, marktwirtschaftlichen System, denn die Vereinbarungen können marktverzerrende Wirkungen haben und können auch die wirtschaftliche Dynamik bremsen.[953]

Ein System der rechtlich verbindlichen Selbstregulierung, das eine Kooperation beziehungsweise Co-Regulierung[954], zwischen Staat und Wirtschaft, im Auge hat, also eine sogenannte regulierte Selbstregulierung, besitzt viele Vorzüge aber auch Schwächen und Nachteile.

5.5.1 Vorteile

Ein wichtiger Vorteil der Selbstregulierung besteht darin, daß die von der Industrie vereinbarten Standards auch grenzübergreifende Geltung erlangen können, da Produkte von ihren Herstellern meistens baugleich in verschiedenen Ländern vertrieben werden. Gerade auch für das

---

[946] Roßnagel - *Roßnagel* 2003, 3.6 Rn 18, 49.
[947] Roßnagel - *Roßnagel* 2003, 3.6 Rn 51. Anders ist dies nur im Fall unverbindlicher Selbstverpflichtung. Eine Grundrechtsverletzung ist dann nicht ersichtlich, wenn gesellschaftliche Kräfte rechtlich unverbindliche Verhaltensregeln schaffen. Allerdings fehlt es dann an der Sicherheit, daß diese selbst verhandelten Regeln auch durchgesetzt werden. Siehe dazu Roßnagel - *Roßnagel* 2003, 3.6 Rn 39ff.
[948] Roßnagel - *Roßnagel* 2003, 3.6 Rn 18f.
[949] *Schneider* 2000, 153f., der beschreibt, daß auch in den U.S.A. mittlerweile Zweifel an dem Modell laut werden.
[950] *Schneider* 2000, 153f.
[951] *Roßnagel/ Pfitzmann/ Garska* 2001, 158ff.
[952] *Heil*, DuD 2001, 130f.
[953] *Grimm/ Roßnagel*, DuD 2000, 451.
[954] Roßnagel - *Roßnagel* 2003, 3.6 Rn 47.

Internet bietet sich die Selbstregulierung aufgrund der grenzübergreifenden Wirkung dieses Mediums an. Wenn ein Standard in mehreren Ländern gleich ist, könnte dadurch ebenfalls die Rechtssicherheit gestärkt werden. Eine Orientierung an den OECD-Richtlinien wäre in diesem Zusammenhang sinnvoll.[955]

Selbstregulierung ist gesetzlicher Regulierung nicht nur deshalb voraus, weil sie unabhängig von nationalen Grenzen Wirksamkeit entfaltet, sondern auch, weil sie schneller und flexibler als Gesetze eingeführt und verändert werden kann. Als Beispiel seien zwei Phänomene aus dem Internet genannt, die mit Hilfe von Selbstregulierungsmechanismen schneller in den Griff bekommen worden wären als durch Gesetze; Cookies und Click Stream Tracking.[956] Zusätzlich kann durch Selbstverpflichtung auch der zunehmenden staatliche Verrechtlichung[957] entgegengewirkt und der Einfluß des Staats generell verringert werden.[958]

Selbstregulierung bietet sich in Deutschland außerdem an, um eine Handhabe über nichtöffentliche Stellen zu bekommen. Die Tatsache, daß sich diese Stellen auf Grundrechte berufen können, erschwert nämlich noch einmal zusätzlich die ohnehin schwierige Kontrolle und Durchsetzung von gesetzlichen Standards. Eine Selbstverpflichtung der Industrie würde dieses Problem daher umgehen und böte den Unternehmen im Rahmen von „freiwilliger Selbstkontrolle" zusätzlich die Möglichkeit, effektiverer Datenschutzstrukturen zu schaffen.[959] Die Unternehmen selber könnten aufgrund der untereinander vereinbarten Standards im Zweifel auch besser mit diesen auskommen, als wenn sie durch staatliche Interventionen im Detail zu diesen Standards verpflichtet worden wären.

Bei dieser Betrachtung muß allerdings bedacht werden, daß Selbstregulierung nicht notwendigerweise bedeutet, daß die Durchsetzung der vereinbarten Regeln in allen Fällen verbessert oder gar garantiert wird. Aber allein der psychologische Aspekt, daß Unternehmen sich eher an selbst vereinbarte Regeln als an von oben verordnete halten, spricht dafür. Der Druck des Marktes und der Verbraucher würde außerdem für mehr Effektivität sorgen.[960] Es kann zusätzlich darüber nachgedacht werden, daß Unternehmen gegen ihre Konkurrenten, die mit nicht eingehaltenen Selbstverpflichtungen für sich werben, auf dem Klageweg wettbewerbsrechtlich vorgehen.[961] Im übrigen sind selbst in einem System der regulierten Selbstregulie-

---

[955] *Grimm/ Roßnagel*, DuD 2000, 451.
[956] *Heil*, DuD 2001, 129; *Grimm/ Roßnagel*, DuD 2000, 451.
[957] Zur Definition von Verrechtlichung nach *Hoffmann-Riem*, AöR 1998, 515 mit weiteren Nachweisen: „rechtliche Formalisierung von Lebensbereichen und in der Folge, die Möglichkeit zur rechtsförmigen Austragung von Konflikten. In einem weiteren Sinne bezeichnet es auch das quantitative Anwachsen des Gesetzesmaterials sowie seine zunehmende Regelungstiefe."
[958] Roßnagel - *Roßnagel* 2003, 3.6 Rn 56.
[959] Dazu *Tinnefeld*, NJW 2001, 3080; *Bender*, DuD 2003, 419.
[960] *Petersen* 2000, 173.
[961] So jedenfalls *Kahlert*, DuD 2003, 412ff.

rung zusätzlich auch staatliche Kontrollmaßnahmen denkbar, so daß man bei einer Kontrolle nicht notwendigerweise allein auf Unternehmen und Branchenverbände angewiesen wäre. Es kommt hinzu, daß bei der Beteiligung von Unternehmen im Rahmen der Selbstregulierung auch der besondere Sachverstand aus den Unternehmen mobilisiert werden kann, der staatlichen Stellen in der Form nicht zur Verfügung steht. Diese fachliche Nähe zu den Problemen kann durch die regulierte Selbstregulierung nahezu in idealer Weise genutzt werden.[962]

5.5.2 Nachteile und Schwierigkeiten

Nach § 38a BDSG ist Selbstregulierung schon nach heutigem Recht möglich. Die geringe Nutzung der Möglichkeit läßt allerdings Zweifel zu, ob es nicht zu viele Nachteile und Schwierigkeiten für die beteiligten Unternehmen dabei gibt.

Zu bedenken ist außerdem, daß die Selbstregulierung ein zeit- und kostenintensives Instrument der Regelbildung ist.[963] Hinzukommt, daß sich große Unternehmen in den Verhandlungen aufgrund ihrer Marktmacht meist durchsetzen. Kleinere und mittlere Unternehmen sind daher auf die Mithilfe von Verbänden bei der Vorarbeit und Entscheidung über die branchenbeziehungsweise verbandsweiten Regeln angewiesen.[964] Das ist auch notwendig, denn eine Akzeptanz kann nur dann erreicht werden, wenn alle Beteiligten mit den im Rahmen der Selbstregulierung gefundenen Standards einverstanden ist und sie anerkennen können. Dies hat den weiteren Vorteil, daß die Verbraucherinteressen bei der Selbstregulierung durch Beteiligung der Verbraucherverbände nicht zu sehr in den Hintergrund gedrängt werden. Um dies zu gewährleisten, kennen beispielsweise das niederländische, § 25 Abs. 3, und das italienische, Art. 31 Abs. 1 h, Datenschutzgesetz Vorschriften, die verlangen, daß diese in den Prozeß einbezogen werden müssen.[965]

Ein Nachteil von Selbstregulierungsmechanismen ist sicherlich auch die zunehmende Zersplitterung des Rechts. Vereinheitlichung und Allgemeinverbindlichkeit werden nicht so leicht zu erreichen sein wie durch gesetzliche Vorschriften.[966] Um dem entgegenzuwirken, könnten jedoch Rahmenbedingungen durch den Gesetzgeber festgelegt werden.[967]

Problematisch könnte es vor allem werden, Unternehmen überhaupt davon zu überzeugen, sich an diesem Prozeß zu beteiligen, miteinander Standards zur Verbesserung des Datenschutzes, insbesondere zur Einführung datenschutzfördernder Technik, zu vereinbaren. Anders als beispielsweise in den U.S.A., wo ein solches Vorgehen üblich ist, gibt es damit in Deutschland damit bisher keine praktischen Erfahrungen. Auch der seit 2001 existierende

---

[962] Roßnagel - *Roßnagel* 2003, 3.6 Rn 55.
[963] Roßnagel - *Roßnagel* 2003, 3.6 Rn 61.
[964] *Roßnagel/ Pfitzmann/ Garska* 2001, 158.
[965] *Roßnagel/ Pfitzmann/ Garska* 2001, 159.
[966] Roßnagel - *Roßnagel* 2003, 3.6 Rn 65ff.
[967] *Roßnagel/ Pfitzmann/ Garska* 2001, 158.

§ 38a BDSG hat bisher aus der Wirtschaft keine Resonanz erfahren. Die Verbände und Unternehmen sehen keinen Mehrwert darin, intern noch ein höheres Datenschutzniveau zu gewährleisten als vom Bundesdatenschutzgesetz ohnehin schon gefordert. Denn einfach das Gesetz abzuschreiben, würde das Datenschutzniveau für den einzelnen Betroffenen nicht erhöhen und kann daher auch nicht Sinn einer regulierten Selbstregulierung sein.

Unternehmen würden sich für die Idee der Selbstregulierung jedenfalls dann begeistern können, wenn sie für ihr Datenschutz-Engagement an einer anderen Stelle „datenschutzfeindlicher" handeln dürften oder aber im Gegenzug für Ihr Engagement staatliche Kontrollen reduziert würden. Weder das eine noch das andere ist im Sinne eines guten Datenschutzkonzepts. Zugeständnisse bei der Erhebung, Verarbeitung und Nutzung von Daten gehen immer auch zu Lasten der informationellen Selbstbestimmung der Bürger. Eine Reduktion der staatlichen Kontrolle ist nur dann wünschenswert, wenn die Einmischung des Staates, zum Beispiel zum Schutz anderer Grundrechte, im Fall des Presserats des Art. 5 GG, notwendig erscheint. Ein Rückzug des Staates von seiner Verantwortung zur Kontrolle, die im übrigen aufgrund der geringen Zahl von Mitarbeitern in Datenschutzbehörden ohnehin zu selten durchgeführt wird, verstößt gegen die staatliche Verpflichtung, Grunddatenschutz zu gewährleisten.[968] Es kann also nicht darum gehen, sich durch Verbesserung des Datenschutzes von der sinnvollen Kontrolle freizukaufen. Ein Unternehmen, das die Datenschutzvorschriften umsetzt, dürfte die Kontrollen ohnehin nicht mehr fürchten. Auch die Idee, daß die Vorabkontrolle für die Unternehmen entfällt, die freiwilliges Datenschutzengagement über die gesetzliche Pflicht leisten, geht in diese falsche Richtung. Eine Unterschreitung des gesetzlichen Standards kann nicht möglich sein.[969]

5.5.3 Vorschlag

Allein mit Mechanismen der Selbstregulierung können die Herausforderungen des Datenschutzes in der Bundesrepublik Deutschland nicht bewältigt werden.[970] Regulierte Selbstregulierung kann also nur „arbeitsteilig" mit anderen Mitteln, so zum Beispiel den Auditverfahren, eingesetzt werden.[971] Es gibt allerdings zwei Bereiche, in denen eine Selbstregulierung für den technischen Datenschutz einen Mehrwert darstellen könnte.

Zum einen bietet regulierte Selbstregulierung eine flankierende Hilfestellung zur innerverbandlichen Durchsetzung des geltenden Rechts und dessen technischen Vorgaben.[972] Läge die Kompetenz, die Datenschutzvorschriften zu überwachen, bei den Branchenverbänden, könnten diese jedenfalls kompetenter und durchsetzungsstärker als bisher die Aufsichtsbehörden

---

[968] *Jacob*, RDV 2002, 4, schlägt nach dem Vorbild des Presserats vor, wenigstens etwas Ähnliches für Direktmarketingagenturen und Versicherungen einzuführen.
[969] *Bizer* 2002a, 139.
[970] *Klug* 2002, 5.
[971] So im Ergebnis auch *Bizer*, DuD 2003, 394.

für deren Durchsetzung sorgen.[973] Die Forderung, Unternehmen und Verbände sollten sich verpflichten, höhere als die geltenden gesetzlichen Datenschutzstandards umzusetzen, erscheint sehr unrealistisch.[974] Ohne an einer anderen Stelle das Niveau des Datenschutzes abzusenken, gibt es keine wirtschaftlich nachvollziehbaren Beweggründe dies zu tun. In den Fälle, in denen sich Unternehmen verpflichten, bestimmten zusätzlichen Datenschutzvorschriften zu beachten, beispielsweise die Teilnehmer der Initiative D21[975] bezüglich „Qualitätskriterien für das Internet-Angebot",[976] ist der Beweggrund, sich von der Konkurrenz abzuheben. Würde eine komplette Branche höhere Standards im Datenschutz einführen, entfiele der Wettbewerbsvorteil gegenüber der nationalen Konkurrenz. Alleine die Übernahme gesellschaftlicher Verantwortung als Motor, verschärfte Datenschutzvorschriften zu beachten, wird den meisten Unternehmen nicht ausreichen, so lange der Druck der Verbraucher nicht in einem erheblichen Maße wächst.

Zum anderen ist Selbstregulierung dann für datenschutzfördernde Technik sinnvoll, wenn die vom Gesetzgeber verabschiedeten technischen Vorschriften noch der Konkretisierung bedürfen, so daß es den einzelnen Verbänden und Branchen überlassen bliebe, diese gemäß ihrer Besonderheiten und Bedürfnisse zu konkretisieren. Der Vorteil liegt hier sowohl in der fachlichen Kompetenz als auch in der inhaltlichen Nähe der Verbände und Branchen.[977] Außerdem könnten auf diesem Weg Unklarheiten und Rechtsunsicherheit beseitigt werden. Die Unternehmen unterlägen dann nämlich nicht der Auslegungsprärogative der Kontrollstellen auf Grundlage der gesetzlichen Regelungen. Unbestimmte Rechtsbegriffe, wie „angemessenes Verhältnis zum angestrebten Schutzzweck" nach § 3a BDSG oder „Erforderlichkeit" im Sinne des § 9 BDSG könnten daher branchenspezifisch konkretisiert werden.[978] Zu einer solchen Präzisierung sollte der Gesetzgeber die Verbände nicht zwingen, denn dadurch würde der Handlungsspielraum der Unternehmen einschränkt. Es wäre vielmehr wünschenswert, wenn sich die Verbände aufgrund anderer Überlegungen, seien es Anreize[979] oder der Druck der öffentlichen Meinung zu diesem Schritt durchringen, immer im Hinblick darauf, daß dadurch auch die Rechtssicherheit gestärkt wird. „Damit wird ein Spielraum für die selbstregulative Umsetzung im Lichte der Besonderheiten einzelner Sachbereiche geschaffen. Bedeutung hat dies vor allem für Wirtschafts- und Branchenverbände, aber auch für die Wissenschaft."[980] Im

---

[972] *Bizer* 2002a, 139.
[973] Bedenkenswert ist in diesem Zusammenhang allerdings, daß es in den meisten Branchen keine Mitgliedspflicht für die Verbände existiert.
[974] Ebenso *Ahrend/ Bijok/ Dieckmann u.a.*, DuD 2003, 847f.
[975] *Wolsing* 2000, 399f. und http://www.initiatived21.de.
[976] So auch *Bizer* 2002a, 139.
[977] Roßnagel - *Roßnagel* 2003, 3.6 Rn 110.
[978] Roßnagel - *Roßnagel* 2003, 3.6 Rn 115.
[979] *Karstedt-Meierrieks*, DuD 2001, 287 schlägt zum Beispiel den Wegfall von Meldepflichten vor.
[980] *Trute*, JZ 1998, 828.

Rahmen eines solchen Prozesses zur Findung branchenspezifischer Regelungen sollten auch Datenschutz- und Verbraucherverbänden beteiligt werden. Die Regelung soll dann, um das demokratische Defizit auszugleichen, wie auch von Art. 27 Abs. 2 EG DSRL gefordert, durch die zuständigen Kontrollstellen auf die Vereinbarkeit mit dem Datenschutzrecht überprüft werden,[981] was diese staatliche Datenschutzaufsicht auch stärkt.[982]

Für die Vorschrift des § 38a BDSG bedeutet dies, daß sie nicht verändert werden muß. Die Branchen, Verbände und einzelnen Unternehmen haben im Rahmen des geltenden § 38a BDSG genug Möglichkeiten, neue Wege zu gehen. In diesem Sinne fordern sowohl die OECD als auch der Europarat nicht nur vom nationalen Gesetzgeber, sondern eben auch von den Unternehmen, sich um die Selbstregulierung zu bemühen.[983] Schließlich ist es in ihrem Sinne, fachnäher Regelungen umzusetzen und weniger Staatseinfluß ausgesetzt zu sein. Selbstregulative Regelwerke können in Allgemeinen Geschäftsbedingungen als Datenschutzklauseln stehen oder Ergebnis der technischen Standardisierung, zum Beispiel des P3P Standards des *W3C Konsortiums* sein. Sie können ebenfalls durch die Selbstbindung von Mitgliedern eines Verbands oder einer Berufsvereinigung entstehen oder einfach als sogenannter Code of Conduct unternehmensintern eingeführt werden.[984] Praktische Beispiele gibt es bisher leider noch wenige.[985]

5.6 Vereinbarkeit mit Europäischem Wirtschaftsrecht

Die Vorschläge für rechtliche Maßnahmen zur Förderung datenschutzfördernder Technik, insbesondere die Ergänzung von Prüf- und Aufklärungspflichten für Hersteller und die Vorschläge zur Einführung eines Produkt- und Verfahrensaudit verstoßen nicht gegen Europäisches Wirtschaftsrecht. Das gleiche gilt für die selbstregulatorischen Ansätze, die sogar in Art. 27 EG DSRL gefordert werden und daher ebenfalls europarechtskonform sind.

Eine europarechtswidrige Diskriminierung von Unternehmen aus anderen Mitgliedstaaten ist weder durch das Audit noch durch die erweiterten Herstellerpflichten gegeben. Dies gilt solange, wie bei der konkreten Ausgestaltung für alle am Markt Beteiligten dieselben Voraussetzungen gelten.

Durch die neuen Prüf- und Aufklärungspflichten für Hersteller und die Vorschriften zum Audit werden, insbesondere auch die Warenverkehrs- beziehungsweise Dienstleistungsfreiheit, nicht verletzt. Zwar kann es sich in beiden Fällen um eine Maßnahme gleicher Wirkung wie eine Einfuhrbeschränkung nach Art. 28 EGV beziehungsweise, bei anderer Ausgestaltung, um

---

[981] *Roßnagel* 2003b, 5.
[982] Zur Zeit scheint der Gesetzgeber allerdings über eine andere Umsetzung des Selbstregulierungsgedankens nachzudenken. Statt die staatliche Datenschutzaufsicht zu stärken, soll in einem § 9 EMDSG eine private Aufsicht eingeführt werden. So jedenfalls *Roßnagel* 2003b, 5.
[983] Simitis - *Simitis* 2003, Einleitung Rn 174.
[984] *Bizer*, DuD 2001, 168.
[985] Siehe dazu auch in *Abel*, RDV 2003, 11ff.

eine Beschränkung des freien Dienstleistungsverkehrs handeln, die jeweils geeignet ist, den innergemeinschaftlichen Handel zumindest mittelbar zu behindern.[986] Jedoch wäre eine solche Maßnahme im Sinne des Allgemeinwohls und des Verbraucherschutzes, unter den der Datenschutz aufgrund von Art. 286 Abs. 1 EGV fällt,[987] hinzunehmen.[988]

Das Datenschutzaudit stellt auch keine staatliche Beihilfe im Sinne des Art. 87ff. EGV dar, da einem Unternehmen durch die Erlangung eines Gütesiegels im Rahmen des Produktaudits beziehungsweise eines Zertifikats im Rahmen des Verfahrensaudits keine Vorteile gewährt werden, die das Unternehmen ohne eine offensichtliche Gegenleistung erhält. Es handelt sich also um keine Verfälschung im Sinne des EG-Vertrags.[989] Zum einen hat jedes Unternehmen das Recht, sich an einem Auditverfahren zu beteiligen und somit von den Vorteilen der Zertifizierung zu profitieren. Zum anderen wird für die Vorteilsgewährung eine Gegenleistung geboten, die in dem Bemühen um einen hohen Datenschutzstandard liegt.[990]

Der Staat darf in seiner Funktion als Marktteilnehmer ebensowenig wie jedes andere Unternehmen eine marktbeherrschende Stellung im Sinne des Art. 83 EGV einnehmen.[991] Dies könnte insofern problematisch sein, als daß vorgeschlagen wird, im Rahmen des Beschaffungswesens, Produkte von Unternehmen mit Datenschutzzertifikat beziehungsweise Produkte mit Datenschutz-Gütesiegel bevorzugt zu erwerben.[992]

Dieser Sachverhalt ist vor allem unter vergaberechtlichen Gesichtspunkten zu untersuchen. Fraglich ist dabei, ob die Verwaltung Datenschutzprodukte von zertifizierten Unternehmen und Produkte mit Datenschutz-Gütesiegel aufgrund ihrer Zertifizierung bevorzugt erwerben darf. Obwohl grundsätzlich allein die Wirtschaftlichkeit den Maßstab für die Vergabe eines öffentlichen Auftrags bildet,[993] stellt die Datenschutz-Zertifizierung kein vergabefremdes Kriterium dar. Neben der Wirtschaftlichkeit nämlich, die im übrigen auch bei der Vergabe von Aufträgen an Unternehmen mit Zertifizierung eine mitentscheidende Rolle spielt, sind bei der Vergabeentscheidung auch „Konsumentenschutzaspekte" berücksichtigenswert.[994] Unter diese Konsumentenschutzaspekte fällt auch der Datenschutz.[995]

---

[986] *EuGHE* 1974, 873ff., Rn 5 - „Dassonville".
[987] Callies/ Ruffert - *Kingreen* 2002, Art. 286 Rn 1ff.
[988] Dazu *EuGHE* 1979, 649, Rn 8, 14 - „Cassis de Dijon".
[989] Siehe dazu die Kommentierung in Callies/ Ruffert - *Cremer* 2002, Art. 87 Rn 1ff., 18ff.
[990] So auch *Petri*, DuD 2001, 152.
[991] Dies entspricht dem funktionalen Unternehmensbegriff im Europäischen Wettbewerbsrecht, *Petri*, DuD 2001, 151.
[992] Siehe dazu in Kapitel 5.4.2.3.
[993] *Petri*, DuD 2001, 151.
[994] *Grünbuch der Kommission: Das öffentliche Auftragswesen in der Europäischen Union*, BR-Drs 296/98, 29. *Petri*, DuD 2001, 252, zitiert in diesem Zusammenhang auch den *EuGH*.
[995] Siehe dazu auch *Petri*, DuD 2001, 252.

5.7 Zukünftige rechtliche Förderung am Beispiel des Privacy Filters

5.7.1 Rechtliche Förderung durch gesetzliche Forderung bestimmter vor allem technischer Maßnahmen

Würde § 3a BDSG verschärft, könnten sich Videoüberwachungssysteme mit integriertem Privacy Filter gegenüber Konkurrenzprodukte besser durchsetzen als bisher. Denn einige Unternehmen, die Produkte auf dem Markt der Videoüberwachung anbieten, ohne den Grundsatz der Datenvermeidung und Datensparsamkeit zu beachten, könnten sich gezwungen sehen, die Technik des Privacy Filters in ihre Produkte zu installieren, um Bußgeldbescheide zu vermeiden. Die Tatsache, daß Unternehmen von den datenverarbeitenden Stellen über die Möglichkeit informiert werden müssen, daß Videoaufzeichnungen auch pseudonymisiert erfolgen können, nämlich mit Hilfe des Privacy Filters, trägt auch zu dessen Verbreitung bei.

Auch durch eine Modernisierung des § 9 BDSG und durch die Notwendigkeit, Datenschutzmaßnahmen an den Schutzzielen der Vertraulichkeit, Integrität, Authenzität, Transparenz, Verfügbarkeit und Revisionsfähigkeit auszurichten, kann sich das System des Privacy Filters gegenüber Konkurrenzprodukten positiv abheben. Denn beim Privacy Filter wird darauf Wert gelegt, daß die Daten gerade nicht in falsche Hände geraten, womit die Vertraulichkeit gewährleistet ist. Der Privacy Filter arbeitet auch integer und authentisch, da außer der beabsichtigten und offensichtlichen Verschleierung der Gesichter, keine Daten verfälscht werden und auch keine Zweifel bestehen, daß die Daten vom rechtmäßigen Urheber stammen. Transparent ist das System auch, da über Protokollierungsmöglichkeiten sichergestellt werden kann, wer welche Daten dekodiert und wann welche Daten gelöscht beziehungsweise gespeichert werden. Hinweise auf die Videoüberwachung sind ohnehin nach § 6b Abs. 2 BDSG erforderlich. Da es beim Privacy Filter keine Verzögerungen gibt, sondern die aufgenommenen Daten in den denkbaren Anwendungsfällen zeitnah, beispielsweise auf Bildschirmen, zu beobachten sind, gibt es auch keine Schwierigkeiten mit dem Schutzziel der Verfügbarkeit. Durch die möglichen Einstellungen im System, wer wann welche personenbezogenen Daten in welcher Weise verarbeitet hat, ist auch den Bedingungen an die Revisionsfähigkeit genüge getan.

Eine Konkretisierung bestimmter technischer Anforderungen in Technischen Anweisungen würde im Zweifel ebenfalls zugunsten des Systems des Privacy Filters ausfallen. Genauso verhielte es sich voraussichtlich bei der Verabschiedung eines Anforderungskatalogs nach dem Vorbild des § 87 TKG.

Wenn der Hersteller des Privacy Filters in Zukunft über seine Produkte unter Datenschutzgesichtspunkten informieren müßte, hätte dies ebenfalls für den Privacy Filter Vorteile. Es wäre dem Hersteller dann im Rahmen der Produktdokumentation möglich, die Vorteile des Produkts herauszustellen, insbesondere bezüglich dessen Eigenschaft als datenschutzfördernde Technik. Denn im Gegensatz zu Konkurrenzprodukten gibt es beim Einsatz vom Privacy Filter weniger Risiken für das Recht auf informationelle Selbstbestimmung.

Auch die neu in das BDSG einzuführenden Prüfpflichten für die Hersteller bedeuteten für den Privacy Filter, im Zweifel anders als für die Konkurrenz, keine Schwierigkeit. Unabhängig vom konkreten Inhalt des Prüfkatalogs profitiert der Privacy Filter von seiner Eigenschaft als datenschutzfördernde Technik.

Aufgrund seiner Eigenschaft als datenschutzfördernden Technik würde der Privacy Filter auch von erleichterten Schadensersatzvorschriften profitieren, die eher die Konkurrenzprodukte treffen könnten.

5.7.2 Rechtliche Förderung durch Schaffung von Anreizsystemen

Im Rahmen eines Produktauditverfahrens könnte der Privacy Filter ein Gütesiegel erhalten, mit dem es für sich werben könnte. Ein Verfahrensaudit für die Herstellerfirma des Privacy Filters wäre eine zusätzliche Möglichkeit, für sich und auch seine Produkte öffentlichkeitswirksam zu werben. Falls der Privacy Filter ein Produktgütesiegel erhält, wären nach einem erneuerten BDSG öffentliche Stellen außerdem verpflichtet, den Privacy Filter gegenüber nicht auditierten Produkten bevorzugt zu erwerben, wenn die Vergleichbarkeit bezüglich Qualität und Preis gegeben ist.

5.7.3 Rechtliche Förderung durch regulierte Selbstregulierung

Das Herstellerunternehmen des Privacy Filters könnte im Rahmen der Selbstregulierung im Branchenverband darauf hinwirken, daß bestimmte Standards, die das Produkt des Privacy Filters schon erfüllt, für alle Produkte dieser Art verpflichtend würden. Bestünde die Notwendigkeit, bestimmte Vorschriften im Rahmen des Branchenverbands mit Inhalt zu füllen, könnte sich das Unternehmen dann ebenfalls im Sinne der Technik des Privacy Filters engagieren. Innerverbandlich könnte sich das Unternehmen außerdem für Konsequenzen gegen die Unternehmen bemühen, die die besprochenen Standards nicht erfüllen.

6 Vision datenschutzfördernder Technik

Technische Maßnahmen stellen einen Lösungsweg dar, den neuen, durch die Informations- und Kommunikationsgesellschaft entstandenen, technischen Gefahren wirksam zu begegnen. Statt vor der Technik davonzulaufen, muß folglich die mit rechtlichen Mitteln geformte Technik eingesetzt werden, um gegen die Technik zu bestehen.

Mit Hilfe von datenschutzfördernder Technik kann Selbstdatenschutz, Grunddatenschutz und Datentransparenz unterstützt und damit das Recht auf informationelle Selbstbestimmung geschützt werden. Um diesen Schutz zu verbessern, ist es im Umkehrschluß notwendig, datenschutzfördernde Technik zu fördern. Dies kann effektiv auch mit rechtlichen Mitteln geschehen. Dabei darf nicht vergessen werden, daß nicht nur die Technik rechtlich gefördert werden muß, sondern ein weiterer Schwerpunkt auf der Förderung der technischen Entwicklung datenschutzfördernder Technik liegen muß.[996]

Datenschutzfördernde Technik soll dabei nicht nur die Macht der Technik einschränken, sondern gleichzeitig auch den staatlichen Einfluß, zum Beispiel durch die Nutzung von Selbstdatenschutzmöglichkeiten, verringern. Selbstdatenschutz darf aber nicht durch Gesetze erzwungen werden, sondern muß langsam wachsen. Aufgabe des Gesetzgebers kann es daher nur sein, über Datenschutzfragen und -risiken besser aufzuklären, um die Bürger dazu zu bewegen, sich eigenverantwortlich zu schützen. Die Verringerung staatlichen Einflusses bedeutet allerdings nicht, daß sich der Staat komplett von der Aufgabe zurückziehen darf, das Recht auf informationelle Selbstbestimmung zu schützen. In den Fällen nämlich, in denen die Bürger sich selber nicht mehr schützen können und dennoch schutzbedürftig sind, ist der Staat gefragt, Grunddatenschutz zu gewährleisten. Genauso wie ein Bürger auf bestimmte Grundrechte nicht verzichten darf, darf er auch nicht sein Recht auf informationelle Selbstbestimmung aufgeben.

Damit datenschutzfördernde Technik Zukunft hat, muß sich die Wahrnehmung der Bürger verändern. Nur wenn Datenschutz mehr Wertschätzung erfährt, sind Gesetze, die datenschutzfördernde Technik fördern, denkbar und sinnvoll. Ähnlich wie im Umweltrecht muß sich der Gedanke des Schutzes der informationellen Selbstbestimmung erst in den Köpfen der Bürger festsetzen. Es ist dafür besonders wichtig, daß der Begriff der datenschutzfördernde Technik positiv belegt ist.

Die Gefahren, die im neuen Informations- und Kommunikationszeitalter dadurch entstehen können, daß personenbezogene Daten in falsche Hände geraten beziehungsweise, daß man als Person die direkte Kontrolle über seine Daten verliert, ist von den meisten Menschen bisher noch nicht erkannt worden. Das mangelnde Problembewußtsein stellt daher auch die größte Schwierigkeit bei der Förderung datenschutzfördernder Technik dar, die wie oben dargestellt,

---

[996] Ähnlich auch *Weichert* 2000a, 184.

sinnvoll ist. Erst wenn über Vor- und Nachteile der die informationelle Selbstbestimmung angreifenden und der sie schützenden Technik in ausreichendem Maß aufgeklärt wurde, werden sich die meisten Bürger mit der Thematik erst auseinandersetzen. Damit es zu diesem Zeitpunkt nicht schon für viele zu spät ist, weil ihre informationelle Selbstbestimmung schon gelitten hat, sollten die Grundlagen für eine solche Auseinandersetzung schon in der nächsten Zeit gelegt werden.[997] Parallel dazu sollten Nutzer auf Rechte und Pflichten, sowie auf Gefahren immer wieder hingewiesen werden, sowohl vom Staat durch Bildungseinrichtungen oder die Datenschutzbeauftragten als auch von den Herstellern und datenverarbeitenden Stellen. Auch die Medien könnten sich an einer Aufklärungskampagne stärker als bisher beteiligen.[998] Der Gedanke der Datentransparenz darf nicht unterschätzt werden.

Die Maßnahmen der Aufklärung über das Recht auf informationelle Selbstbestimmung und die damit verbundenen Gefahren schafft gleichzeitig Vertrauen in die Systeme, die datenschutzfördernd funktionieren. Durch die Förderung des Vertrauens kann nämlich erreicht werden, daß die Rechtssicherheit erhöht wird. Dies kann durch den Einsatz von digitalen Signaturen, die zur Rechtssicherheit durch Identifikationsmöglichkeit beitragen, durch die Nutzung von Pseudonymen, die auch die Rechtssicherheit erhöhen und durch Verschlüsselung, die es erlaubt, Nachrichten in vertraulicher Form zu versenden, erreicht werden.[999]

Diese Maßnahmen führen zu mehr Schutz des Individuums und des Gesamtsystems. Erst wenn die Betroffenen über das Recht auf informationelle Selbstbestimmung und die damit verbundenen Gefahren aufgeklärt sind und damit das Problembewußtsein gewachsen ist, kann Datenschutz auch zum Wettbewerbsvorteil werden. Datenschutz ist somit „Akzeptanzvoraussetzung der Informationsgesellschaft".[1000]

---

[997] *Wolsing* 2000, 393.
[998] *Weichert* 1998, 213ff; siehe auch Roßnagel - *Roßnagel* 2003, 3.4 Rn 86.
[999] *Büllesbach/ Garska* 1997, 393.
[1000] *Roßnagel*, NVwZ 1998, 4.

Literaturverzeichnis

52. Konferenz der Datenschutzbeauftragten des Bundes und der Länder vom 22./23. Oktober 1996, DuD 1996, 756.

59. Konferenz der Datenschutzbeauftragten des Bundes und der Länder vom 14./ 15. März 2000, DuD 2000, 304.

Abel, H. G., Praxiskommentar zum Bundesdatenschutzgesetz, Kissing 2002.

Abel, R., Umsetzung der Selbstregulierung im Datenschutz: Probleme und Lösungen, RDV 2003, 11.

Ahrend, V./ Bijok, B.-C./ Diekmann, U. u.a., Modernisierung des Datenschutzes?, DuD 2003, 433.

Arbeitsgruppe „Datenschutz in der Telekommunikation" des Arbeitskreis technische und organisatorische Datenschutzfragen der Datenschutzbeauftragten des Bundes und der Länder, Datenschutzfreundliche Technologien in der Telekommunikation, 1997.

Arbeitsgruppe „Datenschutzfreundliche Technologien" des Arbeitskreis technische und organisatorische Datenschutzfragen der Datenschutzbeauftragten des Bundes und der Länder, Datenschutzfreundliche Technologien, 1997; http://www.datenschutz-berlin.de/to/datenfr.htm

Arbeitskreis „Datenschutzbeauftragte" im Verband der Metallindustrie Baden Württemberg (VMI), Datenschutz-Audit, DuD 1999, 281.

Arbeitskreis Technik der Konferenz der Datenschutzbeauftragten des Bundes und der Länder, Datenschutzfreundliche Technologien, DuD 1997, 709.

Artikel 29 Datenschutzgruppe, EU Dokument 11750/02/DE WP 67, http://europa.eu.int /comm/internal_market/privacy/workinggroup_en.htm.

Auernhammer, H., Bundesdatenschutzgesetz, Kommentar, 3. Auflage, Köln 1993.

Avenarius, H., Recht von A - Z, Freiburg 1990.

Bäumler, H., Datenschutz bei der Polizei, in: Roßnagel, A. (Hrsg.), Handbuch Datenschutzrecht, München 2003, 1447.

Bäumler, H., „Der neue Datenschutz", RDV 1999, 5.

Bäumler, H., Datenschutzgesetze der dritten Generation, in: ders./ von Mutius, A. (Hrsg.), Datenschutzgesetze der dritten Generation, Neuwied 1999a, 1.

Bäumler, H., Der Konkurrenz einen Schritt voraus, in: ders./ von Mutius, A. (Hrsg.), Datenschutz als Wettbewerbsvorteil, Braunschweig 2002a, 1.

Bäumler, H., Der neue Datenschutz, in: ders. (Hrsg.), Der neue Datenschutz, Datenschutz in der Informationsgesellschaft von morgen, Neuwied 1998, 1.

Bäumler, H., Ein Gütesiegel auf den Datenschutz, DuD 2004, 80.

Bäumler, H., Marktwirtschaftlicher Datenschutz, in: Freundesgabe Büllesbach, Stuttgart 2002b, 105.

Bäumler, H., Marktwirtschaftlicher Datenschutz, DuD 2002, 325.

Bäumler, H., Probleme der Videoaufzeichnung und -überwachung aus datenschutzrechtlicher Sicht. Vortrag auf dem 8. Wiesbadener Forum Datenschutz am 19. November 1999 in Wiesbaden 1999b, auch unter http://www.datenschutzzentrum.de/material/themen/ video/video.htm.

Bäumler, H., Wie geht es weiter mit dem Datenschutz?, DuD 1997, 446.

Beckmann, M., Produktverantwortung, Grundsätze und zulässige Reichweite, UPR 1996, 41.

Benda, E., Das Recht auf informationelle Selbstbestimmung und die Rechtsprechung des Bundesverfassungsgerichts zum Datenschutz, DuD 1984, 86.

Benda, E., Privatsphäre und „Persönlichkeitsprofil" Ein Beitrag zur Datenschutzdiskussion, in: Leibholz, G. u.a. (Hrsg.), Festschrift für Willi Geiger zum 65. Geburtstag, Menschenwürde und freiheitliche Rechtsordnung, Tübingen 1974, 23.

Benda, E., Handbuch des Verfassungsrechts der Bundesrepublik Deutschland, Benda, E. (Hrsg.), Berlin 1994.

Bender, R., Datenschutz in den elektronischen Medien - Strukturüberlegungen zur Neuordnung, DuD 2003, 417.

Berg, W., Wettlauf zwischen Recht und Technik – Am Beispiel neuer Regelungsversuche im Bereich der Informationstechnologie, JZ 1985, 401.

Bergmann, L./Möhrle, R./Herb, A., Kommentar Bundesdatenschutzgesetz, Stuttgart 1977, Stand 2003.

Berliner Beauftragter für Datenschutz und Informationsfreiheit, Neuregelungen im Bundesdatenschutz, Berlin 2001.

Beuthien, V., Was ist vermögenswert, die Persönlichkeit oder ihr Image? Begriffliche Unstimmigkeiten in den Marlene-Dietrich-Urteilen, NJW 2003, 1220.

Biesemeier, R., Biometrie und Datenschutz - Sicherheit auf Kosten der Privatsphäre, DSB 9/2002, 5.

Bizer, J., Datenschutz durch Technikgestaltung, in: Bäumler, H. (Hrsg.), Datenschutz der Dritten Generation, Neuwied 1999, 28.

Bizer, J., Datenschutz verkauft sich - wirklich, DuD 2001, 250.

Bizer, J., Datenschutzrechtliche Informationspflichten - ein Beitrag für marktwirtschaftlichen Datenschutz, in: Bäumler, H./ von Mutius, A. (Hrsg.), Datenschutz als Wettbewerbsvorteil, Braunschweig 2002a, 125.

Bizer, J., Die Codierung des Datenschutzes, in: Freundesgabe Büllesbach, Stuttgart 2002b, 193.

Bizer, J., Forschungsfreiheit und informationelle Selbstbestimmung, Baden-Baden 1992.

Bizer, J., Mut zur Selbstregulierung, DuD 2003, 394.

Bizer, J., Politik der Inneren Sicherheit, Bundespolitische Wirklichkeit und Perspektiven, DuD 2002, 741.

Bizer, J., Selbstregulierung des Datenschutzes, DuD 2001, 168.

Bizer, J., Technik oder Recht - Neue Steuerungsinstrumente im Datenschutz, 1998a, http://www.nordrhein-westfalen.datenschutz.de/pressestelle/presse_7_4_1_9.html.

Bizer, J., Technikfolgenabschätzung und Technikgestaltung im Datenschutzrecht, in: Bäumler, H. (Hrsg.), Der neue Datenschutz, Datenschutz in der Informationsgesellschaft von morgen, Neuwied 1998b, 45.

Bizer, J., Web-Cookies - datenschutzrechtlich, DuD 1998, 277.

Bizer, J., Ziele und Elemente der Modernisierung des Datenschutzrechts, DuD 2001, 274.

Bizer, J./ Fox, D., Regulierung – Selbstregulierung, DuD 1997, 9.

Bizer, J./ Grimm, R., Electronic Commerce - Anbieterkennzeichnung - Datenschutz. Rechtliche Anforderungen und informationstechnische Lösungen. Gutachten für die Arbeitsgemeinschaft der Verbraucherverbände, Bonn 1999.

Bizer, J./ Petri, T. B., Kompetenzrechtliche Fragen des Datenschutz-Audits, DuD 2001, 97.

Borking, J. J., 2008 - Ende der Privatheit, in: Bäumler, H. (Hrsg.), Der neue Datenschutz, Datenschutz in der Informationsgesellschaft von morgen, Neuwied 1998, 283.

Borking, J. J., Der Identity Protector, DuD 1996, 654, auch unter http://www.datenschutz zenrum.de/somak/somak96/sa96bork.htm.

Borking, J. J., Einsatz datenschutzfreundlicher Technologien in der Praxis, DuD 1998, 636.

Borking, J. J., On PET and other privacy supporting technologies, 2001, http://www.daten schutz.de/files/what_is_pet.htm.

Borking, J. J., Privacy Enhancing Technologies (PET), Darf es ein Bitchen weniger sein?, DuD 2001, 607.

Borking, J. J., Privacy Incorporated Software Agent (PISA), DuD 2001, 411.

Borking, J. J./ Raab, C. D., Laws, PETs and other Technologies for Privacy Protection, Journal of Information, Law & Technology (JILT) Issue 1, 2001, http://elj.warwick.ac.uk/jilt/01-1/borking.html.

Brönneke, T./ Bobrowski, M., Datenschutz als Kernanliegen des Vebraucherschutzes im E-Commerce, in: Bäumler, H. (Hrsg.), E-Privacy - Datenschutz im Internet, Braunschweig 2000, 141.

Brühann, U., Europarechtliche Grundlagen, in: Roßnagel, A. (Hrsg.), Handbuch Datenschutzrecht, München, 2003, 131.

Büllesbach, A., Datenschutz und Datensicherheit als Qualitäts- und Wettbewerbsfaktor, RDV 1997, 239.

Büllesbach, A., Datenschutz in einem globalen Unternehmen, RDV 2000, 1.

Büllesbach, A., Innovation und technikgestaltender Datenschutz – gesellschaftliche und wirtschaftliche Anforderungen, in: ders. (Hrsg.), Datenverkehr ohne Datenschutz? – Eine globale Herausforderung, Köln 1999, 1.

Büllesbach, A., Premium Privacy, in: Bäumler, H./ von Mutius, A. (Hrsg.), Datenschutz als Wettbewerbsvorteil, Braunschweig 2002, 45.

Büllesbach, A./ Garstka, H., Systemdatenschutz und persönliche Verantwortung, in: Müller, G. (Hrsg.), Mehrseitige Sicherheit in der Kommunikationstechnik, Bonn 1997, 383.

Büllesfeld, D., Polizeiliche Videoüberwachung öffentlicher Straßen und Plätze zur Kriminalitätsvorsorge, Stuttgart 2002.

Büttgen, P., Keine Speicherung von Kundendaten bei „Prepaid-Handys", DuD 2004, 68.

Bull, H. P., Datenschutz oder die Angst vor dem Computer, München 1984.

Bull, H. P., Mehr Datenschutz durch weniger Verrechtlichung - zur Überarbeitung von Form und Inhalt der Datenschutzvorschriften, Bäumler, H. (Hrsg.), in: Der neue Datenschutz, Datenschutz in der Informationsgesellschaft von morgen, Neuwied 1998, 25.

Bull, H. P., Neue Konzepte, neue Instrumente?, ZRP 1998, 310.

Bundesbeauftragter für den Datenschutz, 18. Tätigkeitsbericht 1999/ 2000, Bonn 2001, siehe auch *BT-Drs* 14/5555.

Bundesbeauftragter für den Datenschutz, 19. Tätigkeitsbericht 2001/ 2002, Bonn 2003.

Bundesministerium für Umwelt, Naturschutz und Reaktorsicherheit, Umweltgesetzbuch (UGB-KomE), Entwurf der Unabhängigen Sachverständigenkommission zum Umweltgesetzbuch beim Bundesministerium für Umwelt, Naturschutz und Reaktorsicherheit, Berlin 1998.

Bundesverband der Datenschutzbeauftragten Deutschlands e. V., Wesentliche Inhalte eines Gesetzes über das Datenschutzaudit nach § 9a BDSG, DuD 2003, 700.

Burkert, H., Internationale Grundlagen, in: Roßnagel, A. (Hrsg.), Handbuch Datenschutzrecht, München 2003, 85.

Burkert, H., Privacy-Enhancing Technologies: Typology, Critique, Vision, in: Agre, P. E./ Rotenberg, M. (Eds.), Technology and Privacy: The New Landscape, Cambridge 1997, 125.

Callies, C./ Ruffert, M., Kommentar zu EU-Vertrag und EG-Vertrag, 2. Auflage, Neuwied 2002.

Carblanc, A., Building bridges between different approaches of privacy, in: Freundesgabe Büllesbach, Stuttgart 2002, 311.

Center for Democracy and Technology, Privacy Enhancing Technologies, http://www.cdt.org/privacy/pet/.

Chaum, D., Untraceable Electronic Mail, Return Addresses, and Digital Pseudonyms, CACM 2/1981.

Christians, D., Die Novellierung des Datenschutzgesetzes - Statusbericht, Frechen, 2000 1.

Clarke, R., Privacy-Enhancing and Privacy-Sympathetic Technologies: Resources, 2001, http://www.anu.edu.au/people/Roger.Clarke/DV/PEPST.html.

Clarke, R., Identified, Anonymous and Pseudonymous Transactions: The Spectrum of Choice, Version vom 30.4.1999, User Identification & Privacy Protection Conference, Stockholm, 14.-15.6.1999, http://www.anu.edu.au/people/Roger.Clarke/DV/UIPP99.html.

Clarke, R., The legal context of privacy-enhancing and privacy-sympathetic technologies, http://www.anu.edu.au/people/Roger.Clarke/DV/Florham.html.

Cohen, J., Privacy, Ideology, and Technology: A Response to Jeffrey Rosen, The Georgetown Law Journal, 2001 Vol 89: 2029, http://www.law.georgetown.edu/faculty/jec/privacyideology.pdf.

Cranor, L. F., Privacy Tools, in: Bäumler, H. (Hrsg.), E-Privacy - Datenschutz im Internet, Braunschweig. 2000, 107.

Däubler, W., Gläserne Belegschaften, Datenschutz für Arbeiter, Angestellte und Beamte, 2. Auflage, Köln 1990.

Dammann, U./ Simitis, S., EG-Datenschutzrichtlinie, Kommentar, Baden-Baden 1997.

Danz, U./ Federrath, H./ Köhntopp, M./ Kritzenberger, H./ Ruhl, U., Anonymer und unbeobachteter Webzugriff für die Praxis, in: BSI (Hrsg.), IT-Sicherheit ohne Grenzen, Tagungsband des 6. Deutschen IT - Sicherheitskongresses des BSI 1999, Ingelheim 1999, 59, auch unter http://www.semper.org/sirene/publ/DFKK_99BSI.pdf.

DeCew, J. W., In Pursuit of Privacy: Law, Ethics, and the Rise of Happiness, London 1997.

Demuth, T./ Rieke, A., Anonym im World Wide Web? JANUS - Schutz von Inhalteanbietern im WWW, DuD 1998, 623.

Demuth, T./ Rieke, A., Der Rewebber - Anonymität im World Wide Web, in: Sokol, B. (Hrsg.), Datenschutz und Anonymität, Düsseldorf 2000, 38.

Denninger, E./ Hoffmann-Riem, W./ Schneider, H.-P./ Stein, E. (Hrsg.), Kommentar zum Grundgesetz für die Bundesrepublik Deutschland, 3. Auflage, Neuwied 2001, Stand 2002., (zitiert: AK-GG).

Diek, A., Gütesiegel nach dem schleswig-holsteinischen Landesdatenschutzgesetz, in: Bäumler, H./ von Mutius, A. (Hrsg.), Datenschutz als Wettbewerbsvorteil, Braunschweig 2002, 157.

Dix, A., Konzepte des Systemdatenschutzes, in: Roßnagel, A. (Hrsg.), Handbuch Datenschutzrecht, München 2003, 363.

Dolderer, M., Verfassungsfragen der „Sicherheit durch Null-Toleranz", NVwZ 2001, 130.

Duhr, E./ Naujok, H./Peter, M./ Seiffert, E., Neues Datenschutzrecht für die Wirtschaft, DuD 2002, 5.

Dutch Data Protection Authority, Audit Approach, http://www.cbpweb.nl/en/structuur /en_pag_audit.htm.

Ellger, R., Konvergenz oder Konflikt bei der Harmonisierung des Datenschutzes in Europa?, CR 1994, 558.

Enzmann, M./ Scholz, P., Technisch-organisatorische Gestaltungsmöglichkeiten, in: Roßnagel, A. (Hrsg.), Datenschutz beim Online-Einkauf, Braunschweig 2002, 73.

Enzmann, M./ Schulze, G., Ergänzende Datenschutzansätze, in: Roßnagel, A. (Hrsg.), Datenschutz beim Online-Einkauf, Braunschweig 2002, 195.

Ernestus, W., Bedarf die Anlage zu § 9 BDSG einer Modernisierung, RDV 2000, 146.

Ernestus, W., Datenschutzfreundliche Technologien, in: BSI (Hrsg.), IT-Sicherheit ohne Grenzen, Tagungsband des 6. Deutschen IT-Sicherheitskongresses des BSI 1999, Ingelheim, 1999, 151.

Ernestus, W., Konzept der Datensicherung, in: Roßnagel, A. (Hrsg.), Handbuch Datenschutzrecht, München 2003, 269.

Ernestus, W., „... da waren's nur noch 8!", RDV 2002, 22.

Erichsen, H.-U./ Badura, P., Allgemeines Verwaltungsrecht, 11. Auflage, Berlin 1998.

Evers, H., Privatsphäre und Ämter für Verfassungsschutz, Berlin 1960.

Federrath, H., http://page.inf.fu-berlin.de/~feder/security/1EinfSi.pdf.

Federrath, H./ Berthold, O., Identitätsmanagement, in: Bäumler, H. (Hrsg.), E-Privacy - Datenschutz im Internet, Braunschweig 2000, 189.

Federrath, H./ Jerichow, A./ Kesdogan, D./ Pfitzmann, A./ Spaniol, O., Mobilkommunikation ohne Bewegungsprofile, http://www.tor.at/resources/privacy_cryptography_intel ligence_paranoia/www.inf.fu-berlin.de/%257Efeder/publ/1996/FJKP_96itti.pdf.

Federrath, H./ Pfitzmann, A., Bausteine zur Realisierung mehrseitiger Sicherheit, in: Müller, G./ Pfitzmann, A. (Hrsg.), Mehrseitige Sicherheit in der Kommunikationstechnik, Bonn 1997, 81.

Federrath, H./ Pfitzmann, A., Die Rolle der Datenschutzbeauftragten bei der Aushandlung von mehrseitiger Sicherheit, in: Bäumler, H. (Hrsg.), Der neue Datenschutz, Datenschutz in der Informationsgesellschaft von morgen, Neuwied 1998, 166.

Federrath, H./ Pfitzmann, A., Neues Datenschutzrecht und die Technik, in: Kubicek, H. u. a. (Hrsg.), Internet@Future, Jahrbuch Telekommunikation und Gesellschaft, Heidelberg 2001, 252.

Federrath, H./ Pfitzmann, A., Stand der Sicherheitstechnik, in: Kubicek, H. u. a. (Hrsg.), Multimedia@Verwaltung, Jahrbuch Telekommunikation und Gesellschaft, Heidelberg 1999, 124.

Federrath, H./ Pfitzmann, A., Technische Grundlagen, in: Roßnagel, A. (Hrsg.), Handbuch Datenschutzrecht, München 2003, 61.

Fischer-Hübner, S., IT-Security and Privacy, in: LNCS 1958, Berlin 2001, 107.

Fox, D., Der IMSI-Catcher, DuD 2002, 212.

Fox, D., Technische Systeme zur Gewährung des Jugendschutz im Internet, in: Roßnagel, A. (Hrsg.), Allianz von Medienrecht und Informationstechnik, Baden-Baden 2001, 79.

France, E., Using Design to Deliver Privacy, in: One World, One Privacy, Towards an electronic citizenship, Venice 2000, 215.

Fuhrmann, H., Vertrauen in Electronic Commerce, Baden-Baden 2001.

Garstka, H., Empfiehlt es sich, Notwendigkeit und Grenzen des Schutzes personenbezogener – auch grenzüberschreitender – Informationen neu zu bestimmen?, DVBl 1998, 981.

Garstka, H., Synchronisation der Arbeit der Datenschutzbeauftragten und der Aufsichtsbehörde, in: Bäumler, H. (Hrsg.), Der neue Datenschutz, Datenschutz in der Informationsgesellschaft von morgen, Neuwied 1998, 159.

Gehring, R./ Ishii, K., Lutterbeck, B./ Wettmann, H., Privacy Enhancing Technologies, http://ig.cs.tu-berlin.de/w99.irl/ref2/pet/ (Juli 1999).

Gerhold, D./ Heil, H., Das neue Bundesdatenschutzgesetz 2001, DuD 2001, 377.

Gesellschaft für Datenschutz und Datensicherung, Stellungnahme zur Aufnahme eines Datenschutz-Audits in das allgemeine Datenschutzrecht, RDV 1999, 188.

von Goethe, J. W., Dichtung und Wahrheit, dtv Band 23, München 1962.

Gola, P., Die Entwicklung des Datenschutzrechts im Jahre 1981, NJW 1982, 1498.

Gola, P., Die Entwicklung des Datenschutzrechts im Jahre 1983, NJW 1984, 1155.

Gola, P., Die Entwicklung des Datenschutzrechts im Jahre 1984, NJW 1985, 1196.

Gola, P., Die Entwicklung des Datenschutzrechts im Jahre 1985, NJW 1986, 1913.

Gola, P., Die Entwicklung des Datenschutzrechts im Jahre 1995/96, NJW 1996, 3312.

Gola, P., Die Entwicklung des Datenschutzrechts im Jahre 1998/99, NJW 1999, 3753.

Gola, P., Die Entwicklung des Datenschutzrechts im Jahre 1999/2000, NJW 2000, 3749.

Gola, P., Zwei Jahre neues Bundesdatenschutzgesetz - Zur Entwicklung des Datenschutzrechts seit 1991, NJW 1993, 3109.

Gola, P./ Klug, C., Die Entwicklung des Datenschutzrechts im Jahre 2000/2001, NJW 2001, 3747.

Gola, P./ Schomerus, R., Bundesdatenschutzgesetz, 7. Auflage, München 2002.

Golembiewski, C., Das Datenschutzaudit in Schleswig-Holstein, in: Bäumler, H./ von Mutius, A. (Hrsg.), Datenschutz als Wettbewerbsvorteil, Braunschweig 2002, 107.

Gounalakis, G./ Rhode, L., Persönlichkeitsschutz im Internet, München 2002.

Gras, M., Kriminalprävention durch Videoüberwachung, Gegenwart in Großbritannien - Zukunft in Deutschland?, Baden-Baden 2003.

Greß, S., Datenschutzprojekt P3P, DuD 2001, 144.

Gridl, R., Datenschutz in globalen Telekommunikationssystemen: Eine völker- und europarechtliche Analyse der vom internationalen Datenschutzrecht vorgegebenen Rahmenbedingungen, Baden-Baden 1999.

Grimm, R., Datenverarbeitung im Internet, in: Roßnagel, A./ Banzhaf, J./ Grimm, R., Datenschutz im Electronic Commerce, Heidelberg 2003, 1.

Grimm, R./ Roßnagel, A., Datenschutz für das Internet in den USA, DuD 2000, 446.

Grimm, R./ Löhndorf, N./ Roßnagel, A., E-commerce meets E-privacy, in: Bäumler, H. (Hrsg.), E-Privacy - Datenschutz im Internet, Braunschweig 2000, 133.

Gundermann, L., Das Teledienstedatenschutzgesetz - ein virtuelles Gesetz?, in: Bäumler, H. (Hrsg.), E-Privacy - Datenschutz im Internet, Braunschweig 2000, 58.

Gundermann, L., Datenschutzfreundliche Technologien in den Datenschutzgesetzen der 3. Generation, in: BSI (Hrsg.), IT-Sicherheit ohne Grenzen, Tagungsband des 6. Deutschen IT-Sicherheitskongresses des BSI 1999, Ingelheim 1999, 137.

Gundermann, L., E-Commerce trotz oder durch Datenschutz, K&R 5/2000, 225.

Gundermann, L./ Köhntopp, M., Biometrie zwischen Bond und Big Brother - Technische Möglichkeiten und rechtliche Grenzen, http://123.koehntopp.de/marit/pub/biometrie/GuKo_99Biometrie.pdf, überarbeitete Fassung in DuD 1999, 143.

Hamburgischer Datenschutzbeauftragter, 18. Tätigkeitsbericht, Datenschutz, Terrorismus und Elektronische Kontrolle, Hamburg 2002.

Hansen, M., Privacy Enhancing Technologies, in: Roßnagel, A. (Hrsg.), Handbuch des Datenschutzrechts, München 2003, 291.

Hansen, M./ Krasemann, H./ Rost, M./ Genghini, R., Datenschutzaspekte von Identitätsmanagementsystemen - Recht und Praxis in Europa, DuD 2003, 551.

Hansen, M./ Probst, T., Datenschutzgütesiegel aus technischer Sicht: Bewertungskriterien des schleswig-holsteinischen Datenschutzgütesiegels, in: Bäumler, H./ von Mutius, A. (Hrsg.), Datenschutz als Wettbewerbsvorteil, Braunschweig 2002, 163.

Hansen, M./ Wiese, M., RFID - Radio Frequency Identification, DuD 2004, 109.

von Harnier, A., Organisationsmöglichkeiten für Zertifizierungsstellen nach dem Signaturgesetz, Baden-Baden 2000.

Hasse, L., Präventivpolizeiliche Überwachung öffentlicher Räume - Zur Verfassungskonformität eines Grundrechtseingriffs, ThürVBl 2000, 169.

Hassemer, W., Zeit zum Umdenken, DuD 1995, 448.

Heil, H., Datenschutz durch Selbstregulierung - Der europäische Ansatz, DuD 2001, 129.

Heinrich, L. J., Informationsmanagement, Baden-Baden 1996.

Hochrathner, U. J., Hidden Camera - Ein zulässiges Einsatzwerkzeug investigativen Journalismus? Rechtliche Aspekte bei der Arbeit mit versteckter Kamera, ZUM 8/9 2001, 669.

Höfelmann, E., Das Grundrecht auf informationelle Selbstbestimmung anhand der Ausgestaltung des Datenschutzrechts und der Grundrechtsnormen der Landesverfassungen, Frankfurt 1997.

Höfling, W., Grundrechtliche Anforderungen an Ermächtigungen zur Videoaufzeichnung und -überwachung durch Verwaltungsbehörden, in: Möller, K. P./ von Zezschwitz, F. (Hrsg.), Videoüberwachung - Wohltat oder Plage?, Baden-Baden 2000, 29.

Hoeren, T., Datenschutz als Wettbewerbsvorteil - eine Fortsetzung früherer Überlegungen mit neuen Vorzeichen, in: Bäumler, H. (Hrsg.), E-Privacy - Datenschutz im Internet, Braunschweig 2000, 263.

Hoeren, T., Internetrecht, Münster 2003, http://www.uni-muenster.de/Jura.itm/hoeren/ material/Skript/skript.pdf.

Hoffmann-Riem, W., Informationelle Selbstbestimmung als Grundrecht kommunikativer Entfaltung, in: Bäumler, H. (Hrsg.), Der neue Datenschutz, Datenschutz in der Informationsgesellschaft von morgen, Neuwied 1998, 11.

Hoffmann-Riem, W., Informationelle Selbstbestimmung in der Informationsgesellschaft - Auf dem Wege zu einem neuen Konzept des Datenschutzes, AöR 1998, 513.

Holznagel, B./ Sonntag, M., Rechtliche Anforderungen an Anonymisierungssysteme - Das Beispiel des JANUS-Projektes der Fernuniversität Hagen, in: Sokol, B. (Hrsg.), Datenschutz und Anonymität, Düsseldorf 2000, 72.

Horn, H.-D., Experimentelle Gesetzgebung unter dem Grundgesetz, Berlin 1989.

Hube, M., Technikfolgenabschätzung: Der Niedersächsische Weg, DuD 1999, 31.

Innenministerium Baden-Württemberg, Hinweise des Innenministeriums zum Datenschutz für private Unternehmen und Organisationen (Nr. 40) Bekanntmachung des Innenministeriums vom 28.02.2002, Az. 2-0552. 1/17, http://www.rainer-gerling.de/ hinweise/hnr40.htm.

Institut für Technikfolgenabschätzung, Datenschutz durch Technik, http://www.oeaw.ac.at/ita/ebene4/d2-2a30.htm.

Jacob, J., 25 Jahre Datenschutz in der Wirtschaft - eine Standortbestimmung, RDV 2002, 1.

Jacob, J., Perspektiven des neuen Datenschutzrechts, DuD 2000, 5.

Jekewitz, J., Zielfestlegungen nach § 14 Abs. 2 Abfallgesetz - ein Regelungsinstrument mit fraglichem Rechtscharakter, DÖV 1990, 51.

Kladroba, A., Datenschutzrating statt Datenschutzaudit: Eine Alternative, DuD 2002, 335.

Kahlert, H., Unlautere Werbung mit Selbstverpflichtungen, DuD 2003, 412.

Kaijser, P., A Vendor's View on Anonymity, in: Sokol, B. (Hrsg.), Datenschutz und Anonymität, Düsseldorf 2000, 56.

Karstedt-Meierrieks, A., Selbstregulierung des Datenschutzes - Alibi oder Chance?, DuD 2001, 287.

Kelter, H., Das Ende der Anonymität, Datenspuren in modernen Netzen, BSI, Ingelheim 2001.

Kloepfer, M., Datenschutz als Grundrecht, Verfassungsprobleme der Einführung eines Grundrechts auf Datenschutz, Königstein 1980.

Kloepfer, M., Geben moderne Technologien und die europäische Integration Anlaß, Notwendigkeit und Grenzen des Schutzes personenbezogener Informationen neu zu bestimmen, Gutachten für den 62. deutschen Juristentag, München 1998.

Kloepfer, M., Informationsrecht, München 2002.

Kloepfer, M./ Breitkreuz, K., Videoaufnahmen und Videoaufzeichnungen als Rechtsproblem, DVBl. 1998, 1149.

Kloepfer, M./ Rehbinder, E./ Schmidt-Aßmann, E., Umweltgesetzbuch, Forschungsbericht 10106028 01 03, Berlin 1991.

Klug, C., BDSG-Interpretation, Frechen 2002.

Knemeyer, F.-L., Polizei- und Ordnungsrecht, 9. Auflage, München 2002.

Koch, G./ Favaro, J., Die technische Dimension, in: Myrell, G. (Hrsg.), Daten-Schatten, Reinbek 1984, 131.

Köhntopp, M., Datenschutz technisch sichern, in: Roßnagel, A. (Hrsg.), Allianz von Medienrecht und Informationstechnik, Baden-Baden 2001, 55.

Köhntopp, M., Technische Randbedingungen für einen datenschutzgerechten Einsatz biometrischer Verfahren, in: Horster, P. (Hrsg.), Sicherheitsinfrastrukturen, Proceedings zur Arbeitskonferenz Sicherheitsinfrastrukturen 1999, Wiesbaden 1999, 177.

Königshofen, T., Datenschutzkonzept der Deutschen Telekom, in: Bäumler, H./ von Mutius, A. (Hrsg.), Datenschutz als Wettbewerbsvorteil, Braunschweig 2002, 58.

Königshofen, T., Neue datenschutzrechtliche Regelungen zur Videoüberwachung, RDV 2001, 220.

Krause, P., Das Recht auf informationelle Selbstbestimmung - BVerfGE 65, 1., JuS 1984, 268.

Kubicek, H., ISDN im Lichte von Demokratieprinzip und informationeller Selbstbestimmung, DuD 1987, 21.

Kunig, P., Der Grundsatz informationeller Selbstbestimmung, Jura 1993, 595.

Landesbeauftragter für den Datenschutz Baden-Württemberg, 24. Tätigkeitsbericht 2003, http://www.baden-wuerttemberg.datenschutz.de/Home/Der_LfD/Taetigkeitsberichte/2003/tb-inh.htm.

Landesbeauftragter für den Datenschutz Mecklenburg-Vorpommern, Erläuterungen zur Anwendung des Gesetzes zum Schutz des Bürgers bei der Verarbeitung seiner Daten, 2002, http://www.lfd.m-v.de/ges_ver/erldsg/erldsgmv02.html.

Landesbeauftragter für den Datenschutz Niedersachsen, XVI. Tätigkeitsbericht für die Jahre 2001 und 2002, 2003, http://www.lfd.niedersachsen.de/functions/downloadObject/0,,c1419797_s20,00.pdf.

Lang, M., PC, aber sicher! - Sicherheit beim Einsatz von Personalcomputern, JurPC Web-Dok. 205/2001, auch unter http://www.jurpc.de/aufsatz/20010205.htm#C21.

Lennartz, H.-A., Probleme der Techniksteuerung durch Recht – am Beispiel des Bundesdatenschutzrechts, RDV 1989, 225.

Lessig, L., Code and other Laws of Cyberspace, New York 1999.

von Lewinski, K., Formelles und informelles Handeln der datenschutzrechtlichen Aufsichtsbehörde, RDV 2001, 275.

von Lewinski, K., Datenschutz: Ein Fach ohne Rechtsgeschichte?, DuD 2003, 61f.

von Lewinski, K., Datenschutzrecht, 2002, http://www.rewi.hu-berlin.de/jura/inst/ifa/.

von Lewinski, K., Persönlichkeitsprofile und Datenschutz bei CRM, RDV 2003, 122.

Limbach, J., 25 Jahre Bundesdatenschutzgesetz, RDV 2002, 163.

Luhmann, N., Grundrecht als Institution, 2. Auflage, Berlin 1974.

Lutterbeck, B., 20 Jahre Dauerkonflikt: Die Novellierung des Bundesdatenschutzgesetzes, DuD 1998, 129.

Mähring, M., Das Recht auf informationelle Selbstbestimmung im europäischen Gemeinschaftsrecht, EuR 1991, 369.

Mallmann, C., Datenschutz in Verwaltungsinformationssystemen, München 1976, 47.

Maske, R., Nochmals: Die Videoüberwachung von öffentlichen Plätzen, NVwZ 2001, 1249.

Mattern, F., Vom Verschwinden des Computers - die Vision des Ubiquitous Computing, in: ders. (Hrsg.) Total vernetzt, Szenarien einer informatisierten Welt, Berlin 2003, 1.

Maunz, T./ Dürig, G. (Hrsg.), Grundgesetz, Kommentar, München, Stand 2003.

Meister, H., Datenschutz im Zivilrecht, Bergisch Gladbach 1977, 111.

Meister, H., Orwell, Recht und Hysterie - eine Bemerkung zum informationellen Selbstbestimmungsrecht, DuD 1984, 162.

Ministry of Public Management, Home Affairs, Posts and Telecommunications of Japan, A Report of Research on Privacy for Electronic Government, Japan 2003, http://joi.ito.com/joiwiki/PrivacyReport.

Möncke, U., Data Warehouse - eine Herausforderung für den Datenschutz?, DuD 1998, 561.

Mosdorf, S., Bausteine für einen Masterplan für Deutschlands Weg in die Informationsgesellschaft, Beratungsergebnisse des Beirats der Friedrich-Ebert-Stiftung zur Enquête -

Kommission des Deutschen Bundestages "Zukunft der Medien in Wirtschaft und Gesellschaft - Deutschlands Weg in die Informationsgesellschaft", 1998, http://www.fes.de/fulltext/stabsabteilung/00221toc.htm.

Müller, G./ Pfitzmann, A., Mehrseitige Sicherheit in der Kommunikationstechnik, Band 1: Verfahren, Komponenten, Integration, Bonn 1997.

Müller, G./ Stapf, K.-H., Mehrseitige Sicherheit in der Kommunikationstechnik, Band 2: Erwartung, Akzeptanz, Nutzung, Bonn 1998.

Müller, G./ Rannenberg, K., Multilateral Security in Communication, Vol. 3: Technology, Infrastructure, Economy, Bonn 1999.

Müller, R., Mitgestaltung bei internationalen Sicherheitsstandards, in: Bäumler, H. (Hrsg.), Der neue Datenschutz, Datenschutz in der Informationsgesellschaft von morgen, Neuwied 1998, 173.

Müller, R., Pilotprojekt zur Videoüberwachung von Kriminalitätsschwerpunkten in der Leipziger Innenstadt, Die Polizei 1997, 77.

Münch, P., Harmonisieren - dann Auditieren und Zertifizieren, RDV 2003, 223.

Nedden, B., Risiken und Chancen für das Datenschutzrecht, in: Roßnagel, A. (Hrsg.), Allianz von Medienrecht und Informationstechnik, Baden-Baden 2001, 67.

Nethics - Portal zur Informationsethik, http://www.nethics.net/nethics/de/themen/privacy/tendenzen.html.

Niedermeier, R./ Schröcker, S., Ersatzfähigkeit immaterieller Schäden aufgrund rechtswidriger Datenverarbeitung, RDV 2002, 217.

Nissenbaum, H., Protecting Privacy in an Information Age: The Problem of Privacy in Public, Law and Philosophy 17 (1998), 559.

Nitsch, P., Datenschutz und Informationsgesellschaft, ZRP 1995, 361.

Norris, C./ Armstrong, G., Smile, you're on camera, Flächendeckende Videoüberwachung in Großbritannien, Bürgerrechte & Polizei/CILIP 61 (3/98), http://www.cilip.de/ausgabe/61/norris.htm.

Ordemann, H.-J./ Schomerus, R., Bundesdatenschutzgesetz mit Erläuterungen, 5. Auflage, München 1992.

Ossenbühl, F., Die Not des Gesetzgebers im naturwissenschaftlichen-technischen Zeitalter, Vortrag gehalten bei der Deutschen Physikalischen Gesellschaft am 8.2.2000, Bad Honnef 2001, 25.

Ossenbühl, F., Rechtsquellen und Rechtsbindungen der Verwaltung, in: Badura, P. u.a. (Hrsg.), Allgemeines Verwaltungsrecht, 12. Auflage, Berlin 2002, 133.

Pache, E., Die Europäische Grundrechtscharta - ein Rückschritt für den Grundrechtsschutz in Europa?, EuR 2001, 475.

Patton, J. W., Protecting privacy in public? Surveillance technologies and the value of public places, in: Ethics and Information Technology, 2/2000, 181.

Petersen, S., Grenzen des Verrechtlichungsgebots im Datenschutz, Münster 2000.

Petri, T. B., Das Scoringverfahren der SCHUFA, DuD 2001, 290.

Petri, T. B., Vollzugsdefizite bei der Umsetzung des BDSG, DuD 2002, 726.

Petri, T. B., Vorrangiger Einsatz auditierter Produkte, DuD 2001, 150.

Petri, T. B., Zielvereinbarungen im Datenschutz, in: Bäumler, H./ von Mutius, A. (Hrsg.), Datenschutz als Wettbewerbsvorteil, Braunschweig 2002, 142.

Pieroth, B./ Schlink, B., Grundrechte - Staatsrecht, 18. Auflage, Heidelberg 2002.

Pfitzmann, A., Die Infrastruktur der Informationsgesellschaft, DuD 1986, 353.

Pfitzmann, A., Möglichkeiten und Grenzen der Anonymität, in: Sokol, B. (Hrsg.), Datenschutz und Anonymität, Düsseldorf, 2000, 9.

Podlech, A., Datenschutz im Bereich der öffentlichen Verwaltung, Berlin 1973.

Podlech, A., Kommentierung zu Art. 2 Abs. 1 GG in: Denninger, E. u.a. (Hrsg.), Alternativkommentar zum Grundgesetz, Neuwied, Stand 2001.

Podlech, A., Aufgaben und Problematik des Datenschutzes, DVR 1976, 23.

Podlech, A., Datenschutz und das Verfassungsgericht, in: Hoffmann, G. E./ Tiezte, B./ Podlech, A. (Hrsg.), Numerierte Bürger, Wuppertal 1975, 27.

Podlech, A., Das Recht auf Privatheit, in: Perels, J. (Hrsg.) Grundrecht als Fundament der Demokratie, Frankfurt 1979, 50.

Podlech, A., Individualdatenschutz – Systemdatenschutz, in: Brückner, K./Dalichau G. (Hrsg.), Beiträge zum Sozialrecht, Festgabe für Grüner, Percha 1982, 451

Podlech, A., Verfassungsrechtliche Probleme öffentlicher Datenbanken, DÖV 1970, 473.

Podlech, A., Verfassungsrechtliche Probleme öffentlicher Informationssysteme, DVR 1972/73, 149.

Privacy International, Privacy and Human Rights - an international survey of privacy laws and developments 2003, http://www.privacyinternational.org/survey/phr2003/.

provet, Vorschläge zur Regelung von Datenschutz und Rechtssicherheit in Online-Multimedia-Anwendungen, Gutachten für das Bundesministerium für Bildung, Wissenschaft, Forschung und Technologie, Darmstadt 1996, auch unter http://www.provet.org/bib/mmge oder: http://www.iid.de/iukdg/doku.html

Pütter, S., Vorschriften zur Datensicherung im Bundesdatenschutzgesetz, DuD 1988, 551.

Rannenberg, K., Datenschutz als Innovationsmotor statt als Technikfeind, in: Bäumler, H. (Hrsg.), Der neue Datenschutz, Datenschutz in der Informationsgesellschaft von morgen, Neuwied 1998, 190.

Rat für Forschung, Technologie und Innovation, Informationsgesellschaft, Chancen, Innovation und Herausforderungen, Feststellungen und Empfehlungen, Bundesministerium für Bildung, Wissenschaft, Forschung und Technologie, Bonn 1995.

Rebmann, K./ Säcker, F. J./ Rixecker, R. (Hrsg.), Münchener Kommentar zum Bürgerlichen Gesetzbuch, Band 1, Allgemeiner Teil, 4. Auflage, München 2001, (zitiert: MüKo-BGB).

Reiman, J. H., Driving to the Panopticon: A Philosophical Exploration of the Risks to Privacy Posed by the Highway Technology of the Future, in: Computer and High Technology Law Journal, 11/ 1995, 27.

Rieß, J., Signaturgesetz - Der Markt ist unsicher, DuD, 2000, 530.

Rieß, J., Das Ende der Nationalstaaten im Netz, http://www.lfd.nrw.de/pressestelle/presse_7_4_1_7.html.

Robrecht, M. P., Polizeiliche Videoüberwachung bei Versammlungen und an Kriminalitätsschwerpunkten, NJ 2000, 348.

Röger, R. /Stephan, A., Hausarbeitsfall: Die Videoüberwachung, NWVBl. 2001, 201.

Rösser, H., quid! Datenschutzzertifizierung, DuD 2003, 401.

Rössler, B., Anonymität und Privatheit, in: Bäumler, H./ von Mutius, A. (Hrsg.), Anonymität im Internet, Braunschweig 2003, 27.

Rössler, B., Der Wert des Privaten, Frankfurt, 2001.

Roessler, T., Vermeidung von Spuren im Netz, in: Bäumler, H. (Hrsg.), E-Privacy - Datenschutz im Internet, Braunschweig 2000, 205.

Roggan, F., Die Videoüberwachung von öffentlichen Plätzen, NVwZ 2001, 134.

Romaneschi, N./ Kerner, D., Seminar IT-Sicherheit, Privacy Enhancing Technologies, 2002, http://www.ifi.unizh.ch/ikm/Vorlesungen/Sem_Sich01/Romaneschi.pdf.

Roßnagel, A., Das Signaturgesetz - Eine kritische Bewertung des Gesetzentwurfs der Bundesregierung, DuD 1997, 75.

Roßnagel, A., Allianz von Medienrecht und Informationstechnik: Hoffnungen und Herausforderungen, in: ders. (Hrsg.), Allianz von Medienrecht und Informationstechnik - Ordnung in digitalen Medien durch Gestaltung der Technik am Beispiel von Urheberschutz, Datenschutz, Jugendschutz und Vielfaltschutz, Baden-Baden 2001a, 13.

Roßnagel, A., Ansätze zu einer Modernisierung des Datenschutzrechts, in: Kubicek, H. u. a. (Hrsg.), Internet@Future, Jahrbuch Telekommunikation und Gesellschaft, Heidelberg 2001b, 241.

Roßnagel, A., Audits stärken Datenschutzbeauftragte, DuD 2000, 231.

Roßnagel, A., Datenschutz - Audit - ein neues Instrument des Datenschutzes, in: Bäumler, H. (Hrsg.), Der neue Datenschutz, Datenschutz in der Informationsgesellschaft von morgen, Neuwied 1998, 65.

Roßnagel, A., Datenschutz in globalen Netzen. Das TDDSG - ein wichtiger erster Schritt, DuD 1999, 253.

Roßnagel, A., Datenschutz-Audit, DuD 1997, 505.

Roßnagel, A., Datenschutzaudit, in: ders. (Hrsg.), Handbuch Datenschutzrecht, München 2003, 437.

Roßnagel, A., Datenschutzaudit - Konzept und Entwurf eines Gesetzes für ein Datenschutz Audit, http://www.iid.de/iukdg/gus/DASA.html.

Roßnagel, A., Datenschutzaudit - Konzeption, Durchführung, gesetzliche Regelung, Braunschweig 2000b.

Roßnagel, A., Datenschutzaudit in Japan, DuD 2000, 154.

Roßnagel, A., Datenschutzrecht, in: Roßnagel, A./ Banzhaf, J./ Grimm, R. Datenschutz im Electronic Commerce , Heidelberg 2003a, 119.

Roßnagel, A., Einleitung, in: ders. (Hrsg.), Handbuch Datenschutzrecht, München 2003, 1.

Roßnagel, A., Freiheit durch Systemgestaltung, in: Festschrift für Podlech, Die Freiheit und die Macht, Egbert, N. (Hrsg.), Baden-Baden 1994, 227.

Roßnagel, A., Globale Datennetze: Ohnmacht des Staates - Selbstschutz der Bürger, ZRP 1997, 26.

Roßnagel, A., Konzepte des Selbstdatenschutzes, in: ders. (Hrsg.), Handbuch Datenschutzrecht, München 2003, 325.

Roßnagel, A., Konzepte der Selbstregulierung, in: ders. (Hrsg.), Handbuch Datenschutzrecht, München 2003, 387.

Roßnagel, A., Marktwirtschaftlicher Datenschutz - eine Regulierungsperspektive, in: Freundesgabe Büllesbach, Stuttgart 2002c, 131.

Roßnagel, A., Marktwirtschaftlicher Datenschutz im Datenschutzrecht der Zukunft, in: Bäumler, H./ von Mutius, A. (Hrsg.), Datenschutz als Wettbewerbsvorteil, Braunschweig 2002a, 115.

Roßnagel, A., Modernisierung des Datenschutzrechts - Empfehlungen eines Gutachtens für den Bundesinnenminister, RDV 2002, 61.

Roßnagel, A., Möglichkeiten verfassungsverträglicher Technikgestaltung, in: ders. (Hrsg.), Freiheit im Griff, Informationsgesellschaft und Grundgesetz, Darmstadt 1989b, 177.

Roßnagel, A., Neues Recht für Multimediadienste, NVwZ 1998, 1.

Roßnagel, A. (Hrsg.), Recht der Multimediadienste, Kommentar zum Informations- und Kommunikationsdienste-Gesetz und zum Mediendienste-Staatsvertrag, München 1999, Stand 2001.

Roßnagel, A., Rechtliche Regelungen als Voraussetzungen für Technikgestaltung, in: Müller, G. (Hrsg.), Mehrseitige Sicherheit in der Kommunikationstechnik, Bonn 1997, 361.

Roßnagel, A., Rechtliche Steuerung von Infrastrukturtechnik, in: Technik verantworten - Interdisziplinäre Beiträge zur Ingenieurspraxis, Festschrift für Hanns-Peter Ekardt zum 65. Geburtstag, Berlin 1999, 209.

Roßnagel, A., Rechtswissenschaftliche Technikfolgenforschung, Grundrisse einer Forschungsdisziplin, Baden-Baden 1993.

Roßnagel, A., Sicherheit für Freiheit? Grundlagen und Fragen, in: ders. (Hrsg.), Sicherheit für Freiheit?, Baden-Baden 2003c, 17.

Roßnagel, A., Signaturgesetz, in: ders. (Hrsg.), Recht der Multimedia-Dienste: Kommentar zum IuKDG und zum MDStV, München 2001.

Roßnagel, A., Signaturgesetz, in: ders. (Hrsg.), Recht der Multimedia-Dienste: Kommentar zum IuKDG und zum MDStV, München 2001.

Roßnagel, A., Sind wir auf dem Weg zu einem moderneren Datenschutz, Einführungsvortrag auf der Tagung der Friedrich-Ebert-Stiftung „Wie geht es weiter im Datenschutz? Die nächsten rechtspolitischen Schritte" am 30.6.2003 in Berlin 2003b.

Roßnagel, A., Technik und Recht - wer beeinflußt wen?, in: ders. (Hrsg.), Freiheit im Griff, Informationsgesellschaft und Grundgesetz, Darmstadt 1989a, 9.

Roßnagel, A./ Grimm, R., Internationale Bedeutung des Datenschutzes im Internet, in: Roßnagel, A. (Hrsg.), Datenschutz beim Online-Einkauf, Braunschweig 2002, 15.

Roßnagel, A./ Pfitzmann, A./ Garstka, H., Modernisierung des Datenschutzes, DuD 2001, 253.

Roßnagel, A./ Pfitzmann, A./ Garstka, H., Modernisierung des Datenschutzrechts - Gutachten im Auftrag des Bundesministerium des Innern, 2001, auch unter http://www.bmi.bund.de/Annex/de_11699/Gutachten_zur_Modernisierung_des_Datenschutzrechts.pdf.

Roßnagel, A./ Scholz, P., Datenschutz durch Anonymität und Pseudonymität, Rechtsfolgen der Verwendung anonymer und pseudonymer Daten, MMR 2000, 721.

Roßnagel, A./ Wedde, P./ Hammer, V./ Pordesch, U., Digitalisierung der Grundrechte? Zur Verfassungsverträglichkeit der Informations- und Kommunikationstechniken, Opladen 1990.

van Rossum, H./ Gardeniers, H./ Borking, J. J. u.a., Privacy-enhancing Technologies: The path to Anonymity, Amsterdam 1995, Volume I und II, hrsg. von Registratiekamer, The Netherlands & Information and Privacy Commissioner/Ontario, Canada, 1995; http://www.ipc.on.ca/english/pubpres/papers/anon-e.htm), oder: http://www.registratiekamer.nl/cgi-bin/modules/print.cgi, Revised Edition, *Hes/ Borking u.a.* 1998.

Schaar, P., Cookies: Unterrichtung und Einwilligung des Nutzers über die Verwendung, DuD 2000, 275.

Schaar, P., Persönlichkeitsprofile im Internet, DuD 2001, 383.
Schaffland, H.-J./ Wiltfang, N., Bundesdatenschutzgesetz, Ergänzbarer Kommentar nebst einschlägigen Rechtsvorschriften, Berlin 1977, Stand 2002.
Schlechtriem, P., Bereicherung aus fremdem Persönlichkeitsrecht, in: Festschrift für Hefermehl, W., Strukturen und Entwicklungen im Handels- Gesellschafts- und Wirtschaftsrecht, München 1976, 445.
Schläger, U./ Stutz, O., ips - Das Datenschutz-Zertifikat für Online-Dienste, DuD 2003, 406.
von Schmeling, M., Datenschutz-Aufsicht: Vom Papiertiger zur Sonderordnungsbehörde, DuD 2002, 351.
Schmidt, W., Die bedrohte Entscheidungsfreiheit, JZ 1974, 241.
Schmitz, P., TDDSG und das Recht auf informationelle Selbstbestimmung, München 2000.
Schneider, M., Selbstregulierung der Wirtschaft, in: Bäumler, H. (Hrsg.), E-Privacy - Datenschutz im Internet, Braunschweig 2000, 153.
Schneider, M./ Pordesch, U., Identitätsmanagement, DuD 1998, 645.
Schoch, F., Polizei- und Ordnungsrecht, in: Schmidt-Aßmann, E. (Hrsg.), Besonderes Verwaltungsrecht, 12. Auflage, Berlin 2003, 111.
Schomerus, R., Das informelles Selbstbestimmungsrecht in neueren Datenschutzgesetzentwürfen, RDV 1986, 61.
Scholz, P., Datenschutzrechtliche Anforderungen, Roßnagel, A. (Hrsg.), Datenschutz beim Online-Einkauf, Braunschweig 2002, 41.
Scholz, P., Datenschutz beim Internet-Einkauf, Baden-Baden 2003.
Scholz, R./ Pitschas, R., Informationelles Selbstbestimmungsrecht und staatliche Informationsverantwortung, Berlin 1984.
Schottelius, D., Ein kritischer Blick in die Tiefe des EG-Öko-Audit-Systems, in: Betriebsberater, Beilage 2 zu Heft 8/1997.
Schrader, H. H., Selbstdatenschutz mit Wahlmöglichkeiten, DuD 1998, 128.
Schrader, H.-H., Selbstdatenschutz: Effektive Wahrnehmung des Selbstbestimmungsrechts, in: Bäumler, H. (Hrsg.), Der neue Datenschutz, Datenschutz in der Informationsgesellschaft von morgen, Neuwied 1998, 206.
Schwabe, J., Rechtliche Zulässigkeit und Opportunität von polizeilichen und ordnungspolitischen Videoaufzeichnungen und -überwachungen, in: Möller, K. P./ von Zezschwitz, F. (Hrsg.), Videoüberwachung - Wohltat oder Plage?, Baden-Baden 2000, 101.
Schwartz, P. M./ Reidenberg, J. R., Data Privacy Law, A Study of United States Data Protection, Charlottesville/ Virginia 1996.
Simitis, S., Reviewing Privacy in an information society, University of Pennsylvania Law Review 135 (1987), 707.
Simitis, S., Auf dem Weg zu einem neuen Datenschutzkonzept, DuD 2000, 714.
Simitis, S., Die EU-Datenschutzrichtlinie – Stillstand oder Anreiz?, NJW 1997, 281.
Simitis, S., Die informationelle Selbstbestimmung - Grundbedingung einer verfassungskonformen Informationsordnung, NJW 1984, 398.
Simitis, S., Die ungewisse Zukunft des Bundesdatenschutzrechts, in: Bäumler, H. (Hrsg.), E-Privacy – Datenschutz im Internet, Braunschweig 2000, 305.
Simitis, S., Reicht unser Datenschutz angesichts der technischen Revolution?: Strategien zur Wahrung der Freiheitsrechte, in: Informationsgesellschaft oder Überwachungsstaat, Symposium des Hessischen Landtags, Wiesbaden 1984, 27.

Simitis, S., Zur Internationalisierung des Arbeitnehmerdatenschutzes- Die Verhaltensregeln der Internationalen Arbeitsorganisationen, in: Festschrift Dieterich, Richterliches Arbeitsrecht, München 1999, 601.

Simitis, S. (Hrsg.), Kommentar zum BDSG, 5. Auflage, Baden-Baden 2003.

Simitis, S., Virtuelle Präsenz und Spurenlosigkeit, in: Hassemer, W./ Möller, K. P. (Hrsg.), 25 Jahres Datenschutz, Baden-Baden 1996, 28.

Simitis, S./ Dammann, U./ Geiger, H./ Mallmann, O./ Walz, S. (Hrsg.) Kommentar zum Bundesdatenschutzgesetz, 4. Auflage, Baden-Baden 1992, Stand 1998.

Simitis, S./ Fuckner, G., Informationelle Selbstbestimmung und „staatliches Geheimhaltungsinteresse", NJW 1990, 2713.

Stähler, F.- G./ Pohler, V., Datenschutzgesetz Nordrhein-Westfalen, Kommentar, 3. Auflage, Stuttgart 2003.

Stadler, T., Das Recht auf informationelle Selbstbestimmung, http://www.freedomforlinks.de/Pages/ris.html.

von Stechow, C., Datenschutz durch Technik, Forum Kriminalprävention, 3/ 2003, 5.

Steinmüller, W., Rechtspolitik im Kontext einer informatisierten Gesellschaft, in: ders. (Hrsg.) Verdatet und vernetzt, Frankfurt 1988a, 142.

Steinmüller, W., Demokratische und soziale Informationstechnologiepolitik, in: ders. (Hrsg.) Verdatet und vernetzt, Frankfurt 1988b, 17.

Steinmüller, W./ Lutterbeck, B./ Mallmann, C., Grundfragen des Datenschutzes. Gutachten im Auftrag des Bundesministeriums des Inneren, 1971, BT Drs 6/ 3826, 5-224.

Steinmüller, W. und Arbeitsgruppe Rechtsinformatik an der Universität Regensburg, EDV und Recht, Einführung in die Rechtsinformatik, Berlin 1970.

Swedish Research Institute for Information Technology, http://www.siti.se/labs/tass.

Tauss, J./ Kollbeck, J./ Mönickes, J., Wege in die Informationsgesellschaft, in: Deutschlands Weg in die Informationsgesellschaft, Aufsatzsammlung, Tauss, J. (Hrsg.), Baden-Baden 1996, 18.

Tauss, J./ Kollbeck, J./ Fazlic, N., Datenschutz und IT-Sicherheit - zwei Seiten derselben Medaille, in: Müller, G./ Reichenbach, M. (Hrsg.), Sicherheitskonzepte für das Internet, Berlin 2001, 22, auch unter http://www.itas.fzk.de/tatup/023/taua02a.htm.

Tauss, J./ Özdemir, C., Umfassende Modernisierung des Datenschutzes in zwei Stufen, RDV 2000, 143.

Tauss, J./ Özdemir, C., Umfassende Modernisierung des Datenschutzrechtes - Rot-grünes Reformprojekt und Modellprojekt der digitalen Demokratie, in: Kubicek, H. u. a. (Hrsg.), Internet@Future, Jahrbuch Telekommunikation und Gesellschaft, Heidelberg 2001, 232.

Thomale, H.-C., Haftung und Prävention nach dem Signaturgesetz, Baden-Baden 2003.

Tinnefeld, M.-T., Die Novellierung des BDSG im Zeichen des Gemeinschaftsrechts, NJW 2001, 3078.

Tinnefeld, M.-T./ Ehmann, E., Einführung in das Datenschutzrecht, München 1998.

Trute, H.-H., Der Schutz personenbezogener Informationen in der Informationsgesellschaft, JZ 1998, 822.

Ulbricht, V., Der grenzüberschreitende Datenschutz im Europa- und Völkerrecht, CR 1990, 602.

Ullmann, E., Persönlichkeitsrechte in Lizenz?, AfP 1999, 209.

Ulrich, O., Leitbildwechsel: dem (sicherheits-)technologisch aktivierten Datenschutz gehört die Zukunft, DuD 1996, 664.

Umbach, D./ Clemens, T. (Hrsg.), Grundgesetz - Mitarbeiterkommentar und Handbuch, Heidelberg 2002.

Veil, K., Raumkontrolle-Videokontrolle und Planung für den öffentlichen Raum, Diplomarbeit, 2001, http://de.geocities.com/veilkatja/.

Vogelgesang, K., Grundrecht auf informationelle Selbstbestimmung, Baden-Baden 1987.

Vogelgesang, K., Verfassungsregelungen zum Datenschutz, CR 1995, 554.

Vogt, U./ Tauss, J., Entwurf für ein Eckwerte –Papier der SPD-Bundestagsfraktion „Modernes Datenschutzrecht für die (globale) Wissens- und Informationsgesellschaft", Bonn 1998, auch unter http://classic.tauss.de/frueher/berlin/eckwerte_zusammenfassung.html.

Waechter, K., Videoüberwachung öffentlicher Räume und systematischer Bildabgleich, NdsVBl. 2001, 77.

Wahl, R., Forschungs- und Anwendungskontrolle technischen Fortschritts als Staatsaufgabe? - dargestellt am Beispiel der Gentechnik, in: Breuer, R. (Hrsg.), Gentechnikrecht und Umwelt, 6. Trierer Kolloquium zum Umwelt- und Technikrecht, UTR Band 14, Düsseldorf 1990, 7.

Wallace, K. A., Anonymity, in: Ethics and Information Technology, 1/1999, 23.

Walz, S., Datenschutz-Herausforderung durch neue Technik und Europarecht, http://www.lfd.nrw.de/pressestelle/presse_7_4_1_5.html, oder: DuD 1998, 150.

Warren, S. D./ Brandeis, L. D., The right to privacy, 4 Harvard Law Review, 193, 1890.

Weber, W., Anonym nutzbare TK-Dienstleistungen aus Sicht eines Unternehmens, DuD 1998, 641.

Wedde, P./ Schröder, L., quid! Das Gütesiegel für Qualität im betrieblichen Datenschutz, Frankfurt 2001.

Weichert, T., Anonymität und Pseudonymität als Voraussetzung für den medizinischen Fortschritt, in: Bäumler, H./ von Mutius, A. (Hrsg.), Anonymität im Internet, Braunschweig 2003, 95.

Weichert, T., Chipkarten, in: Roßnagel, A. (Hrsg.), Handbuch des Datenschutzrechts, München 2003, 1948.

Weichert, T., Datenschutz als Verbraucherschutz, DuD 2001, 264.

Weichert, T., Datenschutzberatung - Hilfe zur Selbsthilfe, in: Bäumler, H. (Hrsg.), Der neue Datenschutz, Datenschutz in der Informationsgesellschaft von morgen, Neuwied 1998, 213.

Weichert, T., Die Ökonomisierung des Rechts auf informationelle Selbstbestimmung, NJW 2001, 1463.

Weichert, T., Die Wiederbelebung des Personenkennzeichens, RDV 2002, 170.

Weichert, T., Private Videoüberwachung und Datenschutzrecht, 2001, http://www.datenschutzzentrum.de/material/themen/video/videpriv.hat.m

Weichert, T., Videoüberwachung im öffentlichen Raum (5.7.2000b), http://www.datenschutzzentrum.de/material/themen/video/videoibt.htm.

Weichert, T., Zur Ökonomisierung des Rechts auf informationelle Selbstbestimmung, in: Bäumler, H. (Hrsg.), E-Privacy - Datenschutz im Internet, Braunschweig 2000a, 158.

Weiser, M., The Computer for the 21st Century, Scientific American, 265 (3):94–104, September 1991.

Wenning, R./ Köhntopp, M., P3P im europäischen Rahmen, DuD 2001, 139.

Wichert, M., Web-Cookies - Mythos und Wirklichkeit, DuD 1998, 273.

Wohlfahrt, J., Staatliche Videoüberwachung des öffentlichen Raumes, RDV 2000, 101.

Wolsing, T., Gütesiegel als Instrument der Marktregulierung, in: Kubicek, H./ Braczyk, H.-J./Klumpp, D./Roßnagel, A. (Hrsg.), Global@Home, Jahrbuch Telekommunikation und Gesellschaft 2000, Heidelberg 2000, 392.

von Zezschwitz, F., Konzept der normativen Zweckbegrenzung, in: Roßnagel, A. (Hrsg.), Handbuch des Datenschutzrechts, München 2003, 1876.

von Zezschwitz, F., Videoüberwachung in Hessen, DuD 2000, 670.

Viisage (NASDAQ: VISG) liefert führende Technologien zur Personenidentifikation für Regierungen, Polizei und Unternehmen, die für die Erhöhung der Sicherheit, Vermeidung von Identitätsbetrug und den Schutz der Privatsphäre zuständig sind. Viisages Lösungen umfasser sichere Ausweisdokumente wie Reisepässe und Führerscheine, biometrische Technologien, die sicherstellen, dass eine Person tatsächlich der berechtigte Ausweisinhaber ist, sowie Technologien zur Überprüfung von Ausweisdokumenten, welche die Echtheit der Dokumente überprüfen, bevor eine Person damit eine Grenze überschreiten, auf Konten zugreifen oder eine andere Berechtigung in Anspruch nehmen darf.

Durch die Übernahme des europäischen Marktführers in der Gesichtserkennung, ZN Vision Technologies, und die gemeinsame Gesichtserkennungstechnologie setzt Viisage neue Standards in Bezug auf Geschwindigkeit, Genauigkeit, Skalierbarkeit und Leistungsfähigkeit.

Gleichzeitig macht es sich das Unternehmen zum Grundsatz, die erhöhten Sicherheitsansprüche mit der Privatsphäre des Menschen in Einklang zu bringen. **Privacy Filter** ermöglicht eine anonymisierte Videoüberwachung durch die automatische Erkennung und Verschlüsselung von Gesichtern in Echtzeit.

Viisage Technology AG
Universitätsstr. 160
44801 Bochum, Germany
Tel.: +49 234 9787-0
Fax: +49 234 9787-77
www.viisage.com

Alles über Datenschutz und Datensicherheit

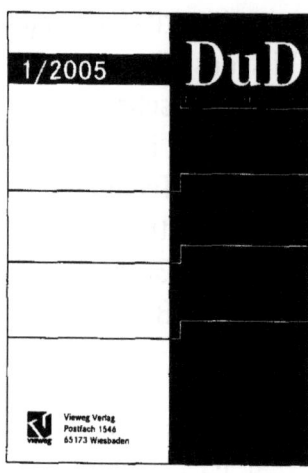

❏ Rechtsprechung

❏ Technik

❏ Wirtschaft

DuD richtet sich an betriebliche und behördliche Datenschutzbeauftragte, IT-Verantwortliche, Experten aus Praxis, Forschung und Politik sowie andere an Datenschutz und Datensicherheit Interessierte.

Der Inhalt - das lesen Sie in DuD

❏ betrieblicher Datenschutz
❏ E-Commerce-Sicherheit
❏ Digitale Signaturen
❏ Biometrie
❏ Aktuelle Rechtsprechung zum Datenschutz
❏ Forum für alle rechtlichen und technischen Fragen des Datenschutzes und der Datensicherheit in Informationsverarbeitung und Kommunikation

Ihr Nutzen - so profitieren Sie von DuD

❏ Ihre Wissensbasis für Datenschutz und Datensicherheit
❏ verständlich, fachlich kompetent und aktuell zu allen Themen von IT-Recht und IT-Sicherheit
❏ Fachwissen zu dem wichtigen Thema, wie man technische Lösungen im Einklang mit dem geltenden Recht umsetzt

Schauen Sie ins Internet

Abraham-Lincoln-Straße 46
65189 Wiesbaden
Fax 0611.7878-400
www.vieweg.de

Stand 1.1.2005. Änderungen vorbehalten.

MIX
Papier aus verantwortungsvollen Quellen
Paper from responsible sources
FSC® C105338

If you have any concerns about our products,
you can contact us on
ProductSafety@springernature.com

In case Publisher is established outside the EU,
the EU authorized representative is:
**Springer Nature Customer Service Center GmbH
Europaplatz 3, 69115 Heidelberg, Germany**

Printed by Libri Plureos GmbH
in Hamburg, Germany